洛阳市文物考古研究院学术系列丛书

洛鏡銅華

洛阳铜镜发现与研究

上册

霍宏伟 史家珍 主编

科学出版社
北京

内 容 简 介

本书是一部反映洛阳地区铜镜发现与研究的工具书，内容分为总论、上编、下编及附录等四个部分。总论包括两篇综述性研究论文；上编著录自战国至宋金元明时期的铜镜300面；下编对近60年来洛阳铜镜的田野考古发掘资料进行了较为系统的整理和记述；附录为参考文献、《洛阳出土石刻时地记》有关铜镜资料。

本书可供考古学、历史学、美术史等学科的研究者及高等院校相关专业的师生阅读、参考。

图书在版编目（CIP）数据

洛镜铜华：洛阳铜镜发现与研究（上下册） / 霍宏伟，史家珍主编．—北京：科学出版社，2013.11

洛阳市文物考古研究院学术系列丛书

ISBN 978-7-03-039078-3

Ⅰ．①洛… Ⅱ．①霍…②史… Ⅲ．①古镜—铜器（考古）—研究—洛阳市 Ⅳ．①K875.24

中国版本图书馆CIP数据核字（2013）第263470号

责任编辑：张亚娜／责任校对：彭 涛

责任印制：肖 兴／装帧设计：北京美光设计制版有限公司

科学出版社 出版

北京东黄城根北街16号

邮政编码：100717

http://www.sciencep.com

北京华联印刷有限公司 印刷

科学出版社发行 各地新华书店经销

*

2013年11月第 一 版 开本：889×1192 1/16

2018年5月第二次印刷 印张：27 1/4

字数：756 000

定价：600.00元（上、下册）

（如有印装质量问题，我社负责调换）

序

在我们研究中国古代铜镜伊始，给予最大启迪的当属1959年出版的《洛阳烧沟汉墓》一书。该书整理了225座汉墓中出土的118面铜镜，向读者展示了如何利用考古出土铜镜资料进行类型划分与年代分期、如何将铜镜置于埋藏它的载体——墓葬及其随葬品的体系中加以研究的范式。

洛阳铜镜数量众多，类型丰富，时代跨度长。尤其是战国、两汉、隋唐、宋代出土铜镜给我们留下了深刻的印象。毫无疑义，这里是展示和研究中国古代铜镜最重要的地区之一。1949年以来，除了相关的发掘报告或简报涉及铜镜外，还结集出版了《洛阳出土古镜》（两汉部分）和《洛阳出土铜镜》两本铜镜图录和研究洛阳铜镜的一些论文。

20世纪50至60年代《陕西省出土铜镜》等相继出版，为学者们了解、认识、研究中国古代铜镜做出了重要贡献，也确立了铜镜出版的特定形式，此后全国各地也纷纷出版了类似著作。伴随着考古出土资料的增多和铜镜研究水平的提升，读者对出版物内容与形式的要求越来越高，据我得到的反馈信息，他们特别关注材料的科学性、形式的多样化、铜镜形象的可视性，尤其是著作的创新性。坦率地说，用这些要求审视其中一些著作，不仅没有进步，甚至于是退步。将单位收藏的铜镜略加整理，抽出若干面，照张照片，写个千篇一律式的说明，铜镜“专著”就完成了。书出来固然是好，至少将藏于库房的文物介绍出来，让读者知道此地出土或馆藏的部分铜镜。但著作的质量、出版后的影响或读者的反应却很少考虑。近几年来，一些装帧豪华、藏镜精美的民间藏镜著作陆续问世，无形中使我们文博考古单位出版铜镜著作有了相当大的压力。以考古出土资料为主体的铜镜著作，其优势究竟体现在哪里？无疑成为亟待解决、不可回避的问题。

这么多年，我一直呼吁文博考古界的同仁们，重视铜镜著作出版工作，绝不能使出版图录式的铜镜著作成为体现科研成果的唯一方式。也曾多次推荐《南阳出土铜镜》、《长安汉镜》等著作，其目的是希望铜镜著作、铜镜研究多样化、深入化。

最近，看到了霍宏伟、史家珍主编的《洛镜铜华——洛阳铜镜发现与研究》书稿，深切感到此书在学术境界、学术深度和广度上都有明显的变化。现在大家都在谈论实现梦想，所谓实现梦想其实是一种进步、一种超越、一种动力。那么，该书的进步、超越、动力以及给予我们的启迪究竟是些什么呢？

一、内容和架构上的突破

前年夏天，本书主编之一、中国国家博物馆霍宏伟博士向我谈到拟出版有关洛阳铜镜研究的著作，这部著作的编写他们已进行了多年。我首先指出，洛阳此前已有两本铜镜著作问世，再编纂此类著作难度不小。我深知在洛阳研究铜镜，出版铜镜著作，没有开阔的视野，没有学术观点和研究方法的创新是很难突破的。为此，洛阳市文物考古研究院院长史家珍研究员、霍宏伟等同仁推迟著作出版时间，对本书的体例、内容进行了多次研究、探讨，取得了共识：书中除了增加新出土的铜镜资料外，必须强调高质量和创新力，重视研究理论、概念和方法的创新，重视出土资料的科学性和运用手段，减少不具代表性或特殊性、品相欠佳的传世品，尽可能地收录出土品，特别是墓葬出土的铜镜，从而使一部学术性强、资料丰富、形式新颖的著作展现在读者面前。

不难看出，作者们集思广益，严格要求，取得了良好的效果。此书分为绪论、上编、下编及附录等四个部分，绪论包括《洛阳铜镜发现与研究述论》、《洛阳铜镜发展演变略论》两篇综述性论文，上编为《洛阳出土铜镜图录》，下编为《洛阳出土铜镜资料长编》，附录包括主要参考文献、《洛阳出土石刻时地记》有关铜镜资料。这种架构不再拘泥于固有的经典模式，全局与局部巧妙结合，重点与一般互为照顾，形象展示与文字描述编织出一个完整的体系。不仅是洛阳铜镜研究质的变化，更为中国古代铜镜研究提供了新的思考。

二、对洛阳出土铜镜进行了深入的梳理和总结

当前，中国古代铜镜的研究呈现积极发展的态势，在镜鉴学科建设、出土与传世铜镜资料的整理和研究成果等方面，都取得良好的进展。据我所知，包括此书在内，共有四部书稿已交付出版社，其中两本是文博考古专业人员的著作，两本为民间藏镜家的作品。当然，一定会有我尚不知晓的不同层面、不同题材的论文和著作或已发表，或在撰写之中。这是一个非常好的现象，表明铜镜研究在学界的学术地位日渐凸显，各方面都在重视铜镜及其研究工作。

应该指出的是，铜镜研究成果虽由少至多，学科建设由弱渐强，但文博考古学界的铜镜研究工作仍相对滞后于考古发掘的成果。全国各地究竟发掘出土了多少铜镜？目前是没有办法予以回答的，数量肯定不少。如《六安出土铜镜》（2008年出版）说，在清理发掘

的数百座楚墓中，据不完全统计共出土铜镜100余面，六安地区“截止到目前，全区共出土两汉时期铜镜1080面”。《鉴耀齐鲁——山东省文物考古研究所出土铜镜研究》（2009年出版）提到“根据初步统计，山东出土战国和两汉时期铜镜2000面左右”。《南阳出土铜镜》（2010年出版）仅对部分区域内发掘的4000余座墓葬中的铜镜进行研究，就有500面之多。本书也提到：“据专家估计，20世纪50年代迄今，仅洛阳地区考古发掘出土的铜镜就有2000余面”。数量如此之多的铜镜，如何进行全面、系统、深入的研究是一个值得探讨的重要课题。在我看来，目前关键的问题还是研究的指导思想和方法论。去年我专门写了一篇文章《资料集成与学术创新》，强调了资料的形态和使用方式影响着研究的结果。必须用科学的方法来研究出土铜镜，揭示其应有的学术价值。

令人欣喜的是，本书绪论中的《洛阳铜镜发现与研究述论》和下编《洛阳出土铜镜资料长编》，从不同角度对洛阳铜镜的发现史、研究史进行了全面、深入的阐述。在洛阳铜镜资料的收集、整合方面尤为突出。资料涉及地域广泛，丰富翔实，出土资料为主，兼及传世精品。《洛阳出土铜镜资料长编》形式新颖，以词条的形式进行记述，随文注出资料来源，提纲挈领，一目了然。绪论、附录部分收录20世纪20至30年代洛阳金村被盗战国墓葬出土和《洛阳出土石刻时地记》记述的有关铜镜资料，可谓别具一格，于是一幅洛阳铜镜资料的全貌清晰地映入读者眼帘。此书作者能以新的思维和新的方式有效利用出土和传世铜镜资料，显示出他们具备开展研究的综合能力和水平。

三、突出学术性是形成本书特色的基础

一本著作要确立其学术地位，离不开内容策划、思考水平和创新能力。阅读本书最强烈的感受是其学术导向、学术价值。从绪论到附录，研究规范，结构严谨，表述清晰，论证充分。试举几例：

本书《洛阳铜镜发现与研究述论》，是我看到有关地域性铜镜发现史研究最好的论文之一，而《洛阳出土铜镜资料长编》的撰写造就了这篇高质量的论文。作者将洛阳出土铜镜地点划分为“三城一山”四个区域，一是洛阳东周王城遗址区（含汉晋河南县城遗址），二是汉魏洛阳故城遗址，三是隋唐洛阳城遗址，四是邙山墓区。每个区域内又列出铜镜出土地点及其特点，层层细化，脉络清晰，既有一定的时空涵盖面，又有重点。

上编《洛阳出土铜镜图录》当为本书的重点所在，收录铜镜300面。尽管不少铜镜在过去已经发表，此书能将它们重新集结是非常必要的。除了全面展示洛阳铜镜的精华和典型代表外，更重要的是突出了资料的翔实性和准确性。稍微注意此书收录铜镜的说明，就可发现书中有意识地加强了铜镜的科学性和可利用性的描述，如铜镜的出土时间、地点、墓葬年代、收藏单位、发表的著作以及对其研究的情况。

本书是中国古代铜镜研究的新成果，也是一个新的起点，其新的思路、新的模式再次告诉我们：要提高中国铜镜研究水平，必须深化前人的研究成果，既彰显此前的成绩，也不囿于过去的看法，才能提高和创新。要有扎实的学术基础知识和研究根底，才能为学科发展和读者需要提供有价值的著作。

孔祥星

2013年7月于北京安贞里寓所

凡 例

一、本书主要是以反映20世纪以来洛阳铜镜发现与研究状况，尤其是整合新中国成立后发表的镜鉴田野考古资料为主导思想。在较为系统、全面收集、整理上述资料的基础上，为学术界提供一部资料翔实、利于检索、图文并茂的工具书。

二、本书所说的“洛阳铜镜”这一概念，主要是指出土于洛阳地区遗址、墓葬中的铜镜，亦包括少量铁镜，为便于行文，统称“洛阳铜镜”。书中著录铜镜的年代，大多以出土铜镜墓葬的年代为依据。铜镜铸造年代有时与墓葬年代有差距，往往要早于后者。但在目前条件下，只能据此断代。

三、本书分为总论、上编、下编及附录等四个部分。总论包括《洛阳铜镜发现与研究述论》、《洛阳铜镜发展演变略论》两篇综述性论文，从不同角度对洛阳铜镜的发现史、研究史及洛阳历代铜镜特点进行较为全面、深入的阐述。

四、上编为《洛阳出土铜镜图录》。按照时间顺序，分为战国、两汉、魏晋北朝、隋唐五代、宋金元明等五个时段，收录铜镜共计300面，采取铜镜照片、拓本与说明文字相结合的编排方式。若采用已发表的资料，则出注释。引自著作、图录及考古报告单行本，首次引用，则标明著者、书名、出版单位、出版年代、页码或图号。再次征引，则只注书名、页码或图号。引用期刊简报或论文，标明作者、篇名、期刊名、年代期数。

五、下编为《洛阳出土铜镜资料长编》，与上编相对应，亦分为五个时段。对新中国成立以来洛阳铜镜的田野考古发掘资料，以词条的形式进行记述，随文注出资料来源。上编主要介绍单面铜镜的基本信息，而下编重点在于叙述铜镜的出土背景。上下编各有侧重，相互照应。为了前后统一，对下编中的一些镜名做了修饰，如“规矩镜”均改为“博局镜”，“四乳四螭镜”改为“四乳四虺镜”。

六、附录为参考文献、《洛阳出土石刻时地记》有关铜镜资料，辑录了《洛阳出土石刻时地记》所载民国时期洛阳邙山古墓葬中出土的铜镜资料，涉及汉、曹魏、西晋、唐、宋、明等六个朝代的108面铜镜。

七、本书出土铜镜资料收集的地域范围，基本包括目前河南省洛阳市区及下辖的九县六区、曾经属于洛阳的所辖县区及其周边地区。

八、本书所引洛阳田野考古发掘的铜镜资料，主要来自考古报告、简报及其他资料。始自1952年，截止时间为2013年8月。

九、长度单位：米、厘米；重量单位：克。

编辑委员会

编撰人员

主　编　霍宏伟　史家珍

副主编　程永建　刁淑琴　张翠玲

撰稿人　（以姓名笔画为序）

刁淑琴　马毅强　方　莉　代国祥　史家珍　李惠君

张翠玲　赵晓军　程永建　霍宏伟

摄　影　高　虎　蔡梦珂

制　拓　杨爱荣　岳　梅　江化国　李光大　王腾飞　屈红国

目 录

图版目录

一、战国铜镜

二、两汉铜镜

三、魏晋北朝铜镜

四、隋唐五代铜镜

五、宋金元明铜镜

总论

洛阳铜镜发现与研究述论

霍宏伟　史家珍

“崤函有帝皇之宅，河洛为王者之里。”[1]洛阳是中国著名古都，先后有十三个朝代宅京于此。在邙山与洛水之间的伊洛平原上，分布着五大都城遗址（图一）[2]，而铜镜主要发现于洛阳东周王城遗址、汉魏洛阳故城、隋唐洛阳城遗址等三座城址内外及邙山墓区。随着一系列考古发掘工作的开展，出土铜镜数量巨大，种类繁多，为镜鉴研究提供了丰富的第一手资料。

1959年，洛阳有史以来第一部铜镜图录《洛阳出土古镜》（两汉部分）出版，收录铜镜103面，铁镜1面（图二）[3]。1988年，第二部铜镜图录《洛阳出土铜镜》发行，著录铜镜214面（图三）[4]。本书收有铜镜300面，并汇集了近60年洛阳考古发掘出土的铜镜资料。透过上述三部书，可以一窥洛阳出土

[1]（晋）左思：《蜀都赋》，（梁）萧统编、（唐）李善注：《文选》，中华书局，2005年，第75页。

[2] 图一采自中国社会科学院考古研究所：《中国社会科学院考古研究所考古博物馆洛阳分馆》，文化艺术出版社，1998年，第4页。

[3] 洛阳市文物管理委员会编：《洛阳出土古镜》（两汉部分），文物出版社，1959年。

[4] 洛阳博物馆编：《洛阳出土铜镜》，文物出版社，1988年。

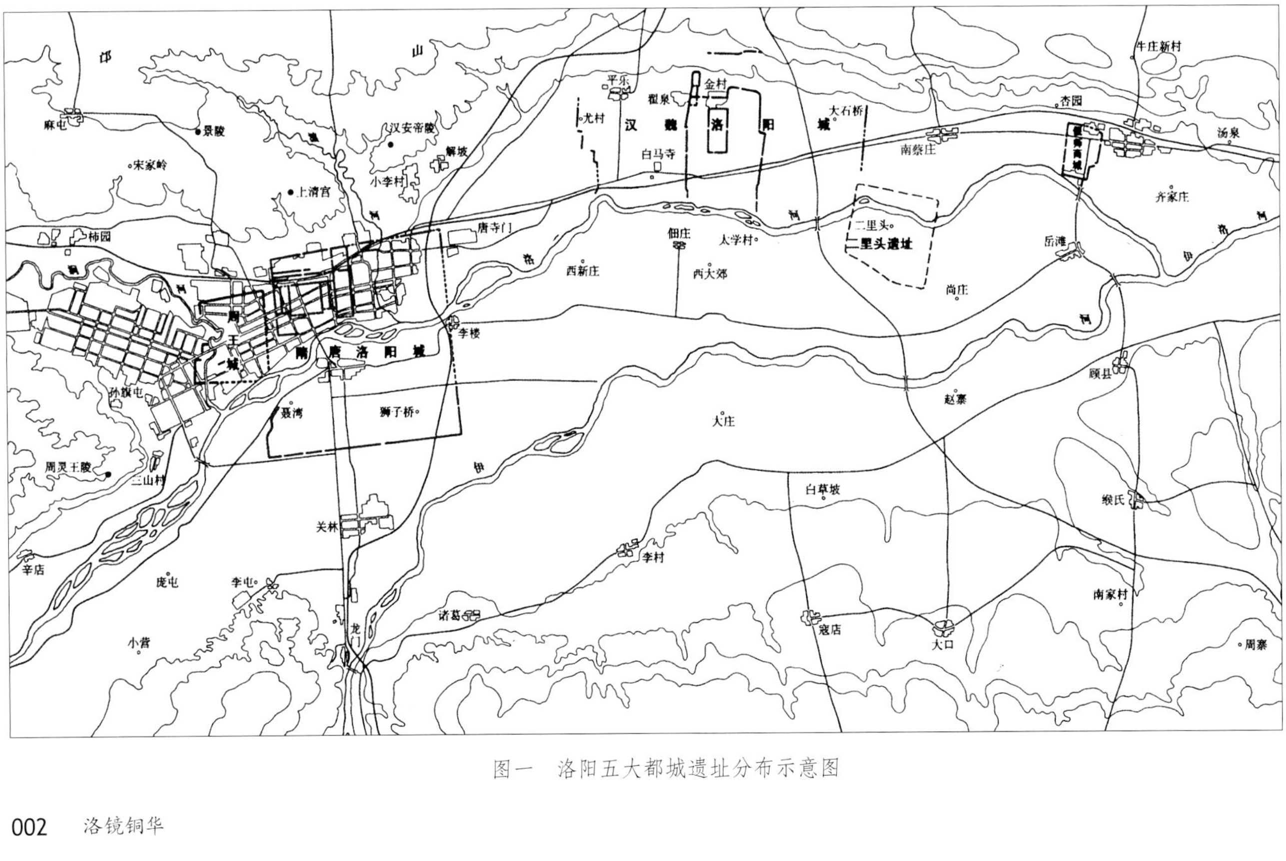

图一　洛阳五大都城遗址分布示意图

图二 《洛阳出土古镜》（两汉部分）书影

图三 《洛阳出土铜镜》书影

铜镜的全貌。在系统反映洛阳出土铜镜资料之时，有必要对洛阳铜镜的发现史与研究史做一较为全面、深入的回顾与总结[1]。

一、古文献记载中的洛阳铜镜

有关洛阳铜镜的文献记载，最早可追溯到汉魏时期，西晋、唐代亦有零星记述。

文献中谈到东汉用以贮存铜镜的镜奁。《东观汉记》卷二云：东汉明帝“中元二年二月，世祖崩，皇太子即位。帝即祚，长思远慕，至逾年，乃率诸王侯、公主、外戚、郡国计吏上陵，如会殿前礼。正月，上谒原陵，梦先帝、太后如平生，亲率百官上陵，其日降甘露，积于树，百官取以荐。会毕，上伏御床视太后镜奁中物，感动悲涕，令易脂泽妆具。”[2]东汉建都洛阳，明帝“伏御床视太后镜奁中物”一事应发生于洛。该地区西汉墓中曾出土镜奁实物。1957～1958年，在洛阳老城西北郊发掘西汉元帝至新莽年间墓M81，东棺内头部东侧有1件漆奁，放置残草叶纹镜1面，仅存约三分之一[3]。1976年，在洛阳北郊烧沟村西发掘出西汉中期卜千秋壁画墓。墓室内有两具棺木，北棺内的头骨东侧有一腐朽的圆形漆奁盒，盒中放置昭明镜1面及卜千秋铜印一枚。南棺内的骨架头部东南角有一已朽圆形漆奁盒，盛有四乳四虺镜1面[4]。

有关洛阳铜镜的文献记载，在《三国志》中已有反映。曹魏景初二年（238年），明帝曹睿在国都洛阳赏赐倭人铜镜百枚。“景初二年六月，倭女王遣大夫难升米等诣郡，求诣天子朝献，太守刘夏遣吏将送诣京都。其年十二月，诏书报倭女王曰：‘制诏亲魏倭王卑弥呼：带方太守刘夏遣使送汝大夫难升米、次使都市牛利奉汝所献男生口四人，女生口六人、班布二匹二丈，以

[1] 有关洛阳铜镜的研究综述，参见洛阳市文物管理委员会编《洛阳出土古镜》（两汉部分）“前言”，第1、2页；米士诫、苏健：《洛阳藏镜述论》，《考古与文物》1987年第4期；米士诫、苏健、侯鸿军：《洛阳铜镜艺术略论》，洛阳博物馆编：《洛阳出土铜镜》，第1～10页；洛阳市地方史志编纂委员会编：《洛阳市志》第14卷《文物志》，中州古籍出版社，1995年，第454、455页。

[2] （汉）刘珍等撰、吴树平校注：《东观汉记校注》卷二《显宗孝明皇帝》，中华书局，2008年，第54、55页。

[3] 贺官保：《洛阳老城西北郊81号汉墓》，《考古》1964年第8期。

[4] 洛阳博物馆：《洛阳西汉卜千秋壁画墓发掘简报》，《文物》1977年第6期。

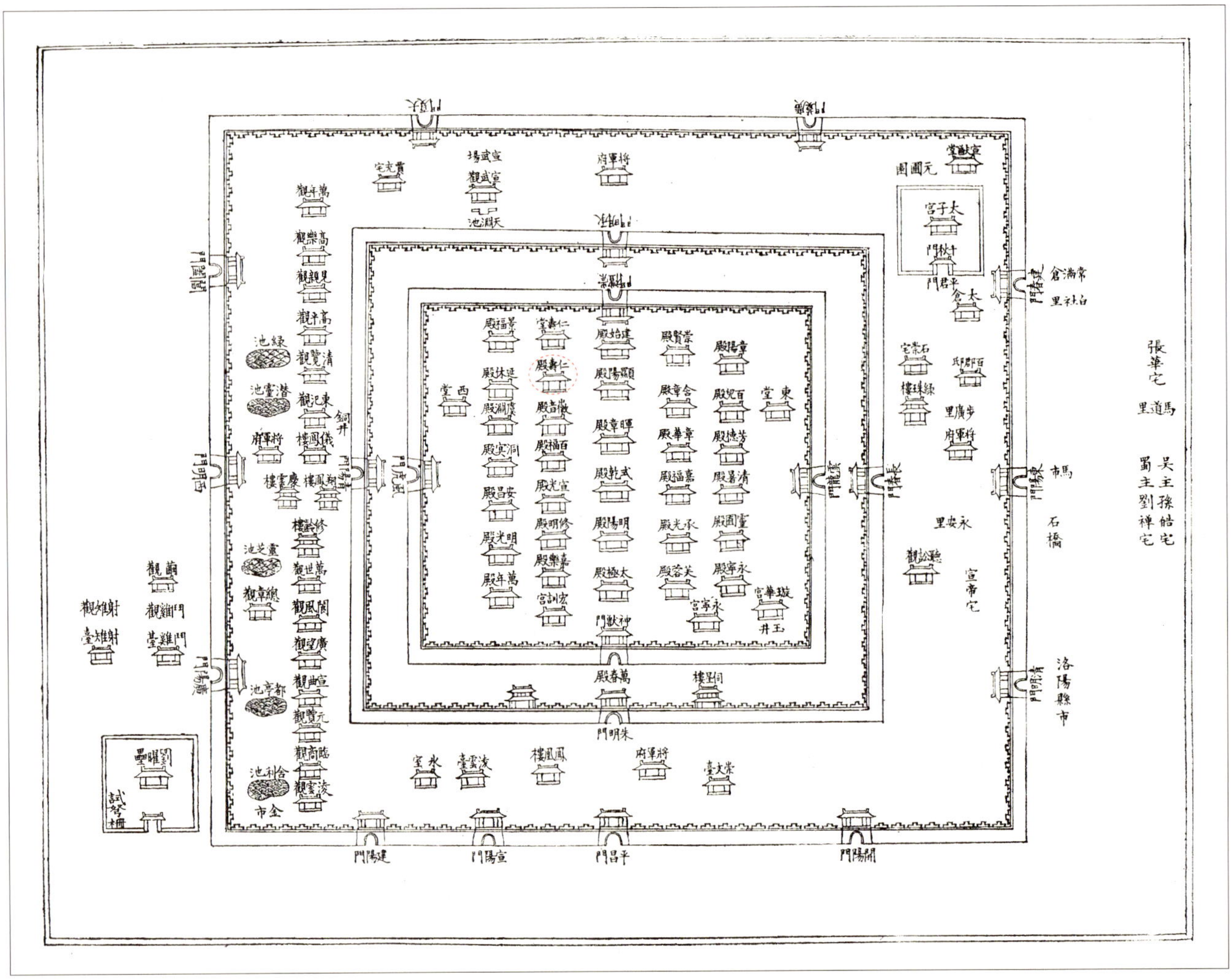

图四 《晋都城图》中仁寿殿的位置

到。……今以汝为亲魏倭王，假金印紫绶，装封付带方太守假授汝。……又特赐汝绀地句文锦三匹、细班华罽五张、白绢五十匹、金八两、五尺刀二口、铜镜百枚、真珠、铅丹各五十斤，皆装封付难升米、牛利还到录受。’”正始元年（240年），派使者前往倭国，礼物中有铜镜。“正始元年，太守弓遵遣建中校尉梯俊等奉诏书印绶诣倭国，拜假倭王，并赍诏赐金、帛、锦罽、刀、镜、采物，倭王因使上表答谢恩诏。”[1]1994年，日本京都府弥荣町大田南5号坟出土的方格规矩四神镜，在铭文中有魏明帝“青龙三年”（235年）的纪年，可确认为魏帝所赐之镜[2]。

西晋洛阳宫城内仁寿殿前立有大方铜镜，形制较大。清代庄璟有摹本《晋都城图》（图四）[3]，从图上来看，仁寿殿位于西晋宫城西北隅，东邻中轴线上的显阳殿。《河南志·晋城阙古迹》引《晋宫阁名》及《洛阳宫殿簿》：仁寿殿，“殿前有大方铜镜，向之，写人形体。”[4]。陆机《与弟云书》曰：“仁寿殿前有大方铜镜，高五尺余，广三尺二寸，立着庭中。向之便写人形体，了了，亦怪也。”[5]“高五尺余，广三尺二寸”，以晋尺换算，一尺

[1]《三国志》卷三〇《魏书·东夷传》，中华书局，1975年，第857页。有学者认为应是“景初三年”，参见王仲殊：《〈三国志·魏书·东夷（倭人传）〉中的“景初二年”为“景初三年”之误》，《考古》2006年第4期。

[2]王仲殊：《论日本出土的青龙三年铭方格规矩四神镜——兼论三角缘神兽镜为中国吴的工匠在日本所作》，《考古》1994年第8期。

[3]图四采自考古研究所洛阳发掘队：《洛阳涧滨东周城址发掘报告》，《考古学报》1959年第2期，附《永乐大典》卷9561引《元河南志》的古代洛阳图十四幅，图4《晋都城图》。

[4]（清）徐松辑，高敏点校：《河南志·晋城阙古迹》，中华书局，1994年，第70页。

[5]（宋）李昉等撰：《太平御览》卷七一七《服用部十九·镜》，中华书局影印本，1963年，第3179页。

长为24.4厘米[1]，应是高约122、宽约78.1厘米。1978～1980年，在山东淄博窝托村西汉早期齐王墓第五号器物坑，发掘出龙纹五钮长方镜一面，高115.1、宽57.7、厚1.2厘米，重56.5千克[2]。与文献记载中的仁寿镜相比，两者形制相同，皆为长方镜，但汉镜略小。

西晋宫城仁寿殿前的大方镜，后世称为“仁寿镜”，时常出现在文人的诗句、镜铭之中。北周庾信《和宇文内史入重阳阁》：“徒悬仁寿镜，空聚茂陵书。竹泪垂秋笱，莲衣落夏蕖。”[3]唐代温庭筠《投翰林萧舍人》诗：“人间鹓鹭杳难从，独恨金扉直九重。万象晚归仁寿镜，百花春隔景阳钟。”[4]梁简文帝镜铭曰：“金精石英，冰辉沼清。高堂悬影，仁寿摛声。云开月见，水净珠明。”江总方镜铭云：“此镜以照着衣，镜背图刻八卦二十八宿。仁寿殿前，无以加斯雕丽也。”[5]洛阳地区发现两面隋至初唐时期“仁寿”铭文十二生肖镜，铭文中的“仁寿”二字，即源于西晋洛阳仁寿殿大方镜的典故[6]，由此可见西晋洛阳宫城仁寿殿大方铜镜对后世的影响。

在唐代天宝年间，洛阳地区已有铜镜发现，地点是位于隋唐东都城洛北里坊区内的清化坊。“天宝中，有陈仲躬家居金陵，多金帛。仲躬好学，修词未成，乃携数千金，于洛阳清化里假居一宅。其井尤大，甚好溺人。仲躬亦知之。……仲躬乃当时命匠，令一信者与匠同入井中，但见异物，即令收入。至底无别物，唯获古铜镜一枚，面阔七寸七分。……其镜背有二十八字，皆科斗书。以今文推而写之曰：‘维晋新公二年七月七日午时，于首阳山前白龙潭铸成此镜，千年后世。’于背上环书，一字管天文一宿，依方列之，则左有日而右有月，龟龙虎雀，并依方安焉。”[7]从文字描述来看，出土于清化坊井底的铜镜“左有日而右有月，龟龙虎雀，并依方安焉”，外周饰以28字铭文，应是四神铭文镜。此镜“面阔七寸七分”，以唐大尺推算，一尺长30.3厘米[8]，此镜直径约为23.33厘米。这条记载来自文学作品，不一定准确，仅做参考。

二、民国时期洛阳铜镜的发现情况

民国时期，《洛阳出土石刻时地记》[9]、《洛阳故城古墓考》[10]、《洛阳金村古墓聚英》[11]、《岩窟藏镜》[12]等书记述了这一时期洛阳铜镜的发现情况。《洛阳出土石刻时地记》不仅记载了民国时期洛阳出土墓志的基本信息，而且记录了1918～1942年邙山古墓葬出土铜镜的概况，包括汉唐宋明时期的铜镜共计108面，其中唐墓出土铜镜102面（附录二）。

书中谈到有关汉、曹魏、西晋、北宋、明代墓葬出土铜镜情况。汉骨卜筹八根，“民国十六年（一九二七年）冬，洛阳故城东北隅，翟泉镇北小冢内出土，另有铜镜、陶器，初为翟泉镇东门内吕姓所得，后以卅元归玉堂宗弟玉润。”曹魏鲍寄之神座，“民国十二年（一九二三年）阴历四月，洛阳城东北杨坟村北出土。……并出土有铜镜、陶器，上带银片。”西晋元康三年（293

[1] 丘光明：《中国历代度量衡考》，科学出版社，1992年，第68页。

[2] 山东省淄博市博物馆：《西汉齐王墓随葬器物坑》，《考古学报》1985年第2期。

[3]（北周）庾信撰、（清）倪璠注、许逸民校点：《庾子山集注》卷三《诗》，中华书局，1980年，第268页。

[4]《全唐诗》卷五七八《温庭筠四》，中华书局，1979年，第6720页。

[5]（唐）欧阳询撰、汪绍楹校：《艺文类聚》卷七〇《服饰部下·镜》，上海古籍出版社，1985年，第1228页。

[6] 李随森：《洛阳“仁寿镜”年代试析》，洛阳市文物局编：《耕耘论丛（一）》，科学出版社，1999年，第186～193页。

[7]（唐）谷神子撰：《博异志》“敬元颖”条，中华书局，1980年，第2～4页。

[8] 唐代大尺的量值，参见丘光明：《中国历代度量衡考》，第88页。

[9] 郭培育、郭培智主编：《洛阳出土石刻时地记》，大象出版社，2005年。

[10]［加］怀履光：《洛阳故城古墓考》，上海别发印书馆，1934年。

[11]［日］梅原末治：《洛阳金村古墓聚英》，京都小林写真制版部，昭和十二年（1937年）。《增订洛阳金村古墓聚英》，京都小林出版部，昭和十九年（1944年）；同朋舍株式会社，昭和五十九年（1984年）。

[12] 梁上椿：《岩窟藏镜》四集六册，影印本，1940～1942年。

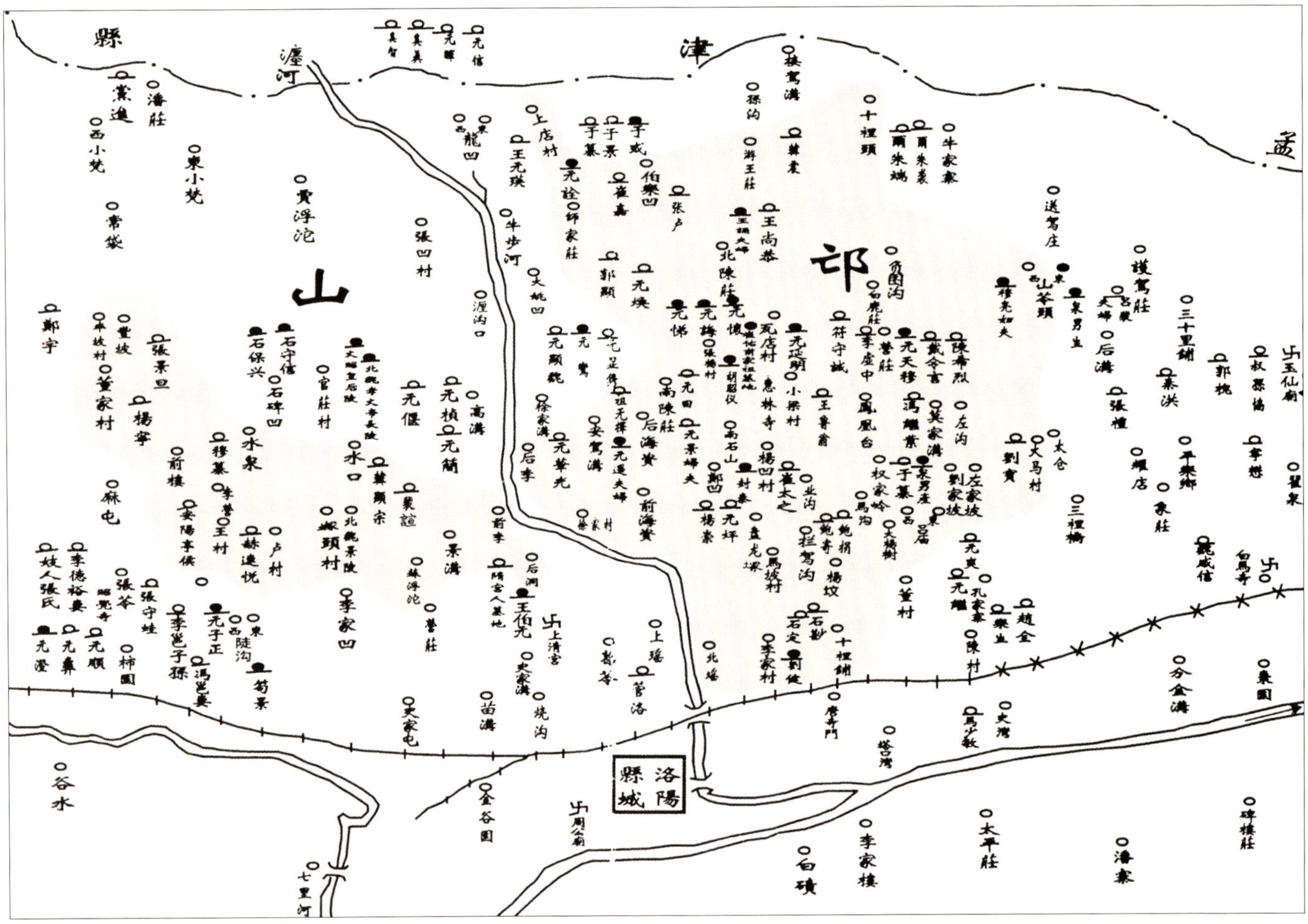

图五 《洛阳出土石刻时地记》记述邙山出土铜镜的唐墓范围

年）阳平乐生之柩记，“民国十二年（一九二三年）六月十二日，洛阳城东十五里陈家村东南出土。……同时出土小铜镜一件。”北宋嘉祐七年（1062年）焦世昌夫人张氏墓志，“民国十八年（一九二九年），洛阳西北冢头村出土。并出铜镜一件，瓷器数件，售价千元。”宣和四年（1122年）苻世表墓志，“洛阳北十八里凤凰台村西北，与夫人赵氏墓志同时同地出土，并出小瓷器数件，铜镜一件，共售数百元。”明代弘治八年（1495年）陆礼墓志，“民国十七年（一九二八年）七月廿七日，洛阳北五里魏元怿墓冢西出土。为朱龙咀村人挖掘。并出铜镜一件，瓷砚台二件，酒壶一件[1]”。

该书所记出土铜镜的纪年唐墓主要集中于邙山墓区中段，即今洛阳瀍河以东、孟津县朝阳乡与送庄乡一带的邙山岭上。其大概范围，东面北起十里头村，经山岭头、大马村、刘家坡，至十里铺；南面为十里铺、北瑶一线；西面由北瑶起，经徐家村、后李、安驾沟、后海资、南陈庄、张杨村，至上店村；北面起自上店村，东经伯乐凹、游王庄，至十里头。在属于邙山墓区西段的瀍河以西地区，分布有出土少量铜镜的唐墓。东至后洞，南至冢头、卢村，西至

[1] 郭培育、郭培智主编：《洛阳出土石刻时地记》第72、437、438、440页。

半坡村，北至水泉、前李一线，呈条带状分布（图五）[1]。

出土铜镜的唐墓共计87座，本文依据《偃师杏园唐墓》的分期标准[2]，将其分为四期（表一）。其中初唐墓14座，出土铜镜16面；盛唐墓28座，出镜33面；中唐墓19座，发现铜镜23面；晚唐墓26座，出铜镜30面。唐墓出土铜镜共计102面，包括金壳镜17面，银壳镜5面，银镜1面，葡萄镜4面，方形镜1面，漆灰镜3面，螺钿镜1面，其他铜镜70面[3]（表二）。

1928～1934年，洛阳金村8座战国大墓被盗掘，出土铜镜24面[4]，已流失海外，现藏欧美一些国家的博物馆。1928年，国民政府派人到洛阳查收文物，后移交河南博物馆。"洛阳为古帝王都，故宫邱陇，遗物之埋藏于地下者，所在皆是，历年私人发掘，所获良多，经市贾窃售于外人者，不知凡几。民国十七年，何日章奉令前往查收，月余之间，搜获七十余件，运存古物保存所，现已移交本馆。"入藏铜镜6面，残缺者3[5]。

1940～1942年，梁上椿编撰《岩窟藏镜》出版，收录洛阳地区出土的战国、两汉、唐代、北宋铜镜40余面，较为系统地反映了民国时期洛阳流散铜镜的基本面貌。

表一 《洛阳出土石刻时地记》唐墓出土铜镜统计

分期	墓葬数量（座）	铜镜数量（面）
初唐	14	16
盛唐	28	33
中唐	19	23
晚唐	26	30
合计	87	102

表二 《洛阳出土石刻时地记》唐墓出土铜镜种类一览

分期	金壳镜	银壳镜	银镜	葡萄镜	方形镜	漆灰镜	螺钿镜	其他铜镜
初唐	3	1		1	1			10
盛唐	7	2	1	3		2	1	17
中唐	4	2						17
晚唐	3					1		26
合计	17	5	1	4	1	3	1	70

[1] 图五底图采自《洛阳出土石刻时地记》文末附图。

[2] 中国社会科学院考古研究所：《偃师杏园唐墓》，科学出版社，2001年。

[3] 郭培育、郭培智主编：《洛阳出土石刻时地记》。

[4] 霍宏伟：《洛阳金村出土铜镜述论——为金村大墓发现七十周年而作》，洛阳市文物局、洛阳博物馆编：《洛阳博物馆建馆四十周年纪念文集（1958～1998）》，科学出版社，1999年，第79～95页。

[5] 《本馆庋藏物品报告——新郑洛阳器物》，《河南博物馆馆刊》第一集，1936年7月。收入《民国文物考古期刊汇编》第19册，全国图书馆文献缩微复制中心，2006年，第9555、9557页。

三、新中国成立后洛阳铜镜的科学发掘

1949年新中国成立后，洛阳地区相继进行了大规模的田野考古发掘。自1952至2012年的60年间，出土铜镜2000余面[1]，为学术研究提供了科学、翔实的实物资料。

洛阳铜镜发现分布范围广大，主要见于遗址、墓葬之中，以后者出土甚多。笔者将其出土地点划分为“三城一山”四个区域，一是洛阳东周王城遗址区（含汉晋河南县城），二是汉魏洛阳故城遗址，三是隋唐洛阳城遗址，四是邙山墓区。

（一）洛阳东周王城遗址区出土铜镜

本文所说的洛阳东周王城遗址区，包括东周王城、汉河南县城两座城址（图六）[2]，后者是在前者范围内新建的一座小城，两者有承袭关系，在文献中有明确记载。《尚书·洛诰》郑玄注：“召公所卜处名曰王城，今河南县也。”[3]《续汉书·郡国志一》“河南尹”条：“河南，周公时所城雒邑也，春秋时谓之王城。”[4]

1. 洛阳东周王城遗址

1955～1958年，在洛阳市西工区、涧西区的涧水两岸发现了东周王城遗址。城址平面近方形，夯筑城墙。东墙残存北段，残长1000米，南段毁于洛水，估计全长约3500米；西墙沿涧水曲折自北南行；北墙保存较好，全长2890米。城墙修筑年代应早于春秋晚期，晚于西周初年或是西周[5]。《汉书·地理志八上》“河南郡”条自注：“河南，故郏鄏地。周武王迁九鼎，周公致太平，营以为都，是为王城，至平王居之。”[6]洛阳东周王城遗址内发现的铜镜，主要出土于王城东部与东北部的墓葬区、西南部的仓窖区，共计17面。

在王城东部出土铜镜 3 面。1954～1955年，在洛阳中州路西工段中部，发掘战国早期墓M2719，出土羽状镜 1 面[7]。1988年，在洛阳市西工区第一百货公司发掘的一座战国墓内出土四凤透雕镜 1 面[8]。2005年，在王城东部、汉河南县城东北角，发掘战国中期墓C1M8503，出土素面镜 1 面[9]。王城东北部出土铜镜 3 面。1992年，在洛阳市针织厂住宅楼工地，发掘战国晚期墓C1M3943，出土镶嵌料珠琉璃珠包金箔四山镜、镶嵌琉璃珠六山镜各一面[10]。2002年，在洛阳市二十六中学工地，发掘战国中期墓C1M7602，出土花枝透雕镜 1 面[11]。

1976年，在王城西南部的62号仓窖，清理出战国晚期铜镜残片11面。其中，绹纹镜 1 面，羽地山字镜 2 面，余皆为素面镜[12]。

洛阳东周王城遗址内出土铜镜有如下特点：一是城址内发现的完整铜镜数量较少，在 5 座战国墓中出土铜镜 6 面。二是战国墓内清理出的铜镜数量虽

[1] 1988年，有学者认为：“历年来洛阳出土铜镜为数不少，除见于民国以前著录的以外，仅解放后发掘、征集所得即达两千面之多。”参见米士诫、苏健、侯鸿军：《洛阳铜镜艺术略论》，《洛阳出土铜镜》第2页。

[2] 图六采自中国社会科学院考古研究所：《洛阳发掘报告——1955～1960年洛阳涧滨考古发掘资料》，北京燕山出版社，1989年，第4页，图一。

[3] （清）孙星衍撰，陈抗、盛冬铃点校：《尚书今古文注疏》卷一九《洛诰》，中华书局，1986年，第403页。

[4] 《续汉书·郡国志一》，中华书局，1987年，第3389页。

[5] 考古研究所洛阳发掘队：《洛阳涧滨东周城址发掘报告》，《考古学报》1959年第2期；中国社会科学院考古研究所：《洛阳发掘报告——1955～1960年洛阳涧滨考古发掘资料》第192页。

[6] 《汉书》卷二八上《地理志八上》，中华书局，1987年，第1555页。

[7] 中国科学院考古研究所：《洛阳中州路（西工段）》，科学出版社，1959年，第91、104页，图版柒肆:16。本文记述城址内外出土铜镜，以东、南、西、北为序，下同。

[8] 洛阳市文物工作队：《洛阳出土文物集粹》，朝华出版社，1992年，第54页。

[9] 洛阳市文物工作队：《洛阳西工区C1M8503战国墓》，《文物》2006年第3期。

[10] 洛阳市文物工作队：《洛阳市西工区C1M3943战国墓》，《文物》1999年第8期。

[11] 洛阳市文物工作队：《洛阳西工区M7602的清理》，《文物》2004年第7期。

[12] 洛阳博物馆：《洛阳战国粮仓试掘纪略》，《文物》1981年第11期。

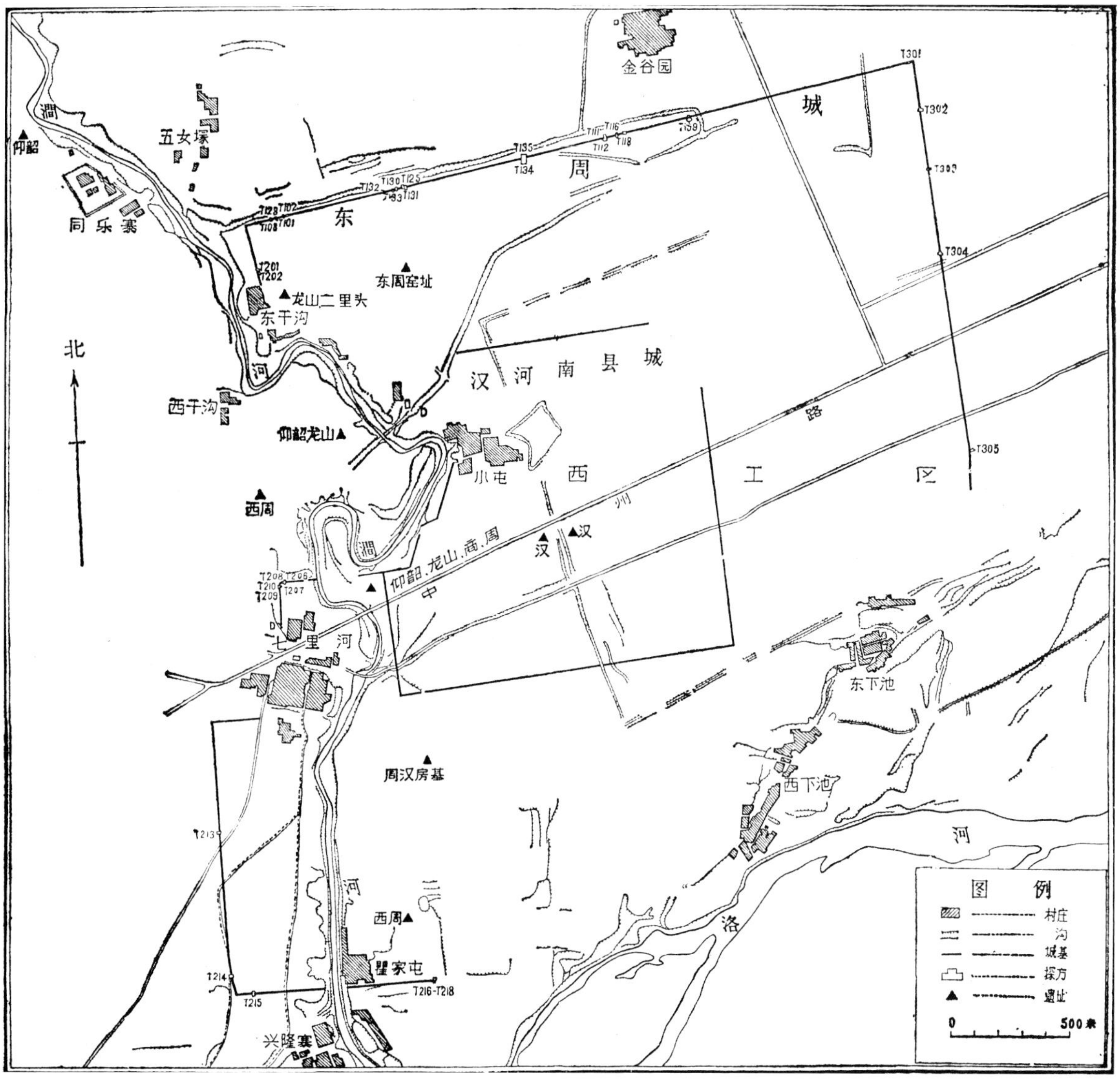

图六 洛阳东周王城遗址平面示意图

少，但制作精美，工艺精湛，图案纹饰较为少见，如花枝透雕镜、镶嵌料珠琉璃珠包金箔四山镜、镶嵌琉璃珠六山镜。三是在战国仓窖中出土铜镜残片数量较多，素面镜残片所占比例较大。

2. 汉河南县城遗址

在洛阳东周王城衰落之后，西汉时期在其中部又营建一城，面积比王城减少了四分之三，即汉河南县城（以下简称“汉城”）。1954年，勘察王城之初，先是在涧水东岸发现了汉城，后来在其外围找到了东周王城。汉城平面略近方形，东墙长约1410米，南墙长1485米，北墙长约1000米[1]。该城址于东汉晚期逐渐废弃之后，又出现了筑墓于城内的现象。1954～1955年，在城中部清理的2座东汉晚期墓葬中，随葬铜镜各一。初平二年（191年）砖棺墓M813

[1] 中国社会科学院考古研究所：《洛阳发掘报告——1955～1960年洛阳涧滨考古发掘资料》第193、194页。

出土长宜子孙连弧镜，洞室墓M708出有位至三公变形四叶镜[1]。在汉河南县城遗址周围，发掘出大批汉墓，随葬有相当多的铜镜，两汉墓葬在空间分布上略有差异。

（1）汉河南县城遗址东郊

在该城址东郊发掘东汉墓数量相对较少，在4座墓中出土铜镜4面，铁镜3面。1981年，在位于汉城东郊的今洛阳市西工区塘沽路南侧发掘东汉晚期壁画墓C1M120，出土铁镜2面[2]。1992年，在洛阳市三乐食品总厂住宅楼工地清理东汉晚期墓C3M226，发现铁镜1面[3]。2007年，在洛阳瀍河区夹马营路西侧的财经学校综合教学楼工地发掘东汉早中期墓M4、M20，出土铜镜4面[4]。

（2）汉河南县城遗址南郊

在汉城南郊发掘汉墓10座，出土铜镜6面，铁镜3面。1974年，在汉城南郊的今李屯乡发掘东汉元嘉二年（152年）墓，出土八连弧铜镜和铁镜各一面[5]。在位于李屯乡的石化公司实验厂百货楼基建工地，发掘东汉墓C7M3，出土铁镜2面[6]。2007年，在洛阳瞿家屯上阳华府工地发掘汉墓8座，其中3座墓出土铜镜5面[7]。

（3）汉河南县城遗址西郊

在汉城西郊、涧河以西，即今洛阳市涧西区一带，西汉墓发现较少，发掘清理了大批东汉墓，出土铜镜数量较多。在169座汉墓中，随葬铜镜87面，铁镜4面（表三）。其中，1955年，在涧西区发掘小型东汉墓，出土铜镜9面[8]，1957～1958年七里河村东涧河西岸台地上清理汉墓，发现铜镜67面[9]，这是铜镜出土数量最多的两批。

表三　汉河南县城西郊汉墓出土铜镜一览

出土时间（年）	出土地点	墓葬年代	镜数（面）	注释
1955	洛阳涧西区发掘70座东汉墓，其中9座墓中出有铜镜	小型东汉墓	八连弧镜、四乳四虺镜、四乳四禽镜、长宜生子连弧镜、位至三公变形四叶镜、变形四叶镜，共计9，铁镜1	[10]
1956	七里河明渠	东汉墓M2	铁镜1	[11]
1957～1958	洛阳西郊七里河村和金谷园村发掘两汉墓葬217座，其中在位于七里河村东的涧河西岸台地上发掘汉墓91座	东汉墓较为集中	67	[12]

[1] 中国科学院考古研究所：《洛阳中州路（西工段）》第134～136页，图版捌陆：13，图版捌捌：3。

[2] 洛阳市文物工作队：《洛阳西工东汉壁画墓》，《中原文物》1982年第3期。

[3] 洛阳市文物工作队：《河南洛阳市东汉孝女黄晨、黄芍合葬墓》，《考古》1997年第7期。

[4] 洛阳市文物工作队：《洛阳市财经学校综合教学楼工地发掘简报》，洛阳市文物工作队编：《洛阳考古发现（2007）》，中州古籍出版社，2009年，第56～83页。

[5] 洛阳市文物工作队：《洛阳李屯东汉元嘉二年墓发掘简报》，《考古与文物》1997年第2期。

[6] 程永建：《洛阳出土铁镜初步研究》，《华夏考古》2011年第4期。

[7] 洛阳市文物工作队：《洛阳市瞿家屯上阳华府发掘简报》，《洛阳考古发现（2007）》第224～262页。

[8] 河南省文化局文物工作队：《一九五五年洛阳涧西区小型汉墓发掘报告》，《考古学报》1959年第2期。

[9] 中国科学院考古研究所洛阳发掘队：《洛阳西郊汉墓发掘报告》，《考古学报》1963年第2期。笔者按：该报告未将金谷村与七里河村发掘的两汉墓葬明确区分开，仅说金谷村西汉墓集中，七里河村东汉墓集中。为便于讨论，本文暂将西汉铜镜归到金谷园村墓地，东汉铜镜归到七里河村墓地。

[10] 同[8]。

[11] 同[6]。

[12] 同[9]。

续表

出土时间（年）	出土地点	墓葬年代	镜数（面）	注释
1974	涧西七里河西北一公里处	东汉晚期墓	蟠螭纹镜1	[1]
1974	涧西区东方红拖拉机厂	东汉光和二年（179年）王当墓	位至三公变形四叶纹铜镜2，另出有铁镜	[2]
1986	涧西区南昌路南侧	东汉晚期墓BM3	位至三公变形四叶夔纹镜1、长宜子孙变形四叶八凤镜1，铁镜1	[3]
1992	汉河南县城西南郊的浅井头村南	西汉晚期壁画墓	家常富贵镜1 昭明镜1	[4]
1992	涧西区南昌路小区	东汉晚期墓92GM1151	七连弧镜1	[5]
1994	西南郊的张庄村北	东汉中期墓GM241	四神博局镜1	[6]
2004	涧河以西的王城公园西部	东汉早期墓C1M8567	昭明镜1 尚方四神博局镜1	[7]

（4）汉河南县城遗址北郊

汉河南县城北近郊，以今洛阳金谷园为中心，可称为“金谷园墓区”，大多为西汉墓，铜镜发现数量较多。在发掘的137座汉墓中，出土铜镜129面（表四）。其中，1957～1958年，洛阳金谷园村西发掘汉墓126座，出土铜镜108面[8]。1996年，在南距东周王城西北角约500米、西距五女冢村约600米处，发掘新莽墓96HM267，出土永始二年四神博局镜、四神博局镜各一面[9]。西汉永始二年（公元前15年）四神博局镜是我国目前发现最早的纪年镜。

据上文，可以统计出汉河南县城遗址内外发掘墓葬及出土铜镜的总数。发掘汉墓322座，出土铜镜228面，铁镜10面（表五）。由此来看，在汉墓中随葬铜、铁镜是较为普遍的葬俗。正如台湾学者蒲慕洲先生统计汉墓随葬铜器之后得出的结论：“在所有铜器之中，除饰物和储容器有时较受欢迎之外，铜镜是一件广受汉人喜用的随葬品，其证据就是出土铜镜之墓葬在所有未扰墓中经常占有最高之百分比。”[10]

[1] 洛阳博物馆：《洛阳涧西七里河东汉墓发掘简报》，《文物》1975年第2期。

[2] 洛阳博物馆：《洛阳东汉光和二年王当墓发掘简报》，《文物》1980年第6期。

[3] 洛阳市第二文物工作队：《洛阳市南昌路东汉墓发掘简报》，《中原文物》1987年第3期。

[4] 洛阳市第二文物工作队：《洛阳浅井头西汉壁画墓发掘简报》，《文物》1993年第5期。

[5] 洛阳市第二文物工作队：《洛阳市南昌路东汉墓发掘简报》，《文物》1995第4期。

[6] 洛阳市第二文物工作队：《洛阳西南郊东汉墓发掘简报》，《文物》1995第4期。

[7] 洛阳市文物工作队：《洛阳王城公园东汉墓》，《文物》2006年第3期。

[8] 中国科学院考古研究所洛阳发掘队：《洛阳西郊汉墓发掘报告》，《考古学报》1963年第2期。

[9] 洛阳市第二文物工作队：《洛阳五女冢267号新莽墓发掘简报》，《文物》1996年第7期。

[10] 蒲慕洲：《墓葬与生死——中国古代宗教之省思》，中华书局，2008年，第153页。

表四　汉河南县城北近郊汉墓出土铜镜一览

出土时间（年）	出土地点	墓葬年代	镜数（面）	注释
1957～1958	金谷园村西发掘汉墓126座，南距汉河南县城北墙1.5公里	西汉墓较为集中	108	[1]
1972	金谷园车站	西汉晚期墓M11	日光镜 2 清白铭文镜 1	[2]
1974	洛阳火车站西约800米	西汉中晚期墓C1M35	日光镜 1	[3]
1978	金谷园村东	新莽	昭明镜2、博局镜1	[4]
1987	位于金谷园村西北的石油站家属院	东汉早期壁画墓M689	八乳博局镜 2	[5]
1992	洛阳邮电局邮件处理中心二期工程，位于金谷园	西汉晚期墓M372	昭明镜 1 四乳四虺镜 1	[6]
1992	金谷园	东汉中晚期墓IM337	残铜镜 2	[7]
1992～1993	西距涧河约600米、南距五女冢约500米处	新莽墓IM461	四乳四虺镜 1 四乳四神镜 1	[8]
1993	金谷园附近苗南新村工地	东汉中期墓IM528	四乳八禽镜 2	[9]
1996	南距东周王城西北角约500米、西距五女冢村约600米处	新莽墓96HM267	永始二年四神博局镜 1、四神博局镜 1	[10]
2002	洛阳火车站售票厅改扩建工程	西汉中期墓IM1779	日光镜 1	[11]
2003	洛阳火车站东北的苗南路	西汉晚期张就墓	日光镜 1	[12]

表五　汉河南县城遗址出土铜镜数量统计

方位	发掘汉墓数量（座）	铜镜（面）	铁镜（面）
城内中部	2	2	
东郊	4	4	3
南郊	10	6	3
西郊	169	87	4
北郊	137	129	
合计	322	228	10

[1] 中国科学院考古研究所洛阳发掘队：《洛阳西郊汉墓发掘报告》，《考古学报》1963年第2期。

[2] 洛阳市文物工作队：《洛阳金谷园车站11号汉墓发掘简报》，《文物》1983年第4期。

[3] 洛阳市文物工作队：《洛阳西汉墓发掘简报》，《考古》1983年第1期。

[4] 洛阳博物馆：《洛阳金谷园新莽时期壁画墓》，《文物资料丛刊》9，文物出版社，1985年。

[5] 洛阳市文物工作队：《河南洛阳北郊东汉壁画墓》，《考古》1991年第8期。

[6] 洛阳市第二文物工作队：《洛阳邮电局372号西汉墓》，《文物》1994年第7期。

[7] 洛阳市第二文物工作队：《洛阳金谷园东汉墓（IM337）发掘简报》，《文物》1992年第12期。

[8] 洛阳市第二文物工作队：《洛阳五女冢新莽墓发掘简报》，《文物》1995年第11期。

[9] 洛阳市第二文物工作队：《洛阳苗南新村528号汉墓发掘简报》，《文物》1994年第7期。

[10] 洛阳市第二文物工作队：《洛阳五女冢267号新莽墓发掘简报》，《文物》1996年第7期。

[11] 洛阳市第二文物工作队：《洛阳火车站西汉墓（IM1779）发掘简报》，《文物》2004年第9期。

[12] 洛阳市第二文物工作队：《洛阳西汉张就墓发掘简报》，《文物》2005年第12期。

3. 西晋河南县城遗址

西晋时期，洛阳为国都，设河南郡，统县十二，其中有洛阳、河南两县。《晋书·地理志上》“河南”条小字注云：“周东都王城郏鄏也。”[1]可知西晋河南县城址位于洛阳东周王城一带。《太平寰宇记·河南道三》“河南县”条：“《汉书·地理志》：河南，‘故郏鄏地’。……秦灭。汉为县，属河南郡。后汉亦为河南县，历魏、晋及后魏，皆理于今苑城东北隅。”[2]清代学者顾祖禹认为：河南故城，“在府城西北。周之王城，亦曰郏邑。……《晋地道志》：‘河南城去雒城四十里。’”[3]由此分析，西晋河南县城应是继续沿用了汉河南县城。

（1）西晋河南县城遗址东郊

在西晋河南县城遗址东面，即今洛阳老城、瀍河一带，发掘西晋墓4座，出土铜镜12面。1984～1986年，在老城区所辖的洛阳市起重机厂发掘西晋墓M88，出土铜镜1面[4]。1989年，在位于瀍河区的洛阳市商业供销学校发掘一座曹魏晚期至西晋早期墓M178，出土位至三公夔凤镜3面[5]。2007年，在洛阳市瀍河区夹马营路西侧的财经学校综合教学楼工地，发掘西晋中晚期墓M14，清理出铜镜2面[6]。2008年，在瀍河区利民南街西侧发掘西晋中晚期墓C3M723，出土铜镜6面，其中有连弧镜4面，四乳四禽镜、四兽镜各一面[7]。

（2）西晋河南县城遗址南郊

该城址南郊即今洛阳洛南新区一带，由于近年来的不断开发，配合基本建设，发掘西晋墓17座以上，出土铜镜11面，铁镜1面。2005年，在洛阳市洛龙区关林镇皂角树村西侧，发掘西晋中晚期墓C7M1874，出土变形鸟纹镜、日光镜各一面[8]。2005～2006年，在关林定鼎门街皂角树村与练庄村段，发掘西晋墓10余座。出土位至三公夔凤镜、十六内向连弧镜各一面[9]。2006年，在洛阳市洛南新区厚载门街东侧，发掘3座西晋墓。其中在西晋中期墓C7M3032墓室西南清理出夔凤纹残铜镜1面，在晚期墓C7M3033墓室西南放置八连弧镜、瑞兽镜各一面。西晋中期墓C7M3034出土铁镜1面，锈蚀严重[10]。2007年底，在洛南新区关林大道与永泰路交叉路口西北角，发掘一批古墓葬。其中有西晋墓2座，出土位至三公夔凤镜、夔龙镜各一面[11]。2008年，在洛南新区关林路南侧、长兴街东侧，发掘西晋中晚期墓C7M3741，出土神兽镜、锈蚀严重铜镜各一面[12]。

（3）西晋河南县城遗址西郊

城址西郊即今洛阳市涧西区，发掘晋墓数量最多，出土铜镜较多。1954～2007年，清理晋墓13座，出土铜镜13面，铁镜3面（表六）。其中，2004年，在涧西区衡山路北段东侧，发掘西晋墓4座，出土位至三公夔凤镜、变形四叶连弧镜、四乳四禽镜、六乳六禽镜各一面[13]。

[1]《晋书》卷一四《地理志上》，中华书局，1974年，第415页。
[2]（宋）乐史撰、王文楚等点校：《太平寰宇记》卷三《河南道三·西京一·河南府》“河南县”条，中华书局，2007年，第46页。
[3]（清）顾祖禹撰，贺次君、施和金点校：《读史方舆纪要》卷四八《河南三》“河南故城”条，中华书局，2008年，第2222页。
[4]中国社会科学院考古研究所洛阳唐城队：《1984至1986年洛阳市区汉晋墓发掘简报》，《考古学集刊》第七集，科学出版社，1991年。
[5]洛阳市文物工作队：《洛阳市东郊两座魏晋墓的发掘》，《考古与文物》1993年第1期。
[6]洛阳市文物工作队：《洛阳市财经学校综合教学楼工地发掘简报》，《洛阳考古发现（2007）》第56～83页。
[7]洛阳市文物工作队：《洛阳瀍河区利民南街西晋墓发掘简报》，《文物》2011年第8期。
[8]洛阳市文物工作队：《洛阳关林皂角树西晋墓》，《文物》2007年第9期。
[9]洛阳市文物工作队：《定鼎门街西晋墓》，《洛阳市文物工作队考古年报（2006）》，2007年，第11页。
[10]洛阳市文物工作队：《洛阳厚载门街西晋墓发掘简报》，《文物》2009年第11期。
[11]洛阳市文物工作队：《唐城御府小区战国至西晋墓葬群》，《洛阳市文物工作队考古年报（2007）》，2008年，第8页。
[12]洛阳市文物工作队：《洛南新区两座西晋墓》，《中国国家博物馆馆刊》2011年第8期。
[13]洛阳市第二文物工作队：《洛阳衡山路西晋墓发掘简报》，《文物》2005年第7期。

表六　西晋河南县城西郊晋墓出土铜镜一览

出土时间（年）	出土地点	墓葬年代	镜数（面）	注释
1954	洛阳拖拉机厂宿舍	西晋墓C4M7	铁镜1	[1]
1960	王湾遗址东部	西晋砖室墓M360	四乳四兽镜1	[2]
1996	涧西解放军外国语学院养殖场	西晋晚期墓FM5	位至三公夔凤镜1、神兽镜1	[3]
1997	涧西洛阳公交公司一公司综合楼	西晋中晚期墓FM6	君宜高官夔凤镜1	[4]
1997	涧西南村	西晋中晚期墓EM264、EM268	残博局镜1、简化博局镜1、八乳博局镜1	[5]
2001	涧西洛阳公交总公司谷水一公司	西晋晚期墓FM38	八连弧星点镜1	[6]
2004	涧西衡山路北段东侧	西晋墓4座	位至三公夔凤镜1、变形四叶连弧镜1、四乳四禽镜1、六乳六禽镜1	[7]
2004	涧西华山路	西晋中期墓CM2349	铁镜2	[8]
2007	涧西辽宁路与丽新路交叉路口的东南角	西晋中晚期墓BM123	位至三公夔凤镜1	[9]

（4）西晋河南县城址北郊

城北近郊已发表西晋墓发掘资料数量较少，发掘墓葬3座，出土铜镜、铁镜各2面。1990年，在洛阳市郊苗沟村苗沟北路发掘西晋墓C8M868，出土铁镜1面[10]。1999年，在洛阳市春都路西段北侧发掘西晋中晚期墓IM1568，出有铁镜1面[11]。2007～2008年，在洛阳市西工区凯旋西路以南、解放路以西的612所地下车库工地，即汉河南县城遗址北墙外，发掘西晋墓M9884，清理出位至三公夔凤镜、君宜夔凤镜各一面[12]。

由此可以统计出西晋河南县城遗址周围发掘晋墓和出土铜镜的数量，发掘晋墓共计37座，出土铜镜38面，铁镜6面（表七）。

（二）汉魏洛阳故城遗址出土铜镜

1954年6月，阎文儒先生首次对汉魏洛阳故城遗址进行考古调查[13]。1962年，考古工作者对该城址做了大规模的考古勘查与试掘，夯筑城墙残存

[1] 程永建：《洛阳出土铁镜初步研究》，《华夏考古》2011年第4期。
[2] 北京大学考古文博学院：《洛阳王湾——考古发掘报告》，北京大学出版社，2002年，第165页，图版六一：1。
[3] 洛阳市第二文物工作队：《洛阳谷水晋墓（FM5）发掘简报》，《文物》1997年第9期。
[4] 洛阳市第二文物工作队：《洛阳谷水晋墓（FM6）发掘简报》，《文物》1997年第9期。
[5] 西南民族大学民族研究院、洛阳市文物考古研究院：《洛阳涧西南村西晋墓》，《文物》2012年第12期。
[6] 洛阳市第二文物工作队：《洛阳谷水晋墓（FM38）发掘简报》，《文物》2002年第9期。
[7] 洛阳市第二文物工作队：《洛阳衡山路西晋墓发掘简报》，《文物》2005年第7期。
[8] 洛阳市第二文物工作队：《洛阳华山路西晋墓发掘简报》，《文物》2006年第12期。
[9] 洛阳市第二文物工作队：《洛阳新发现的两座西晋墓发掘简报》，《文物》2009年第3期。
[10] 洛阳市文物工作队：《洛阳北郊西晋墓》，《文物》1992年第3期。
[11] 洛阳市第二文物工作队：《洛阳春都路西晋墓发掘简报》，《文物》2000年第10期。
[12] 洛阳市文物工作队：《612所地下车库工地发掘简报》，《洛阳考古发现（2007）》第98～137页。
[13] 阎文儒：《洛阳汉魏隋唐城址勘查记》，《考古学报》第九册，1955年。

表七 西晋河南县城遗址出土铜镜数量统计

方位	发掘晋墓数量（座）	铜镜（面）	铁镜（面）
东郊	4	12	
南郊	17	11	1
西郊	13	13	3
北郊	3	2	2
合计	37	38	6

三面，东墙残长约3895米，南墙毁于洛水，西墙残长约4290米，北墙全长约3700米（图七）[1]；1984年，对城垣遗迹进行试掘、解剖，基本弄清了该城址的历史沿革，自西周开始，历经东周、秦、东汉、曹魏、西晋、北魏等王朝[2]，在历史文献中亦有记述。《汉书·地理志八上》“河南郡”条自注：“雒阳，周公迁殷民，是为成周。《春秋》昭公三十二年，晋合诸侯于狄泉，以其地大成周之城，居敬王。莽曰宜阳。”[3]《河南志·周城古迹》：“周下都，至敬王避子朝之乱，迁居之。以其狭小，晋魏舒会诸侯，毁狄泉而大之。有南北宫，汉高祖欲都此。听娄敬、张良之言，遂都长安。至光武，竟都

[1] 中国科学院考古研究所洛阳工作队：《汉魏洛阳城初步勘查》，《考古》1973年第4期。图七采自中国社会科学院考古研究所：《汉魏洛阳故城南郊礼制建筑遗址》，文物出版社，2010年，第1页，图一。

[2] 中国社会科学院考古研究所洛阳汉魏城队：《汉魏洛阳故城城垣试掘》，《考古学报》1998年第3期。

[3] 《汉书》卷二八上《地理志八上》，第1555页。

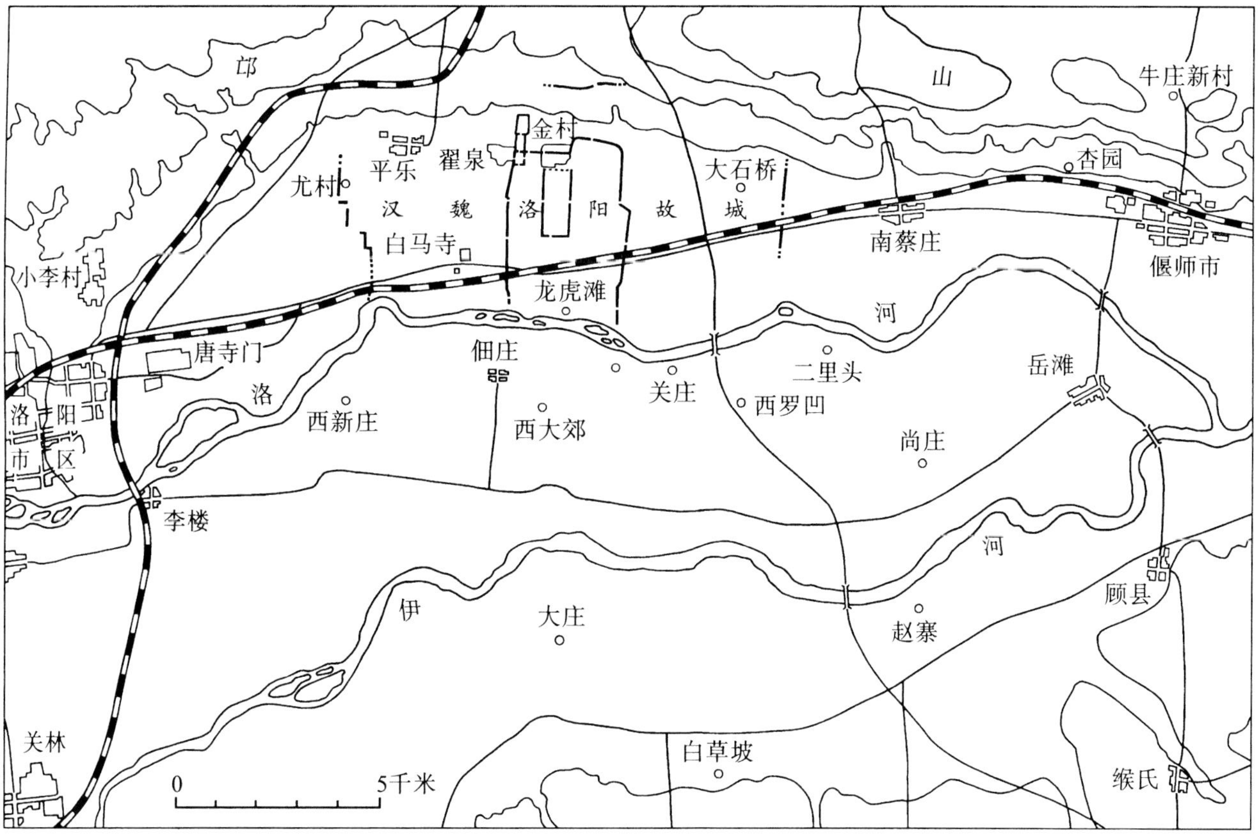

图七 汉魏洛阳故城遗址平面示意图

之。历魏、晋、元魏，皆以为都。唐日尚佳，今为邱墟矣。”[1]

1928～1934年，位于汉魏洛阳故城东北隅的8座金村战国大墓被盗掘，出土铜镜24面[2]。

新中国成立后，在该城址做了一系列的考古发掘，出土铜镜数量较少，且多为残片。据不完全统计，出土完整铜镜仅 7 面，残片 8 件，共计 15 面，另有铁镜 10 面。1964年，在汉魏洛阳故城南郊偏西南处，今偃师县佃庄镇西大郊村西南的一片高地，发掘东汉刑徒墓地，清理刑徒墓516座。在墓地的晚期地层中，采集到铜镜钮 1 件，为铜镜的中心桥形钮残片[3]。

1972年，发掘该城南郊辟雍中心大型夯土建筑基址，在其西南部出土东汉铁镜 1 面[4]。

1973年，第二次发掘汉魏洛阳故城太学遗址，位置在洛河南堤南侧，晚期太学院落的东南部内外，主要发掘了早晚不同时期太学的墙垣、房基和道路遗迹，出土汉魏时期铜镜残片两小块。1980年，第六次发掘太学遗址，对春季发掘出土石经的地点重新扩大发掘，清理一处东西向排房建筑基址。出土铜镜镜缘残片一块[5]。

1974年，发掘汉魏洛阳故城南郊灵台中心高台西侧第二层平台上的两间内室建筑，有一宋墓打破墙基及夯土，出土六出菱花形带柄铜镜 1 面[6]。

1988年，在汉魏洛阳内城东墙外、北魏外郭城内，即今偃师县南蔡庄乡寺里碑村东高地上发掘两处东晋丛葬墓地。其中，于T6M4墓棺内骨架头端漆器中出土长宜子生七连弧铜镜1面[7]。

1997年，在汉魏洛阳故城金墉城西墙试掘中，北魏灰坑H1打破一座小墓M1。该墓仅存少量白灰底，出土残铜镜3面。日光镜、连弧镜残存镜缘及附连铭文带一小部分，神兽镜缘残，仅存部分镜心，围绕镜钮有三组相同的兽形图案[8]。

在该城址周围有着数量众多的汉魏墓葬，尤其是城北邙山一带古墓葬分布密集。因其周边地区尚未开展大规模的发掘工作，偶有发掘项目，及时发表的考古简报较少，仅见零星报道。例如，2006年，在位于汉魏城址东南的偃师市顾县镇吴家湾村西发掘一座东汉晚期封土墓，出土变形四叶凤鸟纹残铜镜1面[9]。

1970年，在汉魏故城西南的唐寺门发掘两座东汉晚期墓，出土铜镜2面，铁镜 3 面。铜镜分别为位至三公变形四叶镜、长宜高官变形四叶八连弧镜。据M1出土筒瓦文字，可知该墓纪年为东汉桓帝永康元年（167年），两墓为同一时期[10]。1988年，在位于唐寺门南的洛阳机车工厂发掘东汉晚期墓C5M346，出土铁镜 3 面[11]。1990～1991年，在洛阳机车工厂东汉晚期壁画墓M483，出土铁镜 1 面[12]。2007年，在汉魏洛阳城西的今陈村西侧，发掘 4 座东汉晚期墓，清理出铜镜、铁镜各两面[13]。2010年，在洛龙区白马寺镇白王村及孟津县平乐镇马村交界处发掘古墓葬69座。其中，在一座西晋墓中出土四乳神兽镜 1 面[14]。

[1]（清）徐松辑、高敏点校：《河南志·周城古迹》第36页。

[2] 霍宏伟：《洛阳金村出土铜镜述论——为金村大墓发现七十周年而作》，《洛阳博物馆建馆四十周年纪念文集（1958～1998）》第79～95页。

[3] 中国社会科学院考古研究所：《汉魏洛阳故城南郊东汉刑徒墓地》，文物出版社，2007年，第42页。

[4] 中国社会科学院考古研究所：《汉魏洛阳故城南郊礼制建筑遗址》第166、167页，图126：1；图版一〇七：6。

[5] 同[4]，第273、275页，图219：1、2、3。

[6] 同[4]，第45页，图28：1，图版三二：1。

[7] 中国社会科学院考古研究所洛阳汉魏城队：《洛阳汉魏故城北魏外郭城内丛葬墓发掘》，《考古》1992年第1期。

[8] 中国社会科学院考古研究所洛阳汉魏故城队：《汉魏洛阳故城金墉城址发掘简报》，《考古》1999年第3期。

[9] 洛阳市第二文物工作队、偃师市文物局：《河南偃师市吴家湾东汉封土墓》，《考古》2010年第9期。

[10] 洛阳市文物工作队：《洛阳唐寺门两座汉墓发掘简报》，《中原文物》1984年第3期。

[11] 洛阳市文物工作队：《洛阳发掘的四座东汉玉衣墓》，《考古与文物》1999年第1期。

[12] 洛阳市文物工作队：《洛阳机车工厂东汉壁画墓》，《文物》1992年第3期。

[13] 洛阳市文物工作队：《河南省第二荣康医院新院址工地陶窑和汉唐墓葬发掘简报》，《洛阳考古发现（2007）》第361～390页。

[14] 黄吉博：《焦柳铁路洛阳枢纽工程工地汉晋唐宋墓葬》，《洛阳市文物工作队考古年报（2010）》，2011年，第17页。

（三）隋唐洛阳城遗址出土铜镜

1954年4～5月，阎文儒先生对隋唐洛阳城遗址做了实地调查[1]。经1959年考古勘查，四面城墙的长度分别为：东墙7312米，南墙7290米，西墙6776米，北墙6138米（图八）[2]。该城南广北狭，大致呈梯形，属于平地起建的原创型都城，由隋代建筑大师宇文恺规划设计。创建于隋大业元年（605年），毁于南宋建炎二年（1128年），历时520余年，先后有隋、唐、五代、北宋等朝代以此为都城。《河南志·隋城阙古迹》谈到此城的营建历史："大业元年筑。唐长寿二年，命李昭德增筑。唐末兵乱，摧圮殆尽。周世宗显德元年，命留守武行德葺之，然甚卑陋。至宋景祐元年，王曾判府事，复奏加筑。于是城雉仅完。"[3]"及女真、蒙古，再经兵燹，而故宫鞠为茂草矣。"[4]在隋唐洛阳城遗址范围内，先后发掘出一些铜镜完整品和残片，主要分布于宫城、皇城、东城及外郭城，其时代跨度较大，自隋唐至宋元时期铜镜均有出土。

[1] 阎文儒：《洛阳汉魏隋唐城址勘查记》，《考古学报》第九册，1955年。

[2] 中国科学院考古研究所洛阳发掘队：《隋唐东都城址的勘查和发掘》，《考古》1961年第3期；图八采自中国社会科学院考古研究所：《隋唐洛阳城：1959～2001年考古发掘报告》，文物出版社，2014年，第5页。

[3]（清）徐松辑、高敏点校：《河南志·隋城阙古迹》第99页。

[4]（清）顾祖禹撰，贺次君、施和金点校：《读史方舆纪要》卷四八《河南三》"洛阳宫"条，第2235页。

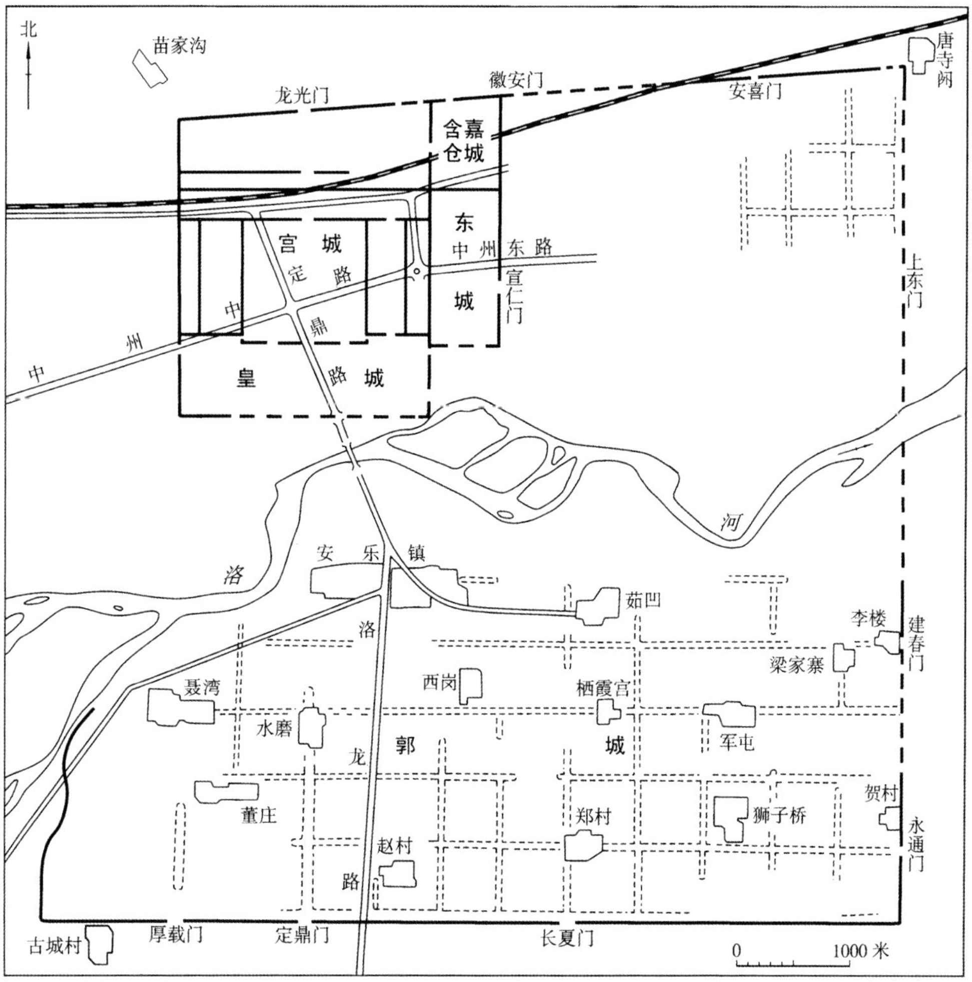

图八 隋唐洛阳城遗址平面实测图

隋唐洛阳宫城出土铜镜数量不详。1959年，在隋唐洛阳宫城西部九州池东侧55米，发掘一个探方（编号为59LTBT205）。第一层为现代路土，第二层为红褐色土，厚0.5～0.9米，包含遗物有手印纹及绳纹长方形砖、光面布纹里瓦片及开元通宝、铁钱、铜镜等[1]。简报未对铜镜纹饰做详细描述。1981年，对隋唐洛阳宫城西夹城遗址进行了发掘。出土遗物十分丰富，分为生活用品、建筑材料及铜钱等三类。其中，清理出铜镜残片[2]。

皇城出土铜镜 1 面。其北接宫城，为中央衙署及附属机构所在地。由于隋末唐初王世充被大唐秦王李世民的军队围困洛阳城中，导致皇城之内也成了埋葬死人的茔域，曾有铜镜发现。1975年，在洛阳市凯旋路东段南侧的安装公司工地，发掘一座王世充割据政权郑开明二年（620年）裴氏墓，出土三角缘四神镜 1 面[3]。

东城出土铜镜 6 面。东城位于宫城、皇城与洛北里坊区之间，隋唐时期为衙署之地，北宋设置洛阳监。1999年，在今洛阳老城西北隅办事处北大街住宅小区院内，发现一段北宋西京洛阳监护城壕遗迹。在发掘探方T153第一层近现代层时，出土铜镜6面，均为桥形钮，分别为瑞兽葡萄镜、人物镜、云纹镜各一面，葵口镜 3 面[4]。

1998年，在发掘隋唐洛阳外郭城正南门定鼎门遗址西侧城墙上层时，清理一座金元时期墓葬，出土四叶纹铜镜1面[5]。

在隋唐洛阳四面城郊分布着数以千计的唐墓，随葬铜镜较多。该城址东郊发掘唐墓数量相对较少，出土铜镜更少。2000年，在位于隋唐洛阳城址东北郊的今十里铺村发掘了唐代太和三年（829年）高秀峰夫妻合葬墓，出土铜镜 3 面，分别为素面镜、银平脱凤鸟牡丹纹镜、银背鸟兽镜[6]。2007年，在十里铺村南、洛阳310国道与洛常路交叉口东北侧发掘中唐墓C3M690，出土三禽镜 1 面[7]。

在隋唐洛阳城址南郊考古发掘唐墓数量较多，但被盗严重，出土铜镜数量较少。1970～2010年，发掘唐墓260座以上，出土铜镜18面，铁镜 4 面（表八）。其中，1970年洛阳关林发掘唐天宝九年（750年）卢氏墓，出土金银平脱鸾凤花鸟镜 1 面[8]。该镜为特种工艺镜，较为少见。2002～2004年，在洛阳关林清理唐墓61座，出有铜镜 4 面，铁镜 3 面[9]。

城址西郊属于隋唐西苑范围，隋唐时期严禁将墓葬置入苑内。1955～2008年，在苑西部边缘地带，即今洛阳谷水一带，在发掘的10座唐墓中，出土铜镜11面，铁镜 1 面（表九）。其中，1955年，在洛阳涧西矿山机械厂清理唐墓 4座，发现铜镜 5 面[10]。在唐兴元元年（758年）夫妻合葬墓内，出土镶嵌螺钿人物花鸟镜、双鸾衔绶镜各一面[11]。镶嵌螺钿人物花鸟镜属于特种工艺镜，具有极高的艺术价值。

对隋唐洛阳城遗址及东、南、西三面城郊（北郊属于邙山墓区西段）已发掘遗址、墓葬出土铜镜进行统计，可知发掘唐墓共计272座以上。遗址及墓葬清理出隋唐及以后朝代铜镜 43 面，铁镜 5 面。

[1] 中国社会科学院考古研究所洛阳工作队：《“隋唐东都城址的勘查和发掘”续记》，《考古》1978年第6期。

[2] 洛阳市文物工作队：《1981年河南洛阳隋唐东都夹城发掘简报》，《中原文物》1983年第2期。

[3] 曾意丹：《洛阳发现郑开明二年墓》，《文物》1978年第3期。

[4] 中国社会科学院考古研究所洛阳唐城队：《北宋西京洛阳监护城壕的发掘》，《考古》2004年第1期。

[5] 中国社会科学院考古研究所、洛阳市文物工作队：《定鼎门遗址发掘报告》，《考古学报》2004年第1期。

[6] 洛阳市文物工作队：《洛阳市东明小区C5M1542唐墓》，《文物》2004年第7期。

[7] 洛阳市文物工作队：《河南省第二荣康医院新院址工地陶窑和汉唐墓葬发掘简报》，《洛阳考古发现（2007）》第361～390页。

[8] 洛阳博物馆：《洛阳关林唐墓》，《考古》1980年第4期。

[9] 洛阳市文物工作队：《洛阳关林镇唐墓发掘报告》，《考古学报》2008年第4期。

[10] 河南省文物工作第二队：《洛阳涧西16工区发掘简报》，《考古通讯》1957年第3期。

[11] 河南省文化局文物工作队第二队：《洛阳16工区76号唐墓清理简报》，《文物参考资料》1956年第5期。

表八 隋唐洛阳城遗址南郊唐墓出土铜镜一览

出土时间（年）	出土地点	墓葬年代	镜数（面）	注释
1970	关林	天宝九载（750年）卢氏墓	金银平脱鸾凤花鸟镜 1	[1]
1981	龙门东山北麓	景龙三年（709年）定远将军安菩夫妻合葬墓	瑞兽葡萄镜 1	[2]
1981	洛阳南郊南流变电站	唐墓C7M19	铁镜 1	[3]
2002	龙门张沟村西	开元二十三年（735年）商州刺史萧府君墓	素面镜 1	[4]
2002～2004	关林	唐墓61座	铜镜 4、铁镜 3	[5]
2005	皂角树龙康小区	晚唐墓C7M2151	团花镜 1	[6]
2005	关林大道徐屯东段	中唐墓LNGM29	素面镜 1	[7]
2005～2006	关林定鼎门街皂角树与练庄村段	中晚唐墓100余座	团花镜 1 金银平脱镜 1	[8]
2006	关林镇辛庄村铁路引线段	唐墓40座	四鸟绕花枝镜 1 花鸟镜 1	[9]
2007	关林路南侧，洛龙区计划生育服务站综合楼	盛唐墓M2	素面镜 1	[10]
2009	洛南新区龙盛安置小区B区	盛唐墓M27	瑞兽葡萄镜 1	[11]
		中唐墓M12	宝相花镜 1 葡萄镜 1	[12]
2010	洛南新区香山路南侧、广利街西侧	唐墓50座	铜镜 1	[13]

在隋唐洛阳城址周围的县区中，以东面的偃师发现唐墓最多，出土唐镜数量较多（后详）。位于城南的伊川县唐墓发掘数量较少，有关铜镜的报道仅见3 例。1984年，在伊川县白元乡杜河东岸发现一座盛唐墓，出土八瓣菱花形双鸾双兽镜一面[14]。1991年，在伊川县鸦岭乡杜沟村抢救性发掘唐齐国太夫人墓，清理出葡萄镜残片[15]。2003年9～12月，在对河南省伊川县城关镇大庄史前遗址进行抢救性发掘时，清理一座中唐墓M3，出土打马球镜1面[16]。

（四）邙山墓区出土铜镜

邙山，亦称北邙山、北山、芒山，位于洛阳东周王城、汉魏洛阳故城、隋唐洛阳城北部。东西横亘，带状分布，是自西周至清代的重要墓葬区。《左传·昭公二十二年》："夏四月，王田北山"。杜预注："北山，洛北芒也。"[17]《水经注》卷

[1] 洛阳博物馆：《洛阳关林唐墓》，《考古》1980年第4期。

[2] 洛阳市文物工作队：《洛阳龙门唐安菩夫妇墓》，《中原文物》1982年第3期。

[3] 程永建：《洛阳出土铁镜初步研究》，《华夏考古》2011年第4期。

[4] 洛阳市文物工作队：《洛阳龙门张沟唐墓发掘简报》，《文物》2008年第4期。

[5] 洛阳市文物工作队：《洛阳关林镇唐墓发掘报告》，《考古学报》2008年第4期。

[6] 洛阳市文物工作队：《洛阳龙康小区唐墓（C7M2151）发掘简报》，《文物》2007年第4期。

[7] 洛阳市第二文物工作队：《洛阳关林大道徐屯东段唐墓发掘简报》，《文物》2006年第11期。

[8] 洛阳市文物工作队：《定鼎门街唐墓》，《洛阳市文物工作队考古年报（2006）》，2007年，第12页。

[9] 洛阳市文物工作队：《郑州至西安铁路工程唐宋墓》，《洛阳市文物工作队考古年报（2006）》第13、14页。

[10] 洛阳市文物工作队：《洛龙区计生委计划生育服务站综合楼工地唐代墓葬清理简报》，《洛阳考古发现（2007）》第349～354页。

[11] 洛阳市文物工作队：《洛南新区龙盛小区B区唐墓M27》，《中国国家博物馆馆刊》2011年第8期。

[12] 洛阳市文物工作队：《洛南新区龙盛小区唐墓M12发掘简报》，《中原文物》2012年第5期。

[13] 潘海民：《洛阳惠鑫置业有限责任公司唐代墓葬与陶窑》，《洛阳市文物工作队考古年报（2010）》第24、25页。

[14] 伊川县文化馆：《河南伊川发现一座唐墓》，《考古》1985年第5期。

[15] 洛阳市第二文物工作队：《伊川鸦岭唐齐国太夫人墓》，《文物》1995年第11期。

[16] 洛阳市第二文物工作队：《洛阳伊川大庄唐墓（5M3）发掘简报》，《文物》2005年第7期。

[17] 杨伯峻：《春秋左传注》（修订本）第四册，中华书局，2009年，第1435页。

表九　隋唐洛阳城遗址西郊唐墓出土铜镜一览

出土时间（年）	出土地点	墓葬年代	镜数（面）	注释
1955	涧西矿山机械厂	唐墓M4、8、28、34	5	[1]
1955	涧西矿山机械厂	唐兴元元年（758年）墓M76	镶嵌螺钿人物花鸟镜1、双鸾月宫海龙镜1	[2]
1955	涧西矿山机械厂	唐墓M93	铁镜1	[3]
1972	涧西矿山机械厂	盛唐墓M6	素面镜1	[4]
2006	洛阳红山工业园	中唐墓HM598	博局镜1	[5]
2008	涧西中信重机公司	盛唐墓两座	四鹊花枝镜1 双鸾衔绶镜1	[6]

一六《穀水》：汉魏洛阳城北穀门，"北对芒阜。连岭修亘，苞总众山，始自洛口，西逾平阴，悉芒垅也"[7]。《元和郡县图志·河南道一》："北邙山，在县北二里，西自洛阳县界东入巩县界。旧说云北邙山是陇山之尾，乃众山总名，连岭修亘四百余里。"[8]《太平寰宇记·河南道三》："芒山，一作邙山，在县北十里；一名平逢山，亦郏山之别名也。都城所枕。……又杨佺期《洛城记》曰：'北山连岭修亘四百余里，实古今东洛九原之地也。'……伊尹、苏秦、张仪、扁鹊、田横、刘宽、杨修、孔融、吴后主、蜀后主、张华、嵇康、石崇、何晏、陆倕、阮籍、羊祜皆有冢在此山。……佩印山。曹魏诸陵并在此山上，即芒山之别阜也。"[9]《读史方舆纪要·河南三》："在府北十里。山连偃师、巩、孟津三县，绵亘四百余里，古陵寝多在其上。邙一作'芒'。"[10]

上述文献反映出邙山以下几个特点：一是洛阳先民在邙山一带的活动历史悠久，邙山与建都于洛的五大城址关系密切，为都城的天然屏障；二是邙山范围广大，山上墓葬数量众多；三是高等级墓葬分区而置。近半个多世纪的考古发掘，特别是近十多年进行的邙山陵墓群考古调查[11]，证实了部分文献记载的可靠性。在已发掘的古墓葬中，铜镜出土数量占有相当大的比例。为了便于记述，笔者将邙山墓区出土铜镜的墓葬自西向东分为三段。西段与中段的划分，以瀍河为界，瀍河以西为西段，瀍河以东为中段。中段与东段的分界，以孟津与偃师东西交界处为分界点，大致在刘坡与寨后村南北一线。

1. 邙山墓区西段

邙山墓区西段位于东周王城、汉河南县城北郊。主要有战国、两汉、西晋、唐代等时期的墓葬，西汉墓分布相对集中。其中，在270座墓中，出土铜镜155面，铁镜11面。

邙山西段南麓烧沟、史家屯一带，发掘一些战国墓，清理出铜镜9面。1953年，在洛阳烧沟南面发掘战国晚期或西汉早期墓M623，清理出素面镜1面[12]。

[1] 河南省文物工作第二队：《洛阳涧西16工区发掘简报》，《考古通讯》1957年第3期。
[2] 河南省文化局文物工作队第二队：《洛阳16工区76号唐墓清理简报》，《文物参考资料》1956年第5期。
[3] 程永建：《洛阳出土铁镜初步研究》，《华夏考古》2011年第4期。
[4] 洛阳市文物工作队：《河南洛阳涧西谷水唐墓清理简报》，《考古》1983年第5期。
[5] 洛阳市第二文物工作队：《洛阳红山工业园唐墓发掘简报》，《文物》2011年第1期。
[6] 洛阳市第二文物工作队：《洛阳涧西区唐代墓葬发掘简报》，《文物》2011年第6期。
[7] （北魏）郦道元原注、陈桥驿注释：《水经注》卷一六《谷水》，浙江古籍出版社，2001年，第261页。
[8] （唐）李吉甫撰、贺次君点校：《元和郡县图志》卷五《河南道一·河南府》，中华书局，2008年，第132页。
[9] （宋）乐史撰、王文楚等点校：《太平寰宇记》卷三《河南道三·西京一·河南府》"河南县"条，第47、48页。
[10] （清）顾祖禹撰，贺次君、施和金点校：《读史方舆纪要》卷四八《河南三》"北邙山"条，第2225页。
[11] 洛阳市第二文物工作队：《洛阳邙山陵墓群的文物普查》，《文物》2007年第10期。
[12] 王仲殊：《洛阳烧沟附近的战国墓葬》，《考古学报》第八册，1954年。

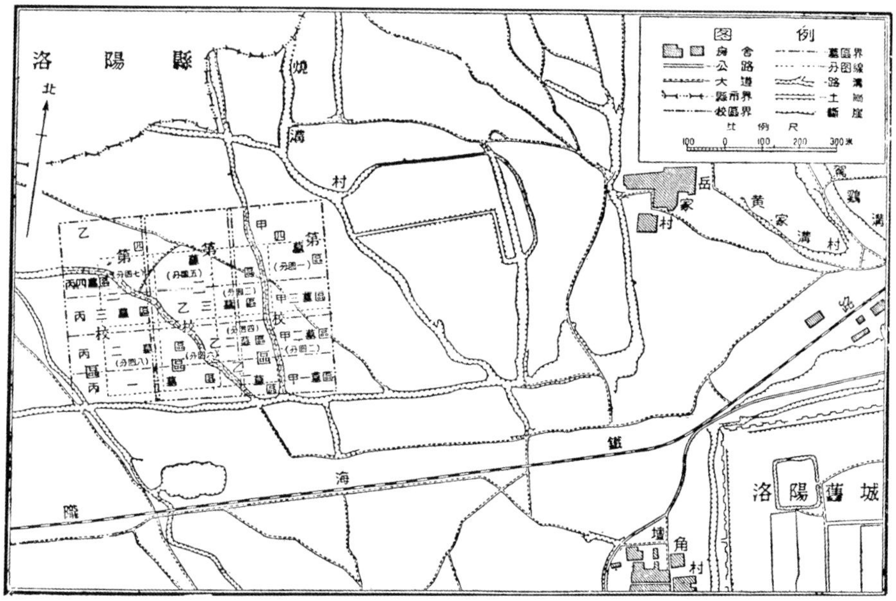

图九　洛阳烧沟汉墓位置图

1996年，在位于史家屯西南的洛阳市木材公司南发掘战国墓HM293，出土镶金银蟠兽透雕镜1面[1]。1997年，为配合洛阳市邮电局道北分局和市金苑房地产开发公司300号院住宅小区基建，在邙山脚下、烧沟墓区西面的史家屯一带发掘战国至西汉墓葬210座。其中，在7座战国墓中各出土1面铜镜。包括素面镜3面，凤鸟镜2面，饕餮镜1面，十二花瓣镜1面[2]。

1952～1992年，在烧沟村一带，发掘两汉墓葬254座，出土铜镜141面，铁镜9面（表一〇）。其中，铜镜出土量较大的有以下两批。1952～1953年，在烧沟村西南清理汉墓225座（图九），发现铜镜118面，铁镜 9 面[3]。1984～1986年，在烧沟墓地东部发掘汉墓23座，出有铜镜13面[4]。

[1] 洛阳市第二文物工作队：《洛阳道北战国墓》，《文物》1996年第7期。

[2] 洛阳市第二文物工作队：《洛阳邙山战国西汉墓发掘报告》，《中原文物》1999年第1期。

[3] 洛阳区考古发掘队：《洛阳烧沟汉墓》，科学出版社，1959年，第160～176页。图九采自该书第6页，图一。

[4] 中国社会科学院考古研究所洛阳唐城队：《1984至1986年洛阳市区汉晋墓发掘简报》，《考古学集刊》第七集，科学出版社，1991年。

[5] 同[3]，第160～176页。

[6] 河南省文化局文物工作队：《洛阳西汉壁画墓发掘报告》，《考古学报》1964年第2期。

[7] 洛阳市文物工作队：《洛阳烧沟西14号汉墓发掘简报》，《文物》1983年第4期。

[8] 洛阳博物馆：《洛阳西汉卜千秋壁画墓发掘简报》，《文物》1977年第6期。

[9] 洛阳市文物工作队：《洛阳西汉石椁墓》，《考古》1984年第9期。

[10] 同[4]。

[11] 洛阳市文物工作队：《洛阳北邙飞机场903号汉墓》，《考古与文物》1997年第5期。

[12] 洛阳市文物工作队：《洛阳东北郊东汉墓发掘简报》，《文物》2000年第8期。

表一〇　邙山墓区西段汉墓出土铜镜一览

出土时间（年）	出土地点	墓葬年代	镜数（面）	注释
1952～1953	洛阳北郊烧沟村西南	两汉墓葬225座	铜镜118，铁镜9	[5]
1957	洛阳烧沟汉墓区东400米处	西汉晚期壁画墓M61	昭明镜1	[6]
1965	洛阳烧沟墓区西	东汉早期墓M14	连弧镜3	[7]
1976	洛阳北郊烧沟村西，邙山南麓	西汉中期卜千秋壁画墓	昭明镜1 四乳四虺镜1	[8]
1981	洛阳火车站北的邙山坡上	西汉中期石椁墓C8M15	日光博局镜1	[9]
1984～1986	洛阳烧沟墓地东部	西汉中期至东汉晚期墓23座	13	[10]
1992	洛阳北邙飞机场	西汉晚期墓M903	四乳四虺镜1	[11]
1992	洛阳烧沟东北	东汉中期墓C5M860	八乳博局镜1 八连弧云雷镜1	[12]

表一一　邙山墓区西段隋唐洛阳城北郊唐墓出土铜镜一览

出土时间（年）	出土地点	墓葬年代	镜数（面）	注释
1952	金家沟西南	唐墓M8	铁镜1	[1]
1955	岳家村	唐墓M30	东汉王公王母神像镜1	[2]
1956	洛阳北郊劳改窑厂	唐墓M132	铁镜1	[3]
1992	洛阳市劳动教养所餐厅楼	晚唐墓C8M949	七乳云龙镜1	[4]
1992	洛阳市劳动教养所餐厅楼	中唐陈氏墓C8M937	素面镜1	[5]
1992	洛阳市劳动教养所餐厅楼	中唐基C8M932	四禽花枝镜1	[6]
1992	洛阳东郊热电厂	唐墓C7M622	含象镜1	[7]

1955～1992年，在属于邙山墓区西段南麓、隋唐洛阳城北郊的岳家村、五股路一带发掘的7座唐墓中，出土铜镜5面，铁镜2面（表一一）。其中，1955年，在岳家村唐墓M30中，清理出东汉王公王母神像三角缘铜镜一面[8]，这是洛阳第一次发现三角缘铜镜。

2. 邙山墓区中段

该段古墓葬分布密集，被盗严重，民国时期有大量墓葬被盗掘，出土汉唐铜镜较多[9]。1991年，笔者参加310国道孟津段的考古发掘，在这一段清理古墓葬数量较多，但十墓九空，出土器物极少，铜镜鲜见。1964～2010年，这一地区已发表铜镜资料的有新莽、东汉、曹魏、西晋等朝代墓葬，出土铜镜共计7面，铁镜2面（表一二）。

3. 邙山墓区东段

此段以偃师境内发掘唐墓数量最多（表一三），尤其以杏园墓地为代表。出土铜镜共计67面，铁镜3面。1983～1993年，为配合洛阳首阳山电厂建设，在杏园村一带发掘出东汉、曹魏、北魏、唐代墓葬，出土大量铜镜。1984年，在杏园村发掘东汉晚期壁画墓M17，出土铁镜1面[10]。发掘曹魏墓M6，清理出七连弧铜镜 1 面[11]，较为少见。1983～1991年，在杏园村南发掘4 座北魏墓。其中，在YDM4031墓室中部放置瑞兽镜残片1块，YDIIM926墓室内出土神兽镜 1 面[12]。1984～1993年，在杏园村南清理唐墓69座，发现铜镜59面，其中50面出自纪年墓（图一〇）[13]。

综上所述，可以归纳出洛阳铜镜发现的三个特点：第一，据统计，洛阳

[1] 郭宝钧、林寿晋：《一九五二年秋季洛阳东郊发掘报告》，《考古学报》第九册，1955年。

[2] 赵国壁：《洛阳发现的波斯萨珊王朝银币》，《文物》1960年第8、9期；《洛阳出土铜镜》图版57；朱亮：《洛阳30号墓出土的三角缘画像镜》，《华夏考古》1994年第3期。

[3] 程永建：《洛阳出土铁镜初步研究》，《华夏考古》2011年第4期。

[4] 洛阳市文物工作队：《洛阳北郊清理的一座晚唐墓》，《考古与文物》1998年第6期。

[5] 洛阳市文物工作队：《洛阳北郊唐颍川陈氏墓发掘简报》，《文物》1999年第2期。

[6] 四川大学历史文化学院考古学系、洛阳市文物工作队：《洛阳北郊唐墓》，《文物》2006年第3期。

[7] 侯秀敏：《洛阳发现的一件唐代山水禽兽纹铜镜》，《文物》2008年第10期。

[8] 同[2]。

[9] 郭培育、郭培智主编：《洛阳出土石刻时地记》。

[10] 中国社会科学院考古研究所河南第二工作队：《河南偃师杏园村东汉壁画墓》，《考古》1985年第1期。

[11] 中国社会科学院考古研究所河南第二工作队：《河南偃师杏园村的两座魏晋墓》，《考古》1985年第8期。

[12] 中国社会科学院考古研究所河南二队：《河南偃师县杏园村的四座北魏墓》，《考古》1991年第9期。

[13] 中国社会科学院考古研究所：《偃师杏园唐墓》第379页。图一〇采自该书第1页，图1。

经考古发掘出土铜镜最多的区域是东周王城遗址区，其次是邙山墓区，再次为隋唐洛阳城遗址，汉魏洛阳故城遗址出土铜镜数量相对较少（表一四）。洛阳历代铜镜发现的数量，两汉铜镜最多，唐镜次之，以下依次为战国镜、西晋镜、北宋镜，其余各代数量较少。

表一二　邙山墓区中段古墓葬出土铜镜一览

出土时间（年）	出土地点	墓葬年代	镜数（面）	注释
1964	孟津县送庄村西南	东汉晚期黄肠石墓	三羊作竟残镜1	[1]
1985	孟津县邙山乡三十里铺村东北	西晋墓M20、M21	昭明镜1 位至三公夔凤镜1	[2]
1991	孟津县朝阳乡朝阳村北岗	新莽墓M8	日光镜1 铜华镜1	[3]
1991	孟津县送庄乡东山头村南	西晋墓M99	位至三公夔凤镜2	[4]
2009	孟津县送庄乡三十里铺村西南	西晋围沟墓M57	残铁镜1	[5]
2009～2010	孟津县送庄乡三十里铺村东南	曹魏贵族曹休墓	残铁镜1	[6]

表一三　邙山墓区东段偃师唐墓出土铜镜一览

出土时间（年）	出土地点	墓葬年代	镜数（面）	注释
1957	邙山之阳新庄村崔沈墓	神龙二年（706年）崔沈墓	1	[7]
1984～1993	偃师杏园村南	唐墓69座	59	[8]
1985	偃师瑶头砖厂	长安三年（703年）张思忠墓	瑞兽葡萄镜1	[9]
1990	偃师沟口头砖厂	初唐墓M1	铁镜1	[10]
1991	偃师深井水泵厂	会昌五年（845年）徐氏墓	双凤镜1	[11]
	偃师南蔡庄乡寨后村砖厂	初唐墓91YNZCM1	铁镜1	
1998	偃师首阳山镇羊二庄村北池跃恩砖厂	长庆三年（823年）薛丹夫妻合葬墓	四叶连弧镜1	[12]
2001	偃师城关镇前杜楼村砖厂	贞观二十一年(647年)崔大义夫妻合葬墓	四神铭文镜1	

[1] 郭建邦：《孟津送庄汉黄肠石墓》，《河南文博通讯》1978年第4期。

[2] 洛阳市文物工作队：《洛阳孟津晋墓、北魏墓发掘简报》，《文物》1991年第8期。

[3] 310国道孟津考古队：《洛阳孟津汉墓发掘简报》，《华夏考古》1994年第2期。

[4] 310国道孟津考古队：《洛阳孟津邙山西晋北魏墓发掘报告》，《华夏考古》1993年第1期。

[5] 洛阳市第二文物工作队：《洛阳孟津大汉冢西晋围沟墓发掘简报》，《文物》2011年第9期。

[6] 洛阳市第二文物工作队：《洛阳孟津大汉冢曹魏贵族墓》，《文物》2011年第9期。

[7] 河南省文化局文物工作队：《河南偃师唐崔沈墓发掘简报》，《文物》1958年第8期。

[8] 中国社会科学院考古研究所：《偃师杏园唐墓》第379页。

[9] 偃师县文物管理委员会：《河南偃师县隋唐墓发掘简报》，《考古》1986年第11期。

[10] 偃师商城博物馆：《偃师县沟口头砖厂唐墓发掘》，《考古与文物》1999年第5期。

[11] 偃师商城博物馆：《河南偃师唐墓发掘报告》，《华夏考古》1995年第1期。

[12] 赵会军、郭宏涛：《河南偃师三座唐墓发掘简报》，《中原文物》2009年第5期。

表一四　洛阳地区考古发掘出土部分铜镜统计

区域名称		铜镜（面）	铁镜（面）
洛阳东周王城遗址区	洛阳东周王城遗址	17	
	汉河南县城遗址	228	10
	西晋河南县城遗址	38	6
汉魏洛阳故城遗址		15	10
隋唐洛阳城遗址		43	5
邙山墓区		229	16
合　计		570	47

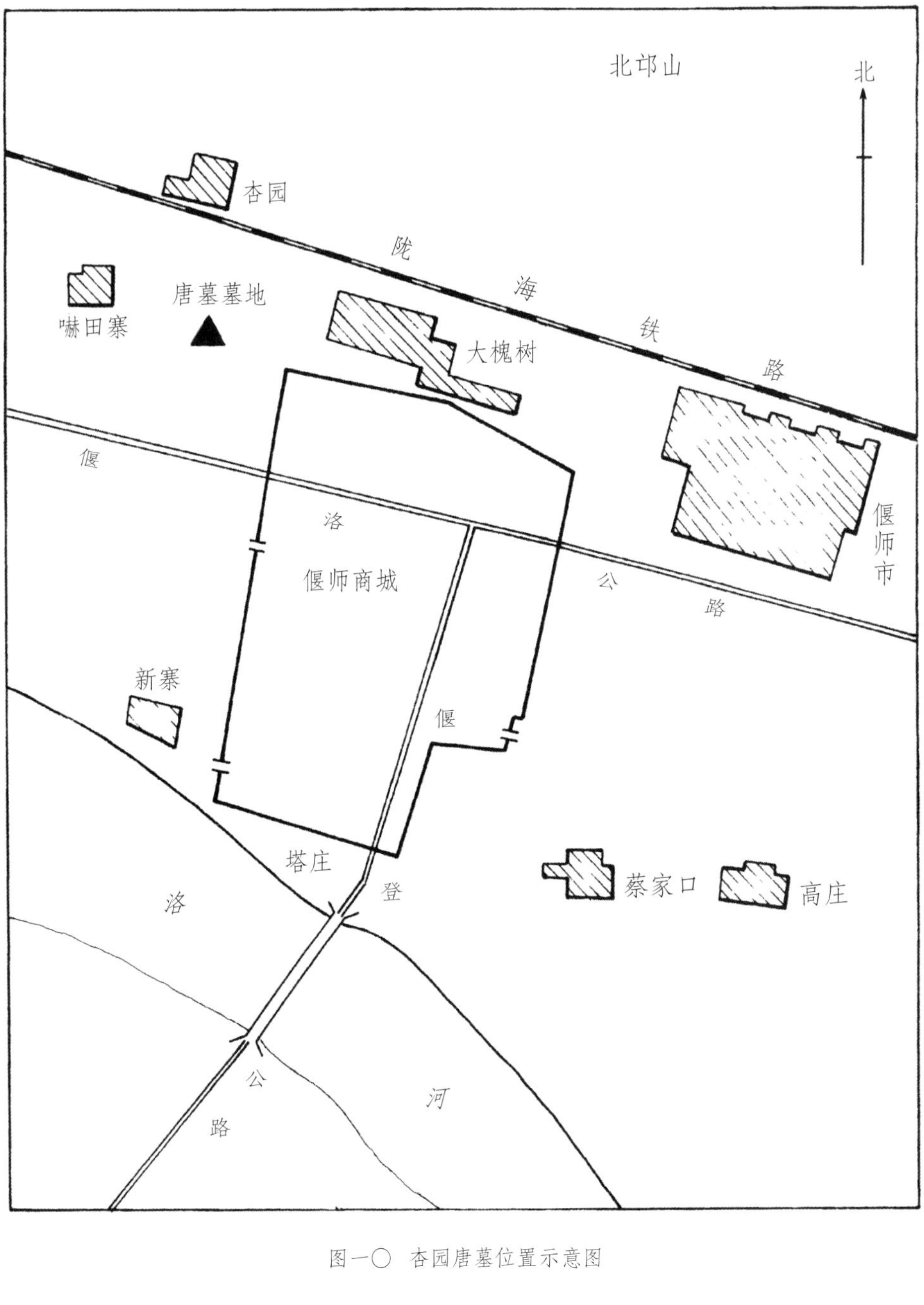

图一〇　杏园唐墓位置示意图

第二，墓葬出土铜镜完整品多，残片少；遗址发现铜镜的完整品少，残片多，与其相似的是西汉长安城遗址[1]。墓葬出土铜镜数量远远大于遗址，铜镜的发现与墓葬关系更加密切。战国时期，墓置城中与墓厝城外的两种空间分布方式，使得铜镜的出土地点亦有两种，前者如东周王城、洛阳成周城内战国墓中出土铜镜，后者如东周王城北郊史家屯战国墓随葬铜镜。秦汉以降，除了城址衰落或者遭遇战争等特殊原因之外，墓葬一般都位于城外，随葬铜镜成为丧葬习俗中较为重要的一项。

第三，洛阳铜镜的发现地域，因时代不同而有所变化。从已发表的考古资料来看，战国铜镜主要分布于洛阳东周王城、成周城遗址及北邙山西段。西汉、新莽铜镜，集中分布于汉河南县城北郊即今金谷园、邙山南麓的烧沟一带。东汉铜镜除了在上述区域有少量出土外，在汉城西郊、今洛阳涧西一带出土量较大。曹魏、北魏墓随葬铜镜数量极少，故出土地点亦少，仅有偃师杏园各见一例。西晋铜镜大多出土于汉晋河南县城遗址周围的西晋墓中，即今洛阳市涧西、西工、老城、瀍河、洛龙等区。唐宋铜镜主要见于隋唐洛阳城遗址及其周围的唐宋墓之中，邙山墓区也是集中出土区域。

四、洛阳铜镜研究学术史回顾

根据目前所掌握的资料，笔者将洛阳铜镜研究的历史大致分为三个阶段：20世纪30至40年代，50至70年代，80年代至21世纪初的前十余年。

（一）20世纪30至40年代的研究

20世纪30至40年代是洛阳铜镜研究的第一阶段。1934年，加拿大传教士怀履光（William Charles White）编著的《洛阳故城古墓考》英文版出版[2]。书中收录洛阳金村战国墓出土铜镜10面，另有一面双龙四乳镜应是西汉镜，出土地点待考。与之关系密切的是1937年日本学者梅原末治编纂的《洛阳金村古墓聚英》日文版[3]。著录金村战国大墓发现的铜镜20面，其中7面虽与《洛阳故城古墓考》中的铜镜重复（表一五），但图版质量明显优于前者。

1936年，梅原末治著《汉以前の古镜の研究》出版[4]。图版部分收录洛阳金村战国墓出土的 6 面铜镜，在第二、三、四部分，对金村部分出土铜镜做了较为深入的探讨。

1940～1942年，中国学者梁上椿出版《岩窟藏镜》。收集洛阳出土的战国、两汉、唐宋铜镜40余面，每面铜镜均有照片，并配有说明文字[5]。

1941年，郭玉堂等编《洛阳出土石刻时地记》出版[6]。该书主要记录了民国时期洛阳碑志的出土情况，兼及同出的其他器物，铜镜是其中的一类。出版内容仅为汉至隋代部分，而唐至元明部分则未刊行。时至2005年，该书完整版才正式面世，记载洛阳汉代至明代墓葬出土铜镜108面，其中唐代102面，数

[1] 在西汉长安城遗址发掘中，出土铜镜残片较多，完整者极少。例如，1960年清理汉长安城南郊礼制建筑第十三号遗址，在灰坑H3中出土星云镜连弧镜缘残片1件（中国社会科学院考古研究所：《西汉礼制建筑遗址》，文物出版社，2003年，第155页，图版270）；在1984年春季发掘的西汉杜陵便殿遗址窖穴Y1中，出土完整昭明镜1面；在王皇后陵寝殿东门遗址附近的汉代文化层中，出土2件西汉铜镜残片（中国社会科学院考古研究所：《汉杜陵陵园遗址》，科学出版社，1993年，第57、74页，图版90：3）；1986～1987年，发掘未央宫中央官署遗址，出土星云镜钮座、博局镜钮座各一件（中国社会科学院考古研究所：《汉长安城未央宫——1980～1989年考古发掘报告》，中国大百科全书出版社，1996年，第83页，图版九八：2、3）；1996年春季，试掘桂宫一号建筑遗址，出土铜镜残片1件；1999年，在桂宫五号建筑遗址中清理出四乳禽兽镜、两周锯齿纹夹双线波折纹镜缘残片各一件；2000年，发掘桂宫三号建筑遗址，出土铜镜残片1件（中国社会科学院考古研究所、日本奈良国立文化财研究所：《汉长安城桂宫——1996～2001年考古发掘报告》，文物出版社，2007年，第24、29、153、页，图二九：6、7，图版一三：6）。承蒙刘庆柱先生见告并赠书，谨致谢忱。

[2] [加] 怀履光：《洛阳故城古墓考》，上海别发印书馆，1934年。

[3] [日] 梅原末治：《洛阳金村古墓聚英》，京都小林写真制版部，昭和十二年（1937年）。

[4] [日] 梅原末治：《汉以前の古镜の研究》，同朋舍株式会社，昭和五十九年。

[5] 梁上椿：《岩窟藏镜》，四集六册，影印本，1940～1942年。

[6] 郭玉堂访记、王广庆校录：《洛阳出土石刻时地记》，洛阳商务印书馆、中华书局，1941年。

表一五　洛阳金村战国大墓出土铜镜一览

序号	铜镜名称	《洛阳故城古墓考》图版号	《增订洛阳金村古墓聚英》图版号
1	羽状镜	124	五九：1
2	蟠螭菱纹镜	120	六四：2
3	龙虎连弧镜	122	
4	龙虎连弧镜		六〇
5	龙虎连弧镜		六一
6	饕餮镜		五八：1
7	兽纹镜	129	五八：2
8	三龙镜		六三：1
9	三龙镜	127	
10	彩绘四凤镜		六三：2
11	三山三兽镜		六二
12	四山四兽镜		六八：下
13	四叶禽兽镜	123	六四：1
14	四叶禽兽镜		六五
15	八花瓣镜	126	
16	金银错狩猎镜	121	卷首
17	金银错蟠龙镜		六六
18	三龙彩绘透雕镜		六九：1
19	三龙彩绘透雕镜		六九：2
20	四龙透雕镜		六八：上
21	嵌石四兽透雕镜	128	六七：1
22	嵌玉琉璃镜		六七：2
23	彩绘嵌珠连弧镜	130	五九：2
24	双龙四乳镜	125（汉镜）	

量较多，种类丰富[1]，为研究民国时期洛阳邙山墓区铜镜出土情况提供了第一手实物资料。

这一阶段有关洛阳铜镜研究的特点，一是铜镜资料来源于民间盗掘，缺乏科学性，资料零星、分散，有许多铜镜流失到海外；二是以铜镜著录为主，深入研究的论著较少；三是外国学者研究洛阳铜镜较多，而我国学者的研究成果相对较少。

（二）20世纪50至70年代的研究

第二阶段为20世纪50至70年代。1949年，新中国建立之后，洛阳逐步开始

[1] 郭培育、郭培智主编：《洛阳出土石刻时地记》，大象出版社，2005年。

大规模的城市基本建设。为了配合基建，在洛阳地区进行了长期的田野考古发掘，清理大批古墓葬，出土了数量较多的铜镜及其他随葬器物，为资料整理与研究提供了丰富的实物来源。

1959年9月，《洛阳出土古镜》（两汉部分）出版。这是有关洛阳铜镜的第一部专题图录，分为前言、图版、古镜出土墓葬年代表、古镜出土墓葬登记表等四个部分。收录铜镜103面，铁镜 1 面，共计104面，均为黑白版。该图录“选辑的104面铜（铁）镜，全部是解放后在洛阳汉墓考古发掘中出土的。关于这些镜的时代，暂根据墓葬本身的年代来定。……决定按照铜镜的类型分组排列，每组中以出土墓葬的年代为序。因为缺乏很好的研究说明，为使读者便于看出它的先后发展和承袭关系，特附一个‘古镜出土墓葬年代表’，算是对这一缺点的补充。……为了便于研究参考，增加一部分主要共存器物和墓型的记录，初步提供了墓葬本身的年代。”[1]其中包括烧沟汉墓出土铜镜63面，铁镜1面。

同年12月，《洛阳烧沟汉墓》出版[2]，被后人誉为“汉代墓葬考古的奠基之作”，“建立了洛阳地区汉墓分期的标尺，奠定了汉墓考古学研究的基本方法和理论，对其后全国各地的汉墓考古有着重要的学术指导意义。”[3]“中国两汉铜镜编年体系的建立，首推《洛阳烧沟汉墓》发掘报告的问世。该书依据器物类型学，结合墓葬形制特点及纪年铭文，科学地将225座汉墓分成六期，出土的118面铜镜分成了14型，并弄清了每一型铜镜的相对年代。”[4]

烧沟汉墓缺乏西汉早期的铜镜资料，《洛阳出土古镜》补充了属于西汉初期的草叶纹镜、蟠螭纹镜各 4 面，西汉初中期的蟠螭纹镜 1 面、四螭纹镜 2 面。《洛阳出土古镜》将两汉铜镜分为10期，与之先后出版的其他铜镜图录相比，这是非常严谨细致的考古学作法。相继出版的《洛阳出土古镜》、《洛阳烧沟汉墓》建立起洛阳两汉铜镜完整的编年体系，为全国其他地区汉镜的分期断代提供了可资借鉴的参考资料。在当时两汉铜镜断代研究方面，洛阳无疑是居全国领先水平。

1963年，《洛阳西郊汉墓发掘报告》报道发掘的两汉墓葬217座，铜镜175面[5]，弥补了烧沟汉墓铜镜种类的不足。1959年，《洛阳晋墓的发掘》报告发表，首次对洛阳地区54座西晋墓考古发掘出土的24面铜镜进行了整理、报道[6]。

这一阶段的研究特点，一是铜镜资料大多来源于考古发掘品，有明确的出土时间、地点，墓葬相对年代确定；二是采用考古学的研究方法，而非传统金石学的方法，铜镜图录的编写建立在扎实的考古学基础之上；三是从考古学的角度，确立了洛阳地区两汉铜镜的编年体系，为汉镜研究树立了标尺，汉墓考古发掘报告与铜镜图录的编写质量位居全国学术界前列。

[1] 洛阳市文物管理委员会编：《洛阳出土古镜》（两汉部分）“前言”，第1、2页。

[2] 洛阳区考古发掘队：《洛阳烧沟汉墓》，科学出版社，1959年。

[3] 刘庆柱主编：《中国考古发现与研究（1949～2009）》，人民出版社，2010年，第353页。

[4] 程林泉、韩国河：《长安汉镜》，陕西人民出版社，2002年，第24页。

[5] 中国科学院考古研究所洛阳发掘队：《洛阳西郊汉墓发掘报告》，《考古学报》1963年第2期。

[6] 河南省文化局文物工作队第二队：《洛阳晋墓的发掘》，《考古学报》1957年第1期。

（三）20世纪80年代至21世纪初的研究

第三阶段，即20世纪80年代至21世纪初的前十余年。有关洛阳铜镜的研究，主要包括铜镜图录的出版与资料报道，先秦、汉魏及唐代铜镜的专题研究等方面。

1. 铜镜图录的出版与资料报道

1988年，《洛阳出土铜镜》出版[1]，这是有关洛阳铜镜的第二部专题图录。分为《洛阳铜镜艺术略论》、图版（目录、图版、说明）、后记等三个部分。彩版8幅，黑白版206幅，共计214面，其中17面铜镜附以拓本。

1998年，《中国青铜器全集》第16卷《铜镜》出版[2]。书中收录洛阳出土战国、两汉、北朝、唐代及元代铜镜28面，约占全书200余面铜镜的1/10，封面采用洛阳唐墓出土的镶嵌螺钿人物花鸟镜，由此可见洛阳铜镜在中国镜鉴史上的重要地位。

有关铜镜资料科学、系统的报道，见于60年来洛阳地区战国两汉、魏晋北朝、隋、唐五代、宋元明等时期田野考古发掘报告和简报之中，近年来有学者将其整合在一起，结集出版了《洛阳考古集成》系列丛书[3]，有利于学术界检索出土铜镜资料。1995年，《洛阳市志·文物志》出版。该书第八章“馆藏文物”部分，介绍东汉至唐代铜镜16面。第十章第五节“科学研究”部分，对洛阳铜镜研究做了简要综述[4]。

关于洛阳铜镜资料的零星报道，共计10余篇[5]。资料来源于考古发掘品或征集品，铜镜年代自汉代、隋唐至宋元时期。有的征集品年代报道不甚准确，后来学者予以纠正。此外，洛阳地区出土铁镜百余面，程永建先生撰文，重点介绍了东汉、西晋、北魏、唐代四个朝代的11面铁镜，并总结了铁镜锈蚀的五个特点以及用石蜡密封的保护方法[6]。

2. 先秦铜镜研究

1985年，刘一曼先生对战国铜镜进行分区研究，将其划分为四大区域，其中洛阳属于第二个区域，即当时的两周地区。“本区发现铜镜的数量和墓中随葬铜镜的情况都远不如南方地区。……铜镜虽然数量发现不多，但种类却很丰富，并有着明显的特点。而且，不少铜镜铸制精良，反映出这个地区铸镜业有着较高的水平。”[7]

1998年，孔祥星先生对中国古代人物镜做了较为系统的梳理，指出：“中国铜镜上最早出现人物形象约在战国中期。传河南洛阳金村出土的一件金银错狩猎纹镜是目前所知最早的中国古代人物镜。”[8]

1999年，霍宏伟将洛阳金村战国大墓出土的24面铜镜进行分类，对其形制、纹饰做了详细描述，并从历史、科学及艺术等三个方面探讨了其重要价

[1] 洛阳博物馆编：《洛阳出土铜镜》，文物出版社，1988年。

[2] 中国青铜器全集编辑委员会编：《中国青铜器全集》第16卷《铜镜》，文物出版社，1998年。

[3] 洛阳师范学院河洛文化国际研究中心编：《洛阳考古集成》之《夏周商卷》，北京图书馆出版社，2005年；《秦汉魏晋南北朝卷》（上、下），北京图书馆出版社，2007年；《隋唐五代宋卷》，北京图书馆出版社，2005年；《补编》，北京图书馆出版社，2007年；《补编》（二），北京图书馆出版社，2010年。

[4] 洛阳市地方史志编纂委员会编：《洛阳市志》第14卷《文物志》第336～339页。

[5] 沈淑玲：《洛阳博物馆收藏一件隋代画像镜》，《中原文物》1984年第1期；李惠民：《宜阳发现唐代铜镜》，《河南日报》1985年3月12日；苏健：《洛阳发现银壳画像铜镜》，《文物》1987年第12期；赵春青：《洛阳关林出土唐代山鸟纹铜镜》，《中国文物报》1988年2月5日；赵春青：《关林出土唐代铜镜》，《中国文物报》1988年10月14日；郭凤娥：《洛阳博物馆收藏一面元代八卦镜》，《中原文物》1989年第4期；郭凤娥、沈淑玲：《洛阳博物馆馆藏的几件铜镜》，《中原文物》1991年第1期；刁淑琴、郑卫：《洛阳西汉五灵博局纹铜镜》，《中原文物》2002年第4期；霍宏伟：《洛阳王城花园出土宋代器物》，《文物》2003年第12期；褚卫红、朱郑慧：《洛阳发现的汉代博局镜》，《文物》2008年第9期；侯秀敏：《洛阳发现的一件唐代山水禽兽纹铜镜》，《文物》2008年第10期。

[6] 程永建：《洛阳出土铁镜初步研究》，《华夏考古》2011年第4期。

[7] 刘一曼：《试论战国铜镜的分区》，《考古》1985年第11期。

[8] 孔祥星：《略论中国古代人物镜》，《文物》1998年第3期。

值。提出金村铜镜的产地，大部分应是东周王室的工匠“百工”在洛阳铸造的。金村铜镜既承袭了商周以来带有神秘色彩的动物纹饰，又有所创新，增加了人物、动植物等写实性纹饰，形成一种新的艺术审美风貌[1]。

2003年，高西省先生较为全面地整理了洛阳出土透雕夹层铜镜资料，并与其他地区的透雕铜镜做了比较，认为战国时期铸镜中心虽在湖南地区，但出土透雕夹层镜数量较少，中原伊洛地区是战国透雕夹层镜集中出土的地区，还有其他地区未见的彩绘透雕镜及贴金、银箔透雕镜。因此，中原地区应是透雕夹层镜的主要产地[2]。2007年，高西省等先生对洛阳出土战国铜镜所反映出的镶嵌、夹层、透雕、鎏金等特种加工工艺进行了探讨，这些铜镜数量有限，却代表了中国古代铜镜特种工艺技术的最高水平，很可能是当时专为宫廷制作的[3]。

3. 汉魏铜镜研究

关于洛阳三角缘神兽镜与魏帝赐镜问题的研究，持续不断。找寻日本三角缘神兽镜的源头一直是中日考古学界的研究热点，作为三国曹魏国都的洛阳地区无疑是关注的焦点。洛阳三角缘汉镜最早发现于唐墓之中。1955年，在洛阳老城北郊邙山脚下岳家村，发掘一座唐墓M30，出土三角缘王公王母神像镜一面[4]。1994年，鉴于该墓出土器物的重要性，朱亮先生对其重新进行了整理、发表，并附有这面铜镜的线图[5]。

1984年，徐苹芳先生为参加日本东京第七次古代史讨论会（议题为“三角缘神兽镜の谜”），撰写了《三国两晋南北朝的铜镜》一文[6]。他将这一时期铜镜分为三期，并对三国和西晋时期的洛阳铜镜类型进行了阐述。还认为三角缘神兽镜应是中国吴的工匠东渡日本所作。1991年，徐先生再赴日本福冈参加国际会议（议题为“卑弥呼の铜镜百枚の谜——铜镜の制作と分布”），发表演讲《中国魏晋时期的铜镜》。他提出，曹魏铜镜“最流行的是：‘位至三公’镜、四神和鸟纹规矩镜、蝙蝠座式和圆圈座式内行花纹镜、圆圈式鸟纹兽带镜、兽首镜、变形兽首镜、盘龙镜和四叶式夔凤镜。魏送给卑弥呼女王的一百面铜镜，应当从上述最流行的魏镜中去考虑。”[7]。

1994年，王仲殊先生指出，日本京都府弥荣町大田南5号坟出土的1面方格规矩四神镜，可确认为魏帝所赐之镜，因为在镜铭中有魏明帝“青龙三年”的纪年[8]。

2006年，中国社会科学院考古研究所、洛阳市文物局与日本学者合作，开展《洛阳出土汉晋铜镜研究》项目，在洛阳市文物工作队库房提取铜镜202面[9]，记录、测量、摄影，其目的之一是想在洛阳地区寻找日本三角缘神兽镜的源头。

同年，王趁意先生在洛阳民间发现一面东汉晚期至三国时期的三角缘神兽镜[10]。张懋镕先生提出，该镜的出土“为探寻日本出土三角缘神兽镜的

[1] 霍宏伟：《洛阳金村出土铜镜述论——为金村大墓发现七十周年而作》，《洛阳博物馆建馆四十周年纪念文集（1958～1998）》，第79～95页。

[2] 高西省：《洛阳出土的透雕夹层铜镜及相关问题》，《中国历史文物》2003年第4期。

[3] 高西省、杨国庆：《洛阳出土战国特种工艺铜镜及相关问题研究》，《中原文物》2007年第5期。

[4] 赵国壁：《洛阳发现的波斯萨珊王朝银币》，《文物》1960年第8、9期。

[5] 朱亮：《洛阳30号墓出土的三角缘画像镜》，《华夏考古》1994年第3期。

[6] 徐苹芳：《三国两晋南北朝的铜镜》，《考古》1984年第6期。

[7] 徐苹芳：《中国魏晋时期的铜镜》，《中国历史考古学论丛》，台北允晨文化实业股份有限公司，1995年，第352～358页。

[8] 王仲殊：《论日本出土的青龙三年铭方格规矩四神镜——兼论三角缘神兽镜为中国吴的工匠在日本所作》，《考古》1994年第8期。

[9] 《洛阳市文物工作队考古年报（2006）》，2007年，第20页。

[10] 王趁意：《同向式三角缘神兽镜》，《中国文物报》2006年11月15日。

原产地提供了重要线索。……洛阳地区应该是日本出土的三角缘神兽镜的溯源地”[1]。

2007年1月24日，《朝日新闻·文化综合版》刊登了日本学者的文章，介绍了日本学界对该镜的不同意见。见到此铜镜照片的日本著名学者樋口隆康先生说，“这一发现非常令人吃惊。之前在中国发现三角缘神兽镜的说法被认为是无稽之谈，但这枚铜镜却不同。这不正是证明了在魏制作了三角缘神兽镜的发现吗？”与其相反，其他的日本学者对此抱有疑问。京都大学冈村秀典指出：“虽然与三角缘神兽镜很近似，但应该说此镜是从画像镜演变而成的斜缘神兽镜。”[2]2008年，张懋镕先生撰文，对洛阳发现的三角缘神兽镜进行了再探讨[3]。

有两篇关于两汉铜镜铭文释读的论文，涉及到洛阳出土的6面铜镜。2009年3月，日本“中国古镜研究”班发表《前汉镜铭集释》[4]。其中，收录洛阳烧沟、西郊等地西汉墓发掘出土的铭文镜4面，对其铭文进行了释读。2011年8月，日本“中国古镜研究”班在《东方学报》上刊发《后汉镜铭集释》一篇[5]。其中，著录洛阳孟津铁炉、洛阳北郊岳家村唐墓M30出土的东汉铭文镜各一面。

4. 唐代铜镜研究

这一阶段有关唐镜研究最为重要的成果，是1994年徐殿魁先生发表的《唐镜分期的考古学探讨》一文[6]。该文以100面纪年唐墓出土的铜镜和纪年唐镜资料作为展开铜镜分期研究的基础，其中杏园唐墓铜镜数量占1/2。该文对唐镜类型、分期、演变轨迹及唐代制镜新工艺等诸多问题做了较为全面、系统的分析，将唐镜分为四期，包括初唐期（高祖—高宗）、盛唐期（武则天—玄宗开元）、中唐期（玄宗天宝—德宗贞元）、晚唐期（顺宗以降）。利用科学的田野考古成果进一步完善了唐镜的类型与分期体系，填补了洛阳地区唐镜类型与分期的一个空白。2001年，徐殿魁先生编写的《偃师杏园唐墓》发掘报告出版，详细报道了1983～1992年偃师杏园唐墓的田野发掘资料。在69座唐墓中，出土铜镜共59面，其中50面出自纪年墓中。杏园唐墓的铜镜资料，在唐镜系统研究中具有重要地位[7]。

关于唐镜的个案研究，主要涉及道教铜镜、铜镜断代与镜名考释等问题。1991年，张勋燎先生提出，洛阳博物馆藏两面日月星辰八卦镜与道教有关，乃唐代著名道士司马承祯创制、与五岳真形图有关的“含象镜”[8]，王育成先生有类似观点[9]。1999年，李随森先生认为，洛阳地区发现的两面“仁寿”十二生肖镜中的铭文“仁寿”两字，与隋文帝仁寿年号无关，是指晋代仁寿殿，是借古之掌故来歌颂铜镜功能，通过考古资料分类排比，将洛阳的两面“仁寿”镜定为初唐时期的铜镜[10]。2001年，李随森先生对唐代菱花镜做了详细考证。唐代诗文中所提到的“菱花”镜既不是指菱花形镜，也不是指菱花植物纹饰，它是借古之掌故来歌颂铜镜“青莹耀日”的精美程度[11]。

第三阶段的研究特点，一是科学、系统的唐墓田野考古发掘资料的发表，

[1] 张懋镕：《试论洛阳发现的三角缘神兽镜》，《中国文物报》2006年12月22日。

[2] [日]宫代荣一、本和人著，葛继勇译：《对中国新发现的三角缘神兽镜的疑问和反思》，《华夏考古》2012年第3期。

[3] 张懋镕：《再论洛阳发现的三角缘神兽镜》，《陕西历史博物馆馆刊》第14辑，2008年。

[4] [日]“中国古镜の研究”班：《前汉镜铭集释》，《东方学报》第八十四册，2009年，第139～209页。

[5] [日]“中国古镜の研究”班：《后汉镜铭集释》，《东方学报》第八十六册，2011年，第201～289页。

[6] 徐殿魁：《唐镜分期的考古学探讨》，《考古学报》1994年第3期。

[7] 中国社会科学院考古研究所：《偃师杏园唐墓》第379页。

[8] 张勋燎：《道教五岳真形图和有关的两种古代铜镜材料的研究——道教考古专题研究之二》，《南方民族考古》第三辑，四川科学技术出版社，1991年。后收入张勋燎、白彬：《中国道教考古》6，线装书局，2006年，第1784～1787页。

[9] 王育成：《唐代道教镜实物研究》，《唐研究》第六卷，北京大学出版社，2000年，第33～37页。

[10] 李随森：《洛阳“仁寿镜”年代试析》，洛阳市文物局编《耕耘论丛（一）》，科学出版社，1999年，第186～193页。

[11] 李随森：《唐代“菱花镜”考辨》，《洛阳工学院学报》（社会科学版）2001年第3期。

为唐镜的进一步研究打下了坚实的基础。二是对某一类铜镜的专题探讨不断深入，特别是出现了有关唐镜类型与分期的研究成果，从而进一步完善了唐代铜镜的编年体系。三是有关洛阳战国铜镜制作工艺的分析方法，站在了学科发展的前沿，对其他时段铜镜工艺技术的探讨，具有借鉴作用。

五、洛阳铜镜特点与研究展望

（一）洛阳铜镜特点

古都洛阳有着得天独厚的条件，从而形成了洛阳铜镜别具一格的特点，主要表现在以下四个方面。

1. 时代蝉联，数量巨大

洛阳铜镜的历史绵延不断，名品叠出。目前最早可追溯到战国早期，历经两汉、魏晋北朝、隋、唐五代、宋金元明。其中，尤其以战国、两汉、西晋、唐代的铜镜数量最多。据估计，出土于洛阳的历代铜镜大约有2000余面[1]。据笔者统计，加上民国时期出土的铜镜，已经发表资料的铜镜接近1000面。

2. 发掘品多，科学性强

洛阳所见铜镜，主要来自于田野考古发掘，出土于墓葬者众多，发现于遗址、窖藏者极少。出于墓葬中的铜镜，完整品多，残缺品较少。近半个多世纪以来，科学发掘为研究铜镜提供了极为便利的条件。例如，1952～1953年，在洛阳北郊烧沟村西南发掘两汉墓葬225座，出土铜镜118面，铁镜 9 面，共计127面[2]。1957～1958年，在洛阳西郊金谷园村和七里河村发掘两汉墓葬217座，出土铜镜175面[3]。

1953～1955年，在洛阳城区发掘西晋墓54座，出土铜镜24面，铁镜7面，共计31面[4]。

1983～1992年，对偃师杏园69座唐墓进行了系统的科学发掘，出土铜镜59面，其中50面出自纪年墓中[5]。

以上四例涉及两汉、西晋、唐代墓葬出土铜镜376面，铁镜16面，共计392面，由此可见洛阳考古发掘出土铜镜数量之多。

3. 题材广泛，种类丰富

洛阳铜镜不仅出土数量多，而且题材相当广泛，包括人物、动物、植物、器物、建筑、几何纹等纹饰，甚至还有与儒释道三家思想相关联的内容。例如，宣扬儒家文化的有唐代孔子问荣启期三乐镜，佛教题材的有唐代卍字镜、北宋莲花镜、元代梵文镜等。与道教密切相关的有汉代尚方铭文镜，唐代含象镜、五岳真

[1] 1988年，有学者认为：“历年来洛阳出土铜镜为数不少，除见于民国以前著录的以外，仅解放后发掘、征集所得即达两千面之多。”参见米士诫、苏健、侯鸿军：《洛阳铜镜艺术略论》，《洛阳出土铜镜》第2页。

[2] 洛阳区考古发掘队：《洛阳烧沟汉墓》第160～176页。

[3] 中国科学院考古研究所洛阳发掘队：《洛阳西郊汉墓发掘报告》，《考古学报》1963年第2期。

[4] 河南省文化局文物工作队第二队：《洛阳晋墓的发掘》，《考古学报》1957年第1期。

[5] 中国社会科学院考古研究所：《偃师杏园唐墓》第379页。

形图镜、八卦镜、飞仙镜等，反映了道教的思想观念。

洛阳铜镜种类繁多，类型多样。烧沟汉墓[1]、西郊汉墓[2]出土铜镜均分为14种类型。在洛阳历代铜镜中，以圆形镜最为常见，数量最多。战国时期，铜镜除圆形之外，亦有少量方形镜。两汉魏晋北朝至隋代，铜镜一般为圆形，制作水平较高，但未见特种工艺镜。唐代铜镜形制多样，以圆形为主，还有方形、亚字形、菱花形、葵花形。宋金元明时期，一般镜为圆形，另有带柄圆形、方形、亚字形、葵花形等。

在洛阳古镜中，除了发现大量铜镜外，还有一些铁镜。铁镜数量较多，时代连贯。据不完全统计，新中国成立以来洛阳出土铁镜百余面[3]，已发表资料有50余面，历经东汉、曹魏、西晋、北魏、唐代等5个朝代。另有瓷镜一面，应是作为明器随葬之用。

4. 珍品荟萃，工艺精湛

洛阳金村战国大墓出土铜镜24面，包括一般工艺镜与特种工艺镜，后者有金银错镜、嵌石琉璃镜、透雕镜、彩绘镜等，工艺复杂。金银错狩猎镜“代表了战国时期铜镜艺术的最高成就”[4]。

1996年，洛阳五女冢村附近发掘一座保存完整的新莽墓96HM267，出土西汉永始二年（公元前15年）四神博局镜[5]，是我国目前考古发掘有明确出土时间、地点的最早纪年铜镜。学术界以往的观点普遍认为，“我国目前发现最早的纪年镜是西汉居摄元年（6年）的连弧铭带镜”[6]。在洛阳西郊汉墓出土铜镜中，较为罕见的有四凤四鹤纹镜，以往洛阳汉墓中未曾见到过。它与星云镜伴出，当为西汉中期的一种镜型。其他又如铜华镜，也是洛阳汉墓中少见的[7]。

唐代特种工艺镜折射出富丽堂皇的盛唐气象，诸如螺钿镜、金银平脱镜、银背镜等。1955年，在洛阳市涧西16工区发掘唐代兴元元年（784年）夫妻合葬墓，出土一面镶嵌螺钿人物花鸟镜[8]，工艺制作水平极高，现在中国国家博物馆展出。1970年，在洛阳关林发掘一座唐天宝九载（750年）卢氏墓，清理出一面金银平脱鸾凤花鸟镜[9]。

在日本出土的300余面三角缘神兽镜中，约10面有“铜出徐州，师出洛阳”铭文[10]，从一侧面反映出汉魏洛阳铸镜匠师技艺的高超及铸镜业的发达。

（二）洛阳铜镜研究展望

其一，在今后田野发掘、整理简报或报告的过程中，希望考古工作者要充分重视铜镜在墓葬中的放置方式以及面背的朝向，注意观察铜镜镜体是否残留有布帛包裹的痕迹。在编写简报或报告时，要记录清楚发掘时的这些细微现象，将有助于其他学者对于出土铜镜的再探讨。研究者要充分关注铜镜在墓葬中的空间位置，以及铜镜与墓主人之间的空间关系。

其二，研究铜镜要有“透物见人”的思路，即铜镜—墓葬—城址—人

[1] 洛阳区考古发掘队：《洛阳烧沟汉墓》第160～176页。

[2] 中国科学院考古研究所洛阳发掘队：《洛阳西郊汉墓发掘报告》，《考古学报》1963年第2期。

[3] 程永建：《洛阳出土铁镜初步研究》，《华夏考古》2011年第4期。

[4] 杨泓：《美术考古半世纪——中国美术考古发现史》，文物出版社，1997年，第83页。

[5] 洛阳市第二文物工作队：《洛阳五女冢267号新莽墓发掘简报》，《文物》1996年第7期。

[6] 刘永明：《汉唐纪年镜图录》前言，江苏古籍出版社，1999年，第1页。

[7] 中国科学院考古研究所洛阳发掘队：《洛阳西郊汉墓发掘报告》，《考古学报》1963年第2期。

[8] 河南省文化局文物工作队第二队：《洛阳16工区76号唐墓清理简报》，《文物参考资料》1956年第5期。

[9] 洛阳博物馆：《洛阳关林唐墓》，《考古》1980年第4期。

[10] [日]小林行雄：《三角缘神兽镜の研究》，《京都大学文学部研究纪要》（第十三）100～102、123、153页，图版四、十一，1971年。转引自王仲殊：《景初三年和正始元年镜的铭文考释》，《考古》1984年第12期。

（社会阶层），要上升到考古研究方法论的高度来看待。洛阳古代城址中出土的铜镜明显少于墓葬，且多为残片，墓中所见铜镜多为完整品。墓葬出土铜镜数量约占全部铜镜的95%以上。大多数铜镜出土地点与墓葬分布有直接关系，而墓葬的分布与城址位置有密切关系，城址又与城内不同社会阶层的居民相关联。以汉河南县城周围墓地为例。位于洛阳邙山南麓的金谷园及涧水西岸七里河的两汉墓地，距汉河南县城较近，地势较高。金谷园村南距汉河南县城北墙1.5千米，七里河村东临近涧河，墓地在涧河西岸的台地上，隔河与汉河南县城西墙相望。墓主人身份等级较高，随葬铜镜数量较多，质量较高，达到175面，且无一面铁镜。而1955年在洛阳涧西发掘的70座两汉小型墓为贫民墓与儿童墓，地势低洼，铜、铁镜的随葬比例、镜鉴直径均远远低于前者，反映出不同社会阶层的较大差异。

其三，通过对铜镜的深入探讨，能够了解各个历史时期手工业的发展程度与管理机构。汉魏时期的官营铸镜管理机构是尚方与右尚方。《通典》卷二七《职官九》："秦置尚方令，汉因之。后汉主作手工作、御刀剑、玩好器物及宝玉作器。……汉末分尚方为中、左、右三尚方。魏晋因之。"[1]魏晋的三尚方中，右尚方是掌管铸镜的机构[2]。通过铜镜这一载体，还可以对不同时期手工业的发展状况进行深入分析。同时，应当看到不同时期的铜镜也体现出各个时期不同的工艺水平。今后要加强多学科合作，对铜镜的制作工艺技术、金属成份分析等问题进行多角度探讨。在这方面有关山东临淄齐国故城遗址出土镜范的研究是一个典型范例[3]，其经验值得借鉴。

六、结　语

在21世纪的学术探索过程中，如果我们要建立以考古学为基础的中国镜鉴学学科体系框架的话，就必须摸清家底，理清思路。本文对洛阳铜镜发现与研究的历史做一总结，将洛阳每一面铜镜出土位置视作一个点，同一个区域的铜镜可以连成线，一个时代的铜镜形成一个面，将洛阳地区不同时代铜镜组成的面叠加在一起，就构成了一套完整、立体的洛阳铜镜体系。在这个体系中，笔者试图去找出各个历史阶段的异同，探寻其变化的转折之处。

唐太宗李世民曾说："夫以铜为镜，可以正衣冠；以古为镜，可以知兴替；以人为镜，可以明得失。朕常保此三镜，以防己过。"[4]洛阳不同时期铜镜出土数量的多少，可以折射出洛阳城市的盛衰。洛阳地区出土铜镜的多少，与古墓葬发掘的数量成正比，而历代墓葬的多寡与洛阳城的兴废相关联，洛阳城的盛衰则与国家兴亡相联系。正如北宋李格非所言："园囿之兴废者，洛阳盛衰之候也。且天下之治乱，候于洛阳之盛衰而知；洛阳之盛衰，候于园囿之兴废而得。"[5]园囿如此，铜镜亦然。从洛阳出土铜镜的历史发展进程中，能够感知时代脉搏的跳动与国家、民族的兴衰，犹如"以古为镜，可以知兴替"。

[1]《通典》卷二七《职官九》"少府监"条，中华书局，1988年，第759、760页。

[2] 孔祥星、刘一曼：《中国古代铜镜》，文物出版社，1984年，第132页。

[3] 白云翔、（日）清水康二主编：《山东省临淄齐国故城汉代镜范的考古学研究》，科学出版社，2007年。

[4]（唐）吴兢撰、谢保成集校：《贞观政要集校》，中华书局，2003年，第63页。

[5]（宋）李格非撰：《洛阳名园记》，文学古籍刊行社，1955年，第13页。

洛阳铜镜发展演变略论

史家珍　张翠玲

铜镜是指用铜、锡、铅等合金金属成分铸造的镜鉴。从形制上看，铜镜有圆形、方形、花形、亚字形等多种形式。其正面光滑明亮，具有梳妆整容的功能。铜镜背面有各种不同的花纹和钮，钮上有孔，从孔处系上绳带，以便于手拿或者挂在墙壁上或放在镜架上。

中国铜镜有着悠久的历史。在距今4000年左右的齐家文化遗址、墓葬出土的 3 面铜镜，是目前所知我国时代最早的铜镜。由此开始，中国铜镜的制作走过了夏、商、周三个朝代的初始期，经历了战国、两汉和唐代三个发展高峰。宋金以降，铜镜制造业逐渐衰落，艰难地走过了元、明、清的漫长旅程。进入20世纪以后，终于被质量更优的玻璃镜所取代。

十三朝古都洛阳地处中华民族文化摇篮的腹地。作为华夏著名古都，洛阳地区先后出土数以千计的铜镜。新中国建立以后，洛阳地区的田野考古工作者相继发现、收集并整理了大量铜镜，其中有许多模范规整、铸造精良的珍品，这些铜镜收藏于洛阳一些考古文博机构。据专家估计，20世纪50年代迄今，仅洛阳地区考古发掘出土的铜镜就有2000余面。这些铜镜自战国、两汉，历经曹魏、西晋、北魏、隋、唐、五代，一直到宋、元、明、清，绵延不断，代代均有。

广大文物考古工作者对洛阳地区出土铜镜进行了长期不懈地收集、整理和著述，写出了许多有价值的论文，从而极大地提高了铜镜艺术研究的水平。近年来，洛阳地区又相继出土大量的铜镜实物，本文以这些实物资料为依据，对洛阳古代铜镜发生、发展、高潮直到衰落的过程，进行初步探讨，以供研究者参考。

一、战国时期的洛阳铜镜

战国时期，由于生产力的不断发展，铁器的广泛使用，有力地促进了手工业的发展。传统的礼乐制度逐渐衰落，在青铜铸造业中，礼器所占的比重逐步下降，日常生活中的服饰制品迅速发展。这一时期的铜镜，形制逐步趋于规范，有圆形和方形两大类，以圆形最多，直径多在10厘米以上，镜的背面有钮和钮座，座外多有纹饰。镜钮较小，有弓形钮、半环形钮、粒状钮及弦纹钮等，其中以弦纹钮最多。镜缘有平直和上卷两种，其中平直镜缘又有宽、窄之分。

从纹饰上看，战国时期的铜镜除少量素面镜、纯地纹饰镂空镜和镶嵌工艺镜外，一般都运用了主纹和地纹二重叠和三重叠手法，以地纹衬地，地纹有织锦纹、羽状纹、云雷纹等图案，在地纹之上饰以主纹。主纹以几何图纹为主，还有动物、植物纹饰。几何图纹有山字纹、菱形纹、云雷纹、弦纹连弧纹等，其中以山字纹镜最多。

花叶镜是战国铜镜中的一种类型，流行于战国初期和中期。四叶、花瓣、花朵等均可作为主题纹饰配置于镜背，有的花叶镜在地纹之上，于钮座四周伸出四片宝珠形花瓣纹，镜像四角各饰一花瓣（图一；图版22）。1997年，洛阳邙山史家屯战国墓出土十二花瓣镜1面[1]。

山字镜是战国铜镜中较为特殊的一种铜镜。山字镜均为圆形，常以羽状纹衬地，其上配以3～6个山字形纹。有的山字纹镜在地纹之上，相间配置山字纹与兽纹，有的山字之底边与方钮座之边线平行。山字纹中间一长划与镜缘相接，制作十分规整。民国时期，洛阳金村战国大墓出土三山三兽镜、四山四兽镜[2]（图版15、16）。1992年，洛阳市针织厂战国晚期墓出土镶嵌料珠琉璃珠包金箔四山镜、镶嵌琉璃珠六山镜各一面[3]（图二；图版18、19）。

以动物为主题的纹饰是战国铜镜中的重要题材，有禽兽、饕餮、夔龙、凤鸟、蟠螭等纹饰，其中以蟠螭纹居多。

在战国铜镜中，还有透雕镜、金银错镜、镶嵌玉石镜和彩绘镜等特种工艺镜。这类铜镜工艺先进，制作精美，是专供上流社会的宫廷贵族使用的镜子。透雕镜是先将镜面与镜背分别铸造出来，然后再夹合而成，如洛阳金村战国大墓出土三龙彩绘透雕镜、四龙透雕镜、嵌石四兽透雕镜等[4]（图版25、27、28）。近二十年来，洛阳考古发掘出土有贴金银箔四兽透雕镜、四凤透雕镜、花枝透雕镜等[5]（图版26、29、30）。

错金银镜是将金丝和银丝嵌入镜背预先铸或刻的凹面形花纹槽内，然后进行错磨使之光滑发亮。这类铜镜色泽光亮，熠熠生辉，不仅可以照容，而且还是极具观赏价值的工艺品。如洛阳金村战国大墓出土的金银错狩猎镜[6]（图版23），以镜背外缘包嵌镜面而成，座外凹面环带之外配置三片叶纹。主题纹饰分为六组，其中一组为一戴盔甲、一手持剑、一手持缰，蹲于战马上的战士，正向一猛虎搏斗冲刺。构图巧妙，精致细腻。嵌玉石镜是将玉或绿松石等镶嵌在镜背上。洛阳金村战国大墓出土的一面嵌玉琉璃镜[7]（图版31），蓝色琉璃钮上有白色目形花纹或六出花形纹饰的蓝色琉璃，外缘为索纹玉环。此镜玉与琉璃相间，色彩艳丽，堪称铜镜中的佳品。特种工艺镜的出现，反映出战国时期冶铜技术、装饰工艺的进步，当时的制镜行业更趋向实用性的发展

图一 八花瓣镜

图二 镶嵌琉璃珠六山镜

[1] 洛阳市第二文物工作队：《洛阳邙山战国西汉墓发掘报告》，《中原文物》1999年第1期。

[2] [日] 梅原末治：《增订洛阳金村古墓聚英》，京都小林出版部，昭和十九年（1944年）。

[3] 洛阳市文物工作队：《洛阳市西工区C1M3943战国墓》，《文物》1999年第8期；高西省、杨国庆：《洛阳出土战国特种工艺铜镜及相关问题研究》，《中原文物》2007年第5期。

[4] 同[2]。

[5] 洛阳市第二文物工作队：《洛阳道北战国墓》，《文物》1996年第7期；洛阳市文物工作队编：《洛阳出土文物集粹》，朝华出版社，1990年，第54页；洛阳市文物工作队：《洛阳西工区M7602的清理》，《文物》2004年第7期。

[6] [加] 怀履光：《洛阳故城古墓考》，上海别发印书馆，1934年。

[7] 同[2]。

方向，也充分显示出我国古代劳动人民的高超技艺。

战国铜镜镜背纹饰的配置多种多样，常见的配置方式有两种。一种是单层配置同一种花纹。如1954～1955年洛阳中州路西工段战国墓出土的羽状镜[1]（图版1），镜背满布连续排列的羽状纹，花纹密集而整齐。另一种是地纹之上饰主纹的双层配置，如1953年洛阳烧沟西汉墓出土的战国晚期蟠螭叶纹镜[2]（图版5）。

战国铜镜的纹饰不仅配置层次分明，而且构图方式也独具匠心。常见的有对称式、双圈式和环绕式。对称式构图是以镜背的中轴线或中心点（钮或钮座）为中心，向上下（或左右）配置或排列大小相等、形状相同的纹样。双圈式构图镜背中部中有一圈凹面或凸面环带将镜背分为内、外两区。内外区分别饰以不同的纹样。环绕式构图是以钮为圆心，主题纹饰环钮同向连续排列。

二、两汉时期的洛阳铜镜

两汉时期包括西汉、新莽及东汉，是中国封建制度逐步巩固、发展的时期，也是中国铜镜艺术达到高度繁荣的时期。作为西汉重要区域中心、东汉国都的洛阳，手工业发展较快，技术进步，并且有专门从事铜镜生产的铸造业。1968年，在河北满城汉墓出土铜钫上有“中郎柳市雒阳”的铭文[3]。在日本出土铜镜上有“铜出徐州，师出洛阳”的铭文[4]，有力地证明了两汉时期洛阳已有发达的铜器制造业和专门从事铜镜生产的铸造业。

西汉初期，由于连年战争，经济尚未恢复元气，因而此时的制镜业并未有明显的发展，铜镜形制和风格仍基本与战国接近。自“文景之治”至汉武帝时期，逐步建立起强大的封建帝国，经济得到较快恢复和发展。作为西汉重要城市之一的洛阳，铜镜制造业也有了长足进步。铜镜的形制和纹饰出现了许多新的变化，制作工艺技术水平不断提高。这一时期铸造的铜镜镜面加大，镜体趋厚。新的题材内容在铜镜上大量涌现，半球形镜钮逐渐取代了战国以来的三弦钮，出现了独具特色的连峰式镜钮。以往的素卷缘逐步演变为素平缘。

处于两汉之交的新莽铜镜，仍然继承了西汉铜镜的艺术特点。铜镜铸造技术越来越进步，铜镜制作十分精美。东汉时期，国都洛阳是当时全国的政治、经济、文化中心，有融汇四方文化艺术之长的优越条件，加之在同西域日益频繁的交往中，不断汲取边塞和异国的丰富滋养，从而使得铜镜工艺多有创新。

从西汉初至东汉末历时400余年间，铜镜主题纹饰取材广泛，形式新颖。西汉初期，与战国时期风格接近的四山镜，变形兽纹镜、龙纹镜、连弧纹镜和四叶纹镜仍有少量出现。与此同时，也出现了一些微小变化，如连弧纹镜逐步流行，云锦纹地逐渐向大涡纹地演变，凹面折平线条开始转变为双线式线条，其中最显著的变化是出现了条带式的铭文，铭文装饰和图纹装饰二者相互配合，形成了图文并茂的式样，这是汉镜工艺的最大变化之一。这一时期花纹装

[1] 中国科学院考古研究所：《洛阳中州路（西工段）》，科学出版社，1959年，第94、104页。

[2] 洛阳区考古发掘队：《洛阳烧沟汉墓》，科学出版社，1959年，第160、161页。

[3] 中国社会科学院考古研究所、河北省文物管理处编：《满城汉墓发掘报告》上册，文物出版社，1980年，第49、51页。

[4] 王仲殊：《景初三年和正始元年镜的铭文考释》，《考古》1984年第12期。

饰中以往常见的蟠螭纹、饕餮纹和纯地纹等等逐步被新颖活泼的禽兽纹、草叶纹、连珠纹、乳状纹和星云纹所取代。在图纹配置上，出现了以镜钮为中心、上下左右对称的四等分格局。

新莽时期的铜镜装饰工艺，仍然继承了西汉铜镜的工艺特点，并有所发展。最明显的特点是镜缘中的带状花边装饰逐步盛行起来，如流行的几何形双线折波纹及流云纹、锯齿折波纹、锯齿流云纹和卷叶纹等。在镜背上，常用减地平雕技法，同时配置禽兽、锯齿、水波、云藻及缠花草等多种纹饰。主题纹饰出现了青龙、白虎、朱雀、玄武“四神”形象及多种奇禽鸟兽形象。与此同时，还盛行博局纹，并开始出现“十二地支”和较多的七言韵语。在表现手法上，钮座外围出现了方格或双层方格，并出现了以钮为圆心的多层环绕纹带。

图三 四乳四神镜

东汉初期铜镜工艺在继承新莽铜镜的基础上又有发展，纹样变化更多，铭文内容更贴近东汉的时代特点及社会现实，官方铸造的尚方铭文镜大量流行。东汉中期，铜镜制作较为粗放，浮雕或禽兽纹和乳丁铭文带式装饰增多，博局纹减少，钮座外饰十二地支铭文方框这一形制的铜镜已渐消失。东汉晚期，战争频仍，民不聊生，百姓从宗教信仰中寻求精神寄托。反映在铜镜制造上，有佛教特色的浮雕神兽纹和莲花座的装饰逐步盛行。

图四 草叶镜

两汉铜镜的纹饰极其丰富，除继续保留战国时期的蟠螭、蟠虺、龙纹等纹饰，又相继出现了禽兽纹、花叶纹、草叶纹、神兽纹、博局纹、连弧纹、铭文、方枚等纹饰。飞禽走兽是汉镜装饰中最主要的纹饰，如蟠螭纹、蟠虺纹等。西汉初期，这类纹饰仍然沿袭战国镜的传统。中叶以后，题材发生重大变化，禽兽纹饰中，现实生活中常见的飞禽走兽等动物形象取代了过去人们想象中的神物。其中“四神”形象是汉镜中使用最多、最广泛的题材，在那些数量众多的四乳禽兽纹镜中，四乳等分的四区之间配置单个禽兽纹或两两组合的禽兽纹，画面上青龙、白虎、朱雀、玄武四神形象十分突出（图三；图版81），有的是由四乳和博局纹结合，将镜背分为八区，每区四神各配一禽兽。

草叶镜是汉镜的主要类型。这类镜在西汉时期已经开始流行，有四乳草叶纹和日光草叶纹等。如偃师出土草叶镜[1]，四枚带圆座的乳丁及花苞将镜背分为四区，各区饰以花枝纹、草叶纹（图四；图版38）。洛阳涧西防洪渠西汉墓出土的日光草叶镜[2]，草叶纹座外双层方格之间，有铭文“见日之光，天下大明”，方格四角外各伸出一双瓣一苞花枝纹。双瓣向两边翻卷，方格四边中部配置带圆座的四乳丁及桃形花苞纹，花苞及乳丁两侧对称各饰以单层草叶纹。镜缘为十六内向连弧纹（图版37）。这类镜子纹饰繁缛，结构严谨，铸造精整。

在汉代以四神和禽兽为主题的铜镜中，还有一种博局镜，以前人们称其为“规矩镜”。博局纹的配置，一般为圆形钮座之外置一方格，方格四边向外伸出一双线T形纹，T形纹与双线L形纹相对应，方格的四个角又与双线V形纹相对应，这种图纹将镜背主纹区分为均匀的四方八区，每方每区或配置四神，或

[1] 周剑曙、郭宏涛主编：《偃师文物精粹》，北京图书馆出版社，2007年。

[2] 洛阳市文物管理委员会编：《洛阳出土古镜》（西汉部分），文物出版社，1959年。

四神各配一鸟兽，称为“四神博局镜”。有的不配置四神，只配置鸟兽称为“鸟兽博局镜”，有的T、L、V三种纹饰并不全部同时出现，仅配置一种或两种，称为“简化博局镜”。有的博局镜主区纹饰之外还环绕一圈铭文，铭文带之外饰以流云纹、锯齿纹或鸟兽纹等，这类镜子布局整齐严谨，纹饰怪诞神秘。关于T、L、V符号，其含义究竟是什么，成为学者长期以来争议和探讨的重要议题，各抒己见，莫衷一是[1]。1957～1958年，洛阳西郊汉墓发掘出土47面博局镜，其中铸有铭文的四神博局镜14面，泰言禽兽博局镜 1 面[2]（图版108）。

多乳禽兽镜是汉镜中的常见类型。此类镜一般是以圆钮座为中心，其外环绕四至七个不等的乳丁，在乳丁之间配置鸟兽等纹饰。乳丁之外围以多层圈带，其间配置双线波折纹、锯齿纹、云气纹等，如洛阳西郊新莽墓出土的长宜子孙禽兽镜、七乳四神镜[3]（图版94）。这类纹饰复杂细密，画面上龙腾虎跃，凤舞龟行，瑞鸟高飞，神兽奔蹄。这类铜镜不仅具有梳妆整容功能，还有极高的观赏价值。南朝梁简文帝所作《望月》：“流辉入画堂，初照上梅梁。形同七子镜，影类九秋霜”，正是这类镜子颇受欢迎的写照。另有龙虎镜，主题纹饰为一龙一虎夹钮相峙于镜钮上方。龙威虎猛，雄壮有力，龙虎神采奕奕，栩栩如生，充满了浓厚的生活气息。1956年，洛阳市储运站铁路线东汉墓出土有位至三公龙虎镜[4]（图版138）。

铭文作为重要题材运用于铜镜之上是汉代铜镜的一大特点。有些镜子既无华美的纹饰，也不是素地无纹，而是配置一圈或多圈铭文。西汉中叶以后，铭文镜更加流行。铭文内容多而广泛，如“见日之光，天下大明”；“见日之光，长毋相忘”；“内清质以昭明，光辉象夫日月，心忽穆而愿忠，然壅塞不泄”，人们习惯于将这类铭文镜称做“日光镜”（图五；图版51～53）和“昭明镜”（图版54～65）。有的铭文用各种各样的吉祥用语，以表庆贺和祝福，如“家常富贵”，“寿如金石”，“长生吉善”，“位至三公”，“君宜高官”；有的镜子以铭文作为主题纹饰，以表深情厚谊，如“大乐未央，愿毋相忘”，“修相思，毋相忘，常乐未央”。有的镜子将铭文与草叶、花叶、四神、博局等各种纹饰配置在一起。有的镜子与连弧纹饰配置在一起，成为纹饰多样的连弧铭带镜，如连弧铭带镜，在多层纹饰圈带之外配饰铭文。其排列相当灵活，均根据图纹和实际情况而定，从而收到以文补图、图文并茂之目的。还有一些镜子铭文中出现铸造镜的机构或姓氏。如尚方龙虎镜（图六；图版139），内区一龙一虎夹钮对峙，外区为铭文带。“尚方”在汉代是专门为宫廷的皇室贵族制造生活用品的机构，铭文中的“尚方”起初是表示这些御用器物为尚方所造，后来，民间铸镜也将“尚方”二字写进铭文。上述这些铭文镜，在洛阳烧沟汉墓、西郊汉墓中多有出土[5]。

从洛阳出土的铜镜可知，汉镜中以铭文为题材的铜镜数量较多，说明铭文镜在汉代非常流行，颇受世人欢迎。人们可以通过镜子表达各种各样的思想，抒发多种感情，寄托无限美好的愿望。作为铜镜装饰的主题纹饰和重要组成部分，铭文的出现意义重大，它开创了中国铜镜铸制铭文的先河。内区图纹、外

[1] 孙机：《托克托日晷》，《中国历史博物馆馆刊》1981年第3期；马今洪：《上海博物馆藏铜镜综论》，上海博物馆编：《练形神冶　莹质良工——上海博物馆藏铜镜精品》，上海书画出版社，2005年，第16页。今暂称“博局镜”。

[2] 中国科学院考古研究所洛阳发掘队：《洛阳西郊汉墓发掘报告》，《考古学报》1963年第2期。

[3] 同[2]。

[4] 洛阳博物馆编：《洛阳出土铜镜》，文物出版社，1988年。

[5] 洛阳区考古发掘队：《洛阳烧沟汉墓》，科学出版社，1959年；中国科学院考古研究所洛阳发掘队：《洛阳西郊汉墓发掘报告》，《考古学报》1963年第2期。

图五　日光连弧镜

图六　尚方龙虎镜

区铭带的构图方式成为汉代以后一段历史时期铜镜制作中普遍采用的方式。

神话传说是汉镜纹饰中采用的新题材。西汉时期的多乳禽兽镜及博局镜的纹饰中已经出现“羽人”、“仙人”等舞蹈、踞蹲、跪坐的形象。东汉以后的神兽镜及画像镜上又充满了幻想、神话和传说。汉镜中的神兽镜以浮雕技法表现主题纹饰神人、龙虎、禽兽等。1955年，洛阳北郊岳家村唐墓中出土一面东汉王公王母神像镜[1]（图七；图版143）。汉镜中关于东王公、西王母等神仙形象及铭文的主题纹饰，反映了当时人们希望通过对神仙的颂扬以求避险灾祸、长生不死的美好愿望。

图七 王公王母神像镜

汉镜中还有一种纹饰特殊的半圆方枚镜。这类镜子镜背纹饰常常分为内、外两区，内区配神兽神人，外区为半圆方枚带。带内十二个半圆纹与十二个方枚纹相间配置，每个方枚内有铭文，如偃师出土的环状乳神像镜[2]（图八；图版141）。这类镜子纹饰繁缛，内容丰富，充分反映出先人高超的制镜技艺。

图八 环状乳神像镜

在铸镜工艺上，汉镜已达到非常先进的水平。各具巧思的雕刻技法反映出当时雕刻艺术的发展。西汉镜多采用线条式，以单线勾勒轮廓，图纹均以凸起等高线条表示，东汉中期以后的神兽镜、画像镜、龙虎镜和部分禽兽纹镜采用了浮雕技法，纹样隆起，高低起伏，显得生动自然。高浮雕技法的出现，使纹饰的视觉效果由线条式的平面变为立体状，给人以更加清晰、立体感更强的感觉，也为以后铜镜工艺中高浮雕技法的普遍应用打下了基础。

纵观汉代铜镜的历史，可知汉代是中国铜镜异常繁荣的时期。这一时期不仅图纹丰富多彩，变化万千，纤细繁缛，内涵深刻，充分反映出汉代的社会现实及人们的思想、信仰和期盼，而且技艺精湛，令人惊叹，也带给后人太多的启示。

三、魏晋北朝时期的洛阳铜镜

魏晋北朝时期的洛阳铸镜业逐步走向衰退，具有东汉特点的铜镜装饰出现衰落迹象，镜背纹饰趋向简化，制作粗糙，以往常见的“尚方作镜”渐已消失。到了西晋北朝时期，铜镜工艺更趋衰落，具有两汉、三国时期特点的铜镜继续流行，铜镜的类型和主题纹饰基本沿袭了汉镜的样式和特点，鲜有变化。奇禽异兽仍是铜镜的重要题材，东汉时的双夔凤镜如直行铭文夔凤镜、四叶八凤镜等依然流行。西晋时期，洛阳地区最为流行的镜类是位至三公镜。1953～1955年，洛阳发掘西晋墓54座，出土位至三公镜8面[3]。本书上编收录的西晋位至三公夔凤镜多达9面（图版163～171）。

魏晋南北朝时期，中国长期处于南北分裂、社会动乱的局面，这种状况使中国的铜镜业急剧衰退。到北朝后期，北方铜镜一蹶不振。稍后，南方的铸镜业也严重衰退，中国的铜镜业进入低潮。

[1] 赵国璧：《洛阳发现的波斯萨珊王朝银币》，《文物》1960年第8、9期；洛阳博物馆编：《洛阳出土铜镜》，文物出版社，1988年；朱亮：《洛阳30号墓出土的三角缘画像镜》，《华夏考古》1994年第3期。

[2] 周剑曙、郭宏涛主编：《偃师文物精粹》，北京图书馆出版社，2007年。

[3] 河南省文化局文物工作队第二队：《洛阳晋墓的发掘》，《考古学报》1957年第1期。

四、隋唐五代时期的洛阳铜镜

隋代铜镜工艺的演变与当时的历史背景有着密切的联系。有一部分铜镜仍然保持着南北朝时期的工艺特点，但总的来看，这一时期的铜镜正处在汉魏南北朝以来的转变时期，铜镜的装饰逐渐摆脱了拘谨呆板的风格，呈现出自由奔放、生动活泼的新特点。纹饰中出现了西亚波斯特色的葡萄纹，铭文中那些仙人"遨游四海"的陈词被"闺阁红妆"等诗歌所取代。这时的镜形仍以圆形为主。

唐代是中国封建社会的鼎盛时期。国家统一强盛，南北文化民族整合、社会安定、经济繁荣，文化领域也出现了丰富多彩、欣欣向荣的局面，极大地促进了铜镜艺术的发展。铜镜的题材内容、造型装饰和工艺技法出现了较大地突破和创新，铸造技术水平达到了高峰。随着中西文化交流的不断加强，属于伊朗波斯王朝的西方文化艺术和印度佛教等宗教艺术的传入，使这一时期的铜镜出现了许多新颖别致的装饰纹样。

根据徐殿魁先生的研究，唐镜的发展、演变大致可分为初唐、盛唐、中唐、晚唐四期[1]。初唐铜镜较多地继承了汉代以来的传统，镜形仍以圆形为主，主题纹饰以四神、十二生肖、瑞兽为主，构图仍采用规矩严谨、内外多圈的置配手法，流行内区纹饰、中区或外区铭文的形式。

盛唐是铜镜由确立到逐步成熟的时期，各种各样的花式镜相继出现并迅速流行开来。瑞兽题材逐步向花鸟题材转变，植物题材的纹饰也日渐丰富，其中瑞兽葡萄镜的盛行是这一转化的明显标志，宝相花、葡萄花鸟等纹饰明显地反映出西方文化的特点。铜镜纹饰丰富多彩，自由活泼，花鸟虫鱼、飞禽走兽、神话传说、历史典故等都成了铜镜的主要题材，加之铸造技术的不断提高，使得这一时期的铜镜类型多样，异彩纷呈。

在工艺制作方面，盛唐铜镜继承了汉代的镀铬防锈技术，创造出了金银平脱、螺钿镶嵌、金壳银壳和铅花等新的工艺。铜镜造型突破了圆形模式的束缚，设计出精巧别致的菱花形、葵花形、六角形、八角形、四方委角形、亚字形、弧边形等形式，这种花式镜的出现是铜镜艺术的一大变革。含义丰富的内容和新颖优美的形式巧妙结合，相得益彰，使得铜镜显得雍容华贵、富丽堂皇，充分显示出大唐盛世蒸蒸日上、欣欣向荣的景象。盛唐不仅是唐代铜镜发展的最佳时期，也是中国铜镜发展达到了又一个高峰。

中唐是唐代由盛到衰的转折点。这一时期的铜镜，一方面承袭了盛唐富丽堂皇的特点，金银平脱镜、螺钿镜的工艺技术仍在发展；另一方面，由于"安史之乱"的爆发，导致战火纷飞，杀伐频仍，百姓流离失所，出现了高士镜、月宫镜及真子飞霜镜等新的镜种，寄托了当时人们对于美好生活的希冀与憧憬。最流行的是葵花形镜，其次是对鸟镜、雀绕花枝镜、团花镜、盘龙镜、飞仙镜、高士镜、月宫镜、金银平脱镜、螺钿镜等，这些镜类在洛阳偃师杏园中唐墓均有所反映。

晚唐时期，由于"安史之乱"的影响，铜镜的发展受到严重影响，由此进

[1] 徐殿魁：《唐镜分期的考古学探讨》，《考古学报》1994年第3期。

入衰退时期。镜体逐渐变得轻薄，铭文中诗歌减少，亚字形铜镜出现，菱花镜相对减少，四神、十二生肖图形趋向简化，盛唐时期铜镜绚丽多彩的风格销声匿迹，具有宗教色彩的卐字纹、八卦纹及蟠龙纹则逐渐盛行，构图方式又倒退到多圈布局的形式。

瑞兽葡萄镜是唐代铜镜中最主要的镜种。这类铜镜不仅数量多，流行地域亦广。为什么唐镜中忽然出现这么多先前从未有过的瑞兽及葡萄纹饰？有研究者认为，当时唐朝政府实行比较开放的政策，加强了与外部的交流。史书记载，汉武帝时曾从西域引进了骏马和葡萄，于是唐代铜镜匠师就把深受人们喜爱、表示祥瑞的动物和葡萄作为题材，装饰在日常使用的镜子上。应该说，瑞兽和葡萄纹饰的出现和流行是中国铜镜纹饰的又一创新。这类铜镜以高浮雕葡萄为主题花纹，间饰异兽、花鸟、蜂蝶和花草，纹饰华丽繁缛。纹饰布局大多分为内、外两区，内区多为攀援葡萄蔓枝叶实，长瓣花或鸾凤；外区多为蜂雀与葡萄枝蔓叶实相间环绕。兽的形态各异，有人形容为似狮、虎、豹、狼、羊、鼠或狐首狮身，狐首马身等，或静静伫立，或活泼跳跃，或仰或俯，栩栩如生。早期的瑞兽镜外区多为一圈铭文带，后来铭文带消失，代之以卷草纹、忍冬瑞兽纹、流云瑞兽纹和葡萄串枝纹等。由于葡萄枝叶蔓延，硕果累累，象征富有，各种兽类象征祥瑞。因此，这类铜镜颇受时人喜爱，亦为这类镜子产量大、流行广的重要原因。2002～2004年，在洛阳关林一座盛唐墓中发掘出六瑞兽葡萄镜 1 面[1]（图九）；2007年，在洛阳吉利区坡底村一座唐墓中出土四瑞兽葡萄镜 1 面[2]（图一〇）。本书上编收录瑞兽葡萄镜有11面之多（图版186～196）。

花鸟镜是唐镜中的重要镜类，是唐代铜镜纹样的代表作品，也是流行时间最长、贯穿整个唐代的镜类。其镜钮有圆形、花瓣形等，图纹配置主要有雀绕花枝和对称花鸟两种布局形式。雀绕花枝镜一般为四鸟四花枝相间绕钮一周。禽鸟花鸟或展翅高飞，或伫立，或踏花枝，花枝多为有叶有苞的小串枝。菱花形的周边多间饰蜂蝶、花枝。1984～1993年，偃师杏园唐墓出土较多花鸟镜[3]（图一一；图版210、211）。

唐代对称花鸟镜有圆形、葵花形和菱形等形式。纹饰配置一般为连弧边，以双鸾相对、口衔绶带为主纹。或二鸟各衔一绶带，或二鸟合衔一绶带。镜钮上、下，或饰以怒放的鲜花，或配以绽开的花苞，或饰以圆圆的明月，或配以腾空的飞龙，或饰以鹊鸟、仙山、禽鸟、瑞兽和花枝等纹饰。其中双鸾鸳鸯衔绶镜中，二鸾左右对称，口衔绶带，挟钮而立。二鸾膝胫略曲，双翅舒展，长尾高翘，行云流水似的尾毛柔软卷曲，口中长长的双穗绶带向上高高飘扬。图纹中的“绶”与“寿”谐音，从唐人诗句“千秋题作字，长寿带为铭”中可知，长长的绶带喻意“长寿”，这类图纹反映人们祈望长寿百年、永享幸福生活的良好愿望（图版219）。那些纹饰中的禽鸟口衔同心结子、相随相逐的形象，是人们期望爱情永恒的心理反映。

花卉镜是唐代铜镜中的又一重要镜类。这类镜子的图纹有宝相花、小簇花写生大串枝等类型。初唐的宝相花镜多为圆形，且纹饰繁缛细致。盛唐时期镜形由圆

图九 六瑞兽葡萄镜

图一〇 四瑞兽葡萄镜

图一一 雀绕花枝镜

[1] 洛阳市文物工作队：《洛阳关林镇唐墓发掘报告》，《考古学报》2008年第4期。

[2] 洛阳市文物工作队：《洛阳市吉利区坡底村商住楼工地发掘简报》，《洛阳考古发现（2007）》，中州古籍出版社，2009年，第335～339页。

[3] 中国社会科学院考古研究所：《偃师杏园唐墓》，科学出版社，2001年。

形演变为花式形，如葵花形、菱形等。花卉形态由图案化渐趋写实，纹饰布局也由紧密繁缛变得开放活泼，其中以团花镜最为流行（图一二；图版240～244）。

唐代还有不少以历史典故、民间传说以及神话故事为主题纹饰的铜镜。例如孔子问荣启期三乐镜，在镜钮两侧各饰一人，左为孔子，右为荣启期。整个画面，纹饰布局简洁明了，人物形象栩栩如生，其深刻的思想含义耐人寻味。镶嵌螺钿人物花鸟镜是一种用特殊工艺制成的人物故事镜[1]（图一三；图版265）。镜背画面系用螺嵌而成，包括人物与动植物，纹饰清晰，主次分明，布局合理，是大唐太平盛世的真实写照，堪称唐镜中的珍品。

飞仙镜是唐代铜镜中的新题材。这类镜子的镜形以葵花形为主，纹饰采用流行的四方构图方式，一般是四个仙人，二人骑兽，二人驾鹤，相间环绕。

唐代流行特种工艺镜，如螺钿花鸟镜、金银平脱镜、银背鸟兽镜等。这一类镜子是用特殊材料和特种工艺制成的，如金银平脱镜，其铸造工艺是将金片、银片裁剪成所需要的纹样，将其贴在填满胶漆的镜背上，再上髹漆数重，待其干后再加以细细研磨，使金银片与漆面平齐。如洛阳关村唐天宝九年卢氏墓出土的金银平脱鸾凤花鸟镜[2]（图版267），流光溢彩，富丽堂皇，反映出唐代制镜工艺已达到了非常先进的水平。

唐代后期，富有浓厚宗教气息的题材进入铜镜，并且风靡一时，如八卦镜（图版263）、卍字镜等（图版251～253），这是唐镜逐渐走向衰落、人们崇尚神灵、信仰宗教的心理反映。

综上所述，可以看出唐代是中国铜镜发展史上一个最为重要的时期。继战国、两汉铜镜之后，以其丰富多彩的纹饰、千姿百态的造型和明快清新的布局把中国铜镜艺术推向了又一个高峰，在中国铜镜漫长的历史画卷上绘出了光辉灿烂的一页。

五代时期，政局动荡，民不聊生。这一时期的铜镜形制较小，体轻质差，题材单一。洛阳五代墓中出土铜镜数量极少，主要有双凤镜、莲花镜、四花镜、素面镜等[3]（图版278、279）。

五、宋金元明清时期的洛阳铜镜

自唐代后期，铜镜艺术已开始呈现出逐步衰败的迹象。北宋时期，长期与北辽、西夏对立；南宋时期，又长期与北方的金国对峙。由于长期战乱，经济受到严重破坏，政府对铜材严格控制，作为以铜为主要原材料的铸镜业受到了严重影响。人们无力再像唐镜那样，一味追求富丽堂皇的风格，而是转向更趋务实的方向。南宋时期，由于经济中心的南移，出现了“今之沃壤，莫如吴越、闽、蜀”的景象，因此，这一时期的铜镜铸造业多集中在江苏、浙江、福建、江西、湖南等地的一些城市。

宋代铜镜的特点是造型多种多样，讲究实用。镜形除以往常见的形式外，

[1] 河南省文化局文物工作队第二队：《洛阳16工区76号唐墓清理简报》，《文物参考资料》1956年第5期。

[2] 洛阳博物馆：《洛阳关林唐墓》，《考古》1980年第4期。

[3] 洛阳市文物考古研究院：《洛阳龙盛小学五代壁画墓发掘简报》，《洛阳考古》2013年第1期（创刊号）；洛阳市文物工作队：《洛阳发现一座后周墓》，《文物》1995年第8期；洛阳市文物考古研究院：《洛阳龙盛小区两座小型五代墓葬的清理》，《洛阳考古》2013年第2期；洛阳市文物工作队：《洛阳后梁高继蟾墓发掘简报》，《文物》1995年第8期。

图一二 团花镜

图一三 镶嵌螺钿人物花鸟镜

又创造出长条形、桃形、钟形、瓶形及有柄形等新颖造型，有的镜子还配套生产出镜座和镜架，这既是对铜镜艺术的发展，又极大地丰富了人们日常生活的内容。说其讲究实用，是宋代的艺人们不再下功夫在镜背上装饰各种复杂的图纹，而是将极其简洁明了的题记刻在镜背上。这些题记注明了铜镜的用材、铸镜的地点和铸镜艺人的姓名等，和今天的商品广告相类似。

花卉镜是宋代铜镜中最主要的镜类。其题材有牡丹、芙蓉、莲荷、菊花、桃花和连钱锦纹，其中以折枝、缠枝花草纹镜最具代表性，如2003年洛阳王城花园发掘出折枝牡丹镜 1 面[1]（图版281）。铭文镜是宋镜中的重要镜类，这类镜子的布局均为镜钮四周各饰一字，还有的在镜背中部铸有镜铭，内容是说明铸镜产地，如1990年洛阳龙泉沟邙山北宋壁画墓出土湖州镜 1 面，铭文为“湖州真正石□炼铜照子”[2]（图一四）。

总之，宋代铜镜虽没有唐代铜镜的富丽堂皇，绚丽多姿，但它也具有独特风格，特别是它在唐镜的基础上创新出许多新造型，进一步丰富和发展了中国的铜镜艺术。其实用性极强的铭文内容，也为后人研究宋代的政治、经济文化提供了宝贵的历史资料。

到了元代，中国铜镜工艺逐步趋向衰落，汉唐以来铜镜工艺不断创新和发展的势头一去不复返。元代铜镜形制较大，但工艺水平较低，制作粗糙，图纹简陋且模糊不清。由于元人信奉佛教和道教，故其铜镜纹饰中出现了许多有佛教、道教色彩的题材。

明清两代铜镜工艺的主要特点是多为圆形，形式比较简朴，更加注重实用，且镜体较薄，呈水银青或黄铜色。这一时期，私人铸镜作坊逐渐增多，仿古镜增多，仿汉仿唐，制作粗糙。其铭文中出现很多广告性的纪年镜和吉祥语，如“正其衣冠”（图一五；图版300）、“五子登科”、“光宗当富”等，这些吉祥铭文的使用比历代铜镜都突出，反映了人们期盼高官厚禄、长寿安祥、生活幸福的美好愿望，这些贴近现实的铭文直至今日仍然活跃在人们的现实生活中。

明朝末期，玻璃镜出现。至清朝末年，由于玻璃镜的逐渐流行，中国铜镜便悄然隐去，顺乎潮流地退出了历史舞台。使用数千年的古镜，作为珍贵的艺术品和宝贵的历史资料继续发挥着它无可替代的作用。

十三朝古都洛阳，在中国历史上长期居于政治、经济、文化的中心，加之地处中原，交通便利，自古以来，经济发展速度快，科技水平高。作为手工业之一的铜镜铸造业也具有悠久的历史，其工艺水平位居全国同行业的先进水平。洛阳地区出土的铜镜以战国镜、两汉镜和唐镜为最多，这恰与中国铜镜的发展轨迹相吻合。因此，研究洛阳铜镜的历史，可以发现它和中国铜镜的历史演变是一致的。本书收录的300面洛阳地区出土铜镜，其中战国、两汉、唐代三个时期的铜镜占有相当大的比重，进一步说明了洛阳铜镜的发展演变是中国铜镜史的缩影。相信随着洛阳铜镜的不断出土，对洛阳铜镜的研究必将继续深入下去，并将出现硕果累累的可喜局面。

[1] 霍宏伟：《洛阳王城花园出土宋代器物》，《文物》2003年第12期。

[2] 洛阳市第二文物工作队：《洛阳邙山宋代壁画墓》，《文物》1992年第2期。

图一四 湖州镜

图一五 正其衣冠镜

上编　洛阳出土铜镜图录

战国时期，风起云涌，群雄逐鹿。洛阳贵为天子之都，聚百工于宫廷，制作了大批王室重器，尽显皇家奢华，其中不乏工艺超常、精美绝伦的镜鉴佳作，如金银错狩猎镜、嵌玉琉璃镜、镶嵌琉璃珠六山镜等，代表了战国铜镜制作的最高水平。本书上编收录战国铜镜33面，反映出这一时期洛阳铜镜的精华。

西汉时期，洛阳为河南郡的治所。新莽之际，为新室东都。东汉光武帝刘秀一统天下，定国都于洛阳。汉镜名品荟萃，种类繁多。上编著录的草叶镜、星云镜、日光镜、昭明镜、铜华镜、博局镜、神兽镜等110面两汉铜镜，也让我们感受到“大风起兮云飞扬”的汉家豪情。

魏晋北朝为汉唐巅峰之间的低谷。曹魏、西晋、北魏诸代皆以洛阳为国都，在洛阳城上演了一幕幕历史大戏，折射于铜镜之中的只是一个个王朝模糊的背影。在魏晋北朝的34面铜镜中，曹魏、北魏铜镜可谓凤毛麟角，大多为四乳镜、三虎镜、四叶八凤镜等西晋铜镜，尤其以位至三公夔凤镜数量最多。

曲折动荡的魏晋北朝之后，迎来了一个国力强盛的隋唐时期。隋炀帝迁都，唐太宗营建洛阳宫，武则天宅京神都，洛阳再次成为鼎盛王朝的都城。上编囊括隋唐五代铜镜102面，其中99面为唐镜。映衬在唐镜背面的是令人耳目一新的各类纹饰，瑞兽葡萄镜、鸾鸟瑞兽镜、雀绕花枝镜、双鸾衔绶镜、人物镜、特种工艺镜等彰显着大唐盛世的气度与荣耀。

北宋洛阳虽为太祖赵匡胤的出生地，却未能续写大宋160余年的京都华章，只是作为文化中心的西京，出现在文人吟咏的诗赋里，正如欧阳修的诗句“洛阳地脉花最宜，牡丹尤为天下奇”。在宋金元明的21面铜镜中，北宋镜就有18面，题材多以花卉为主，如牡丹镜、芙蓉花镜、菊花镜等，显示出宋人寄情于自然的闲适心境。

洛都千载，镜花水月，物是人非。但镜鉴千秋，佳作叠出，魅力永恒。

一、战国铜镜

1. 羽状纹镜

战国早期

直径10.8、厚0.15厘米

圆形，半环钮，圆钮座。座外饰一周贝纹。镜背满饰羽状纹，其外饰一周贝纹。窄平缘。局部有一些锈蚀。1954～1955年，洛阳市中州路西工段战国早期墓M2719出土。（霍宏伟）

* 中国科学院考古研究所：《洛阳中州路（西工段）》，科学出版社，1959年，第91、104页，图六〇：12，图版柒肆：16。

2. 羽状纹镜

战国

直径9.1厘米

圆形，半环钮，方形钮座，内饰圆涡纹，外为凹面形方框。主区饰羽状纹，排列整齐。素卷缘，镜缘右下方后人写有“NB·2691”的白色藏品编号。传洛阳金村战国大墓出土。加拿大多伦多皇家安大略省博物馆藏。（霍宏伟）

* [加] 怀履光：《洛阳故城古墓考》，上海别发印书馆，1934年，图版124；[日] 梅原末治：《增订洛阳金村古墓聚英》，京都小林出版部，昭和十九年（1944年），图版五九：1。

3. 蟠螭菱纹镜

战国

直径23.5厘米

圆形，三弦钮，圆形云雷纹钮座。在座外两周栉齿纹之间，饰凹面形宽带一周。以云雷纹为地纹，主纹为二蟠螭，其间以蔓枝相连。两个折叠菱形纹位于钮座左右。素卷缘。在钮座下方凹面形宽带上，后人写有“NB·2449”的白色藏品编号。传洛阳金村战国大墓出土。加拿大多伦多皇家安大略省博物馆藏。（霍宏伟）

*《增订洛阳金村古墓聚英》图版六四：2；《洛阳故城古墓考》图版120。

4. 千金蟠螭菱纹镜

战国晚期 / 西汉早期
直径11.1厘米，重94.4克

圆形，三弦钮，钮两侧长方框内有“千”、“金”铭文。圆钮座，外饰凹面形圈带、栉齿纹、弦纹各一周。主区地纹为细密的涡状云纹，主纹为三蟠螭纹，间以三叶纹。三叶正中分别有“宜”、“主”、“□”铭文，其中一叶中铭文漫漶不清。蟠螭身躯弯卷柔长，勾连交错，四肢伸张，腹部盘结作折叠菱形。近缘处饰弦纹、栉齿纹各一周，宽素卷缘。1994年，该镜出土于洛阳锻造厂的战国晚期（或西汉早期）墓IM515，与其伴出的有陶鼎、壶、盒、碗、盘、铜带钩、石圭各一件。洛阳博物馆藏。（史家珍　张翠玲）

* 关于该镜年代，有战国晚期、西汉文景时期两种说法。参见蔡运章：《洛阳发现战国时期有铭铜镜略论》，《文物》1997年第9期；周世荣：《〈洛阳发现战国时期有铭铜镜略论〉质疑》，《中国历史文物》2003年第4期。2005年1月，在南阳市检察院玉龙苑住宅小区发掘一座西汉早期墓WJCYM84，出土一面与上述铭文、纹饰完全相同的铜镜，可知三叶纹正中分别为“宜”、“主”、“千金”铭文，参见南阳市文物考古研究所：《南阳出土铜镜》，文物出版社，2010年，第140、141页。

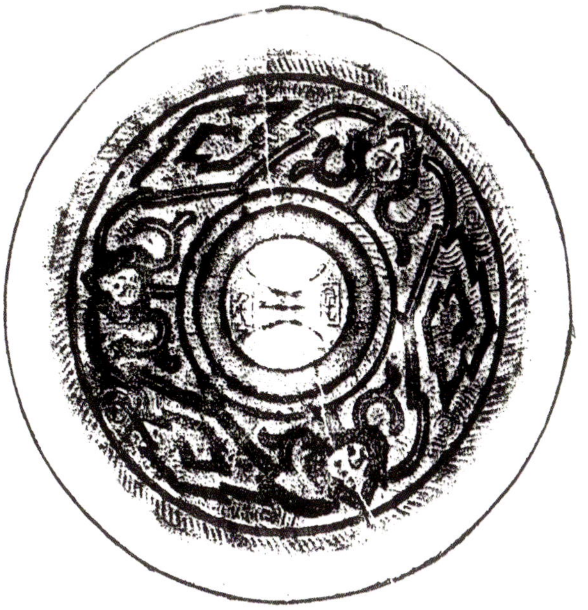

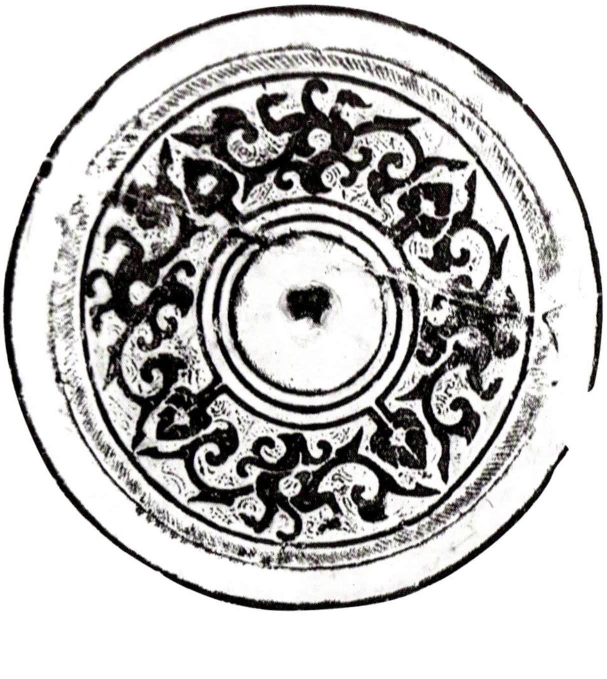

5. 蟠螭叶纹镜

战国晚期

直径10.7、厚0.3厘米，重97.5克

圆形，桥形钮，三弦纹钮座。在云雷纹地之上，钮座外圈四面等距各伸出一心形叶，将镜背分为四区，每区各饰一蟠螭纹。蟠螭头似禽鸟，靠近钮座，体呈S形，腹部两侧有短翼。其外两周弦纹之间饰栉齿纹。素卷缘。1953年5月，洛阳市郊区烧沟村西汉中期墓M155出土。洛阳市文物考古研究院藏。（程永建）

* 洛阳区考古发掘队：《洛阳烧沟汉墓》，科学出版社，1959年，第160、161页，图六九：1，图版肆壹：1；洛阳市文物管理委员会编：《洛阳出土古镜》（两汉部分），文物出版社，1959年，图版13。

6. 饕餮镜

战国

直径约10.7厘米

圆形，三弦钮，无钮座。在镜钮上下，细腻的云雷地纹上衬托着一对饕餮纹，以饕餮鼻梁为中心左右对称，并以浅浮雕手法刻画出眉、眼、鼻、角等，鼻梁和额部饰以鳞纹。素平缘，镜缘右侧有后人书写的“NB·3017”白色藏品编号。传洛阳金村战国大墓出土。加拿大多伦多皇家安大略省博物馆藏。（霍宏伟）

*《增订洛阳金村古墓聚英》图版五八：1。

7. 三龙镜

战国

直径约13.2厘米

圆形，双弦钮，圆钮座。座外饰凹面形宽带一周。地纹是以三角形雷纹和圆涡纹构成的菱形格纹，且以细密的点纹作为边框。主纹为三条蟠龙纹，龙首接近钮座，作回顾状，C形龙尾。镜缘为十二内向连弧纹。传洛阳金村战国大墓出土。日本东京永青文库藏。（霍宏伟）

*《增订洛阳金村古墓聚英》图版六三：1。

8. 三龙镜

战国

直径10.2厘米

圆形，弦纹钮，圆钮座，内饰由三角形雷纹和圆涡纹组成的菱形格纹，外饰凹面形宽带及绹索纹各一周。地纹为菱形格纹，周围饰以细密的点纹。主纹为三条蟠龙纹，龙首接近镜缘，作回顾状，C形龙尾。镜缘为十二内向双层连弧纹。在钮座下方凹面形宽带上，后人写有“NB・4214”的白色藏品编号。传洛阳金村战国大墓出土。加拿大多伦多皇家安大略省博物馆藏。（霍宏伟）

*《洛阳故城古墓考》图版127。

9. 四凤镜

战国

直径10厘米，重84.5克

圆形，三弦钮，方钮座，外饰凹面形方框。地纹为双线勾连雷纹，双线内填以两排点状纹，勾连雷纹之间填以圆涡纹及三角纹。在地纹之上，凹面方框四角饰两两对称、姿态相同的四只凤鸟。凤身呈涡状弯卷，凤头居中，圆眼钩喙，回首，展翅。凤鸟一足伫立，与凹面方格一角相近，另一足向后轻提。四凤将镜背分为均匀的四区，每区与钮座四边中部相对应的边缘，各向内伸出一折叠菱形纹，菱角顶端上方有一叶纹。叶纹中间填以阴线圆圈纹和八字形纹。窄素卷缘。1979年，宜阳县韩城乡韩国故城宫城遗址出土。宜阳县文物保护管理所藏。（张翠玲）

* 宜阳县地方史志办公室编：《宜阳县文物志》，中州古籍出版社，2001年，第102、103页。

10. 彩绘四凤镜

战国

直径约19.8厘米

圆形，弦纹钮，四叶纹钮座。地纹为彩绘双线勾连雷纹，主纹为四凤纹。凤首位于凤身中央，回首，钩喙，两翼由身后向上升起，左右舒展。两肢直立，凤尾下垂内卷。镜缘为十八内向连弧纹。传洛阳金村战国大墓出土。日本东京永青文库藏。（霍宏伟）

*《增订洛阳金村古墓聚英》图版六三：2。

11. 四虎镜

战国

直径12.2厘米，重710克

圆形，半环钮，三环钮座。四虎纹以镜钮为中心，头倚钮座，呈顺时针方向排列，首尾相接。虎头为正面形象，虎身为S形侧面，前爪着地，后肢欲起，短尾上卷。虎颈饰鳞纹，身躯饰斜角云纹。素平缘，缘上有四等分线。传洛阳金村出土。上海博物馆藏。（霍宏伟）

* 上海博物馆编：《练形神冶　莹质良工——上海博物馆藏铜镜精品》，上海书画出版社，2005年，图版8；陈佩芬：《上海博物馆藏青铜镜》，上海书画出版社，1987年，图版1。

12. 龙虎连弧镜

战国

直径16.8厘米

圆形，三弦钮，圆钮座。座外在两周绹索纹之间，饰凹面形宽带一周。以细密的云雷纹为地纹，八内向凹面宽带连弧纹为主纹，其外角几乎与镜缘的一圈绹索纹相接，形成八个半圆形区域，分别饰四龙四虎纹。镜残，锈蚀较重。传洛阳金村战国大墓出土。加拿大多伦多皇家安大略省博物馆藏。（霍宏伟）

*《洛阳故城古墓考》图版122。

13. 龙虎连弧镜

战国

直径25.4厘米

圆形，三弦钮，圆钮座。座外在两周绹索纹之间饰凹面形宽带一周。地纹为云雷纹，其上为卷云纹，并饰以八内向凹面宽带连弧纹，与镜缘形成八个半圆形区域，分别饰四龙四虎纹。传洛阳金村战国大墓出土。法国巴黎戴维德·威尔（D. David Weill）藏。另有一面与此镜形制大小、纹饰完全相同，被日本东京永青文库收藏。（霍宏伟）

*《增订洛阳金村古墓聚英》图版六一。

14. 兽纹镜

战国

直径10.8厘米

圆形，三弦钮，圆钮座。座外饰凹面形宽带一周。镜钮上方是一左右对称的饕餮纹。钮座左右各饰一长鼻上卷、形似大象、面似饕餮纹的怪兽。镜钮下方有对称的S形纹。素缘。在钮座下方凹面形宽带上，后人写有“NB·4798”的白色藏品编号。传洛阳金村战国大墓出土。加拿大多伦多皇家安大略省博物馆藏。（霍宏伟）

*《洛阳故城古墓考》图版129；《增订洛阳金村古墓聚英》图版五八：2。

15. 三山三兽镜

战国

直径19.8厘米

圆形，四弦钮，圆钮座。座外饰凹面形宽带一周。细密的羽状地纹衬托着作为主纹的三山字形和三兽纹，三山与三兽纹相间排列。三兽分别为两鹿一犬，两鹿回首竖耳，呈欲奔之姿，全身满饰斑纹。一犬抬头竖耳，颈戴项圈，四肢直立，身上饰短横线纹，刻划出皮毛的质感。素卷缘。传洛阳金村战国大墓出土。瑞典东亚博物馆藏。（霍宏伟）

*《增订洛阳金村古墓聚英》图版六二。

16. 四山四兽镜

战国

直径14.6厘米

圆形，三弦钮，方钮座。座外饰凹面形方框。地纹为细密的羽状纹，主纹为四山字形和四兽纹，环绕镜钮，相间排列。四兽分别为两豹两犬，两豹身形劲健，呈行走状，全身满饰斑纹。两犬抬头伸颈，戴有项圈，四肢伫立，身上饰短横线纹。素卷缘。传洛阳金村战国大墓出土。日本东京长尾钦弥藏。（霍宏伟）

*《增订洛阳金村古墓聚英》图版六八：下。

17. 四山镜

战国

直径11.3厘米

圆形，三弦钮，方钮座。外饰凹面形方框，地纹为羽状纹，于凹面方框四边分别饰四个山字纹。山字沿方格一边依次向左倾斜，底边与方形钮座的四边平行，山字中间竖画与镜缘相接。宽素卷缘。洛阳铜加工厂采集。洛阳博物馆藏。（史家珍　张翠玲）

18. 镶嵌料珠琉璃珠包金箔四山镜

战国晚期

直径14.5、缘厚0.6厘米

圆形，三弦钮，圆钮座，外围一周凹面形环带。其外为四山纹，“山”字倾斜，中间竖画与镜缘相接，两侧竖画上端向内转折成尖角，呈逆时针方向排列。四个“山”字写法独特，其中间竖画右侧均斜出一画，与镜缘相接。地纹为纤细的羽状纹。环绕钮座嵌珠4颗，每个山字纹竖画内外两侧嵌有4颗，共计镶嵌料珠及饰梅花状蓝、白色同心圆纹琉璃珠20颗，其中4颗珠子包有金箔。出土时绝大多数缺失，其中一枚未包金箔的琉璃珠至今透亮，具有光泽。宽平素缘。1992年12月，洛阳市针织厂住宅楼工地战国晚期墓C1M3943出土，残损严重。经过修复，其形制、锈色与原物略有偏差。与镶嵌琉璃珠六山镜伴出。洛阳博物馆藏。（霍宏伟）

* 洛阳市文物工作队：《洛阳市西工区C1M3943战国墓》，《文物》1999年第8期；高西省、杨国庆：《洛阳出土战国特种工艺铜镜及相关问题研究》，《中原文物》2007年第5期。

19. 镶嵌琉璃珠六山镜

战国晚期

直径14.5、缘厚0.6厘米

圆形，三弦钮，圆钮座，外围一周凹面形环带。其外为六山纹。山字倾斜，中间竖画与镜缘相接，两侧竖画上端向内转折成尖角，呈顺时针方向排列。地纹为纤细的羽状纹。环绕钮座嵌琉璃珠6颗，每个山字中间竖画两侧各嵌1颗，共计镶嵌琉璃珠18颗，珠子为蓝、白同心圆组成的纹饰。宽平缘。1992年12月，洛阳市针织厂住宅楼工地战国晚期墓C1M3943出土，与镶嵌料珠琉璃珠包金箔四山镜伴出。洛阳博物馆藏。（霍宏伟）

* 洛阳市文物工作队：《洛阳市西工区C1M3943战国墓》，《文物》1999年第8期；沈天鹰、孙海岩：《战国镶料珠六山纹铜镜的修复及相关问题》，《中国博物馆》2004年第1期；高西省、杨国庆：《洛阳出土战国特种工艺铜镜及相关问题研究》，《中原文物》2007年第5期。

20. 四叶禽兽镜

战国

直径24.1厘米

圆形，三弦钮，圆钮座。座外饰凹面形宽带一周。地纹是以三角雷纹和圆涡纹组成的菱形格纹，并以细密的点纹作为边框。在钮座的四周，由凹面形环带围绕，状似四个扁叶形纹饰，以钮座为中心形成四个十字形对称空间，各置一兽，呈伫立状。在四叶外部与镜缘之间，形成四个较为窄长的空间，相间排列二禽二兽。素卷缘。传洛阳金村战国大墓出土。加拿大多伦多皇家安大略省博物馆藏。（霍宏伟）

*《增订洛阳金村古墓聚英》图版六四：1；《洛阳故城古墓考》图版123。

21. 四叶禽兽镜

战国

圆形，三弦钮，圆钮座。外饰凹面形宽带一周。地纹为菱形格纹。围绕钮座饰以由凹面形环带组成、状似四个扁叶形纹饰，与钮座形成四个十字形对称空间，各置一飞禽。在四叶外部与镜缘之间，形成四个较为窄长的空间，各置一兽，不甚清晰。镜缘为十六内向双层连弧纹。锈蚀较为严重。传洛阳金村战国大墓出土。美国纽约温斯若普（G. L. Winthrop）藏。（霍宏伟）

*《增订洛阳金村古墓聚英》图版六五。

22. 八花瓣镜

战国

直径9.1厘米

圆形，弦纹钮，圆钮座。钮座内饰云雷纹，外围两周弦纹。地纹为云雷纹，钮座四周正中各饰一花瓣，镜缘四角处各饰一朝向钮座的花瓣。素卷缘，缘上后人写有“NB·4190”白色藏品编号。传洛阳金村战国大墓出土。加拿大多伦多皇家安大略省博物馆藏。（霍宏伟）

*《洛阳故城古墓考》图版126。

23. 金银错狩猎镜

战国

直径17.5厘米

圆形，半环钮，圆钮座，外饰凹面宽带一周，其外侧弦纹圈上向外等距饰以三片银色扁叶纹。纽座之外，饰以六组金银错纹饰。其中三组为错金的涡纹，另三组不同纹饰，尤以骑士搏虎图最为著名。画面右侧是一武士，头戴插两根羽毛的鹖冠，身披甲，左手执缰，右手持剑，蹲跪在披甲的战马上，正向一只猛虎刺去。左侧的立虎作欲噬状，全身饰以斑纹。第二组为二兽相斗图，第三组是一只蹲立于扁叶之上、展翅欲飞的凤鸟。三组纹饰皆为错金银。鎏金素卷缘。在镜钮、钮座、凹面宽带、镜缘等处残留有鎏金。镜面用含锡量高的白色青铜制成，与镜背成分不同。此镜由错金银与鎏金两种工艺组成，极为珍贵。传洛阳金村战国大墓出土。日本东京永青文库藏。（霍宏伟　史家珍）

* 本书收录了有关该镜4个不同时期的图像版本，可以清晰地看到此镜右下方镜缘残损修复前后的不同状态。

*《增订洛阳金村古墓聚英》卷首图版（1943年）。

*［日］水野清一：《殷周青铜器和玉》，日本经济新闻社，昭和三十四年（1959年），第14页。

* [日] 樋口隆康、圆城寺次郎：《中国青铜器百选》，日本经济新闻社，昭和五十九年（1984年），图版92。

* 中国青铜器全集编辑委员会编：《中国青铜器全集》第16卷《铜镜》，文物出版社，1998年，图版三三。

24. 金银错蟠龙镜

战国

直径19.3厘米

圆形，小圆钮，圆钮座。座外饰银错环带一周，上面等距饰六个圆点纹。以镜钮为中心，在主区旋转饰六条首尾交错的蟠龙，其中三条金错龙沿镜缘呈逆时针，等距分布，尾近钮座。另外三条银错龙围绕钮座，呈顺时针分布，尾接镜缘。每一对缠绕的金银龙身体空隙处皆有一枚金错乳丁纹。镜缘有三枚金错和六枚银错乳丁纹，相间排列。每两枚乳丁纹之间，饰以金银错的勾连云纹。传洛阳金村战国大墓出土。法国巴黎古董商卢芹斋（C. T. Loo）旧藏。（霍宏伟）

*《增订洛阳金村古墓聚英》图版六六；杨宗荣编：《战国绘画资料》，中国古典艺术出版社，1957年，图版30。

25. 三龙彩绘透雕镜

战国

直径10.5厘米

圆形，小环钮。三条龙首接近镜缘，呈逆时针等距排列，首尾相接。龙首为侧面形，头上长角，瞋目、张口、吐舌，躯体呈S形，四爪伸出。蟠龙、镜缘皆残存彩绘。镜缘一周以朱、绿、白等颜色绘出正反排列的三角形，纹饰内绘一圆点纹。另有一面铜镜，与其形制、大小完全相同。传洛阳金村战国大墓出土。两面铜镜均由日本兵库县西宫市黑川古文化研究所藏。（霍宏伟）

*［日］黑川古文化研究所：《黑川古文化研究所名品选》，便利堂株式会社，1990年，图版97；《增订洛阳金村古墓聚英》图版六九：1、2。

26. 贴金银箔四兽透雕镜

战国

直径14.8、厚0.3厘米

圆形，小环钮，四叶纹钮座。四条蟠兽同向绕钮，呈顺时针排列。兽首贴近钮座，圆眼，钩喙，角略弯，角尖与钮座叶尖相连。兽身由两条三角雷纹带组成，有爪、翼，尾微翘。腹上各有一组由四个卷云纹组成的纹饰。首、腹、背、尾、翼等处有五个圆圈纹，其中，颈、翼两处贴金箔，首、腹、尾贴饰银箔。镜缘饰一周双线勾连纹图案。锈蚀严重。1996年1月，洛阳铁路分局客车技术整备所工地战国墓HM293出土。洛阳博物馆藏。（霍宏伟）

* 洛阳市第二文物工作队：《洛阳道北战国墓》，《文物》1996年第7期。

27. 四龙透雕镜

战国

长9.2、宽9.1厘米

近方形，环钮，圆钮座。四条蟠龙龙首倚钮座，呈顺时针方向排列。龙首为正面，身体呈S形盘绕回环，龙尾卷曲于角隅，全身饰鳞纹。镜缘两侧起棱，中凹，饰以鳞纹。传洛阳金村战国大墓出土。美国堪萨斯城纳尔逊美术馆藏。（霍宏伟）

*《增订洛阳金村古墓聚英》图版六八：上。

28. 嵌石四兽透雕镜

战国

边长8.9厘米

方形，环钮。从左右缘中部向内各伸出一心形纹，在上下镜缘中部各有一向内突起的凸形纹。四兽首倚钮回首，张口，腹部贴于心形纹上，兽爪踩镜缘，长尾紧贴四隅。身躯上半部饰以鳞纹，下半身、长尾及翼翅饰以线纹。上下对称的一对翼翅，以一纵长条纹连接。长条纹、心形纹及其下端，皆镶嵌绿松石。镜缘饰三角雷纹。传洛阳金村战国大墓出土。加拿大多伦多皇家安大略省博物馆藏。（霍宏伟）

*《洛阳故城古墓考》图版128；《增订洛阳金村古墓聚英》图版六七：1。

29. 四凤透雕镜

战国

长11.2、宽11、厚0.4厘米

近方形，小环钮，周饰柿蒂花形，内区主体纹饰为两对凤鸟纹，两两相对。瞋目，张口，身躯呈S形，尾部伸向四周，并向上弯卷。四周为重环纹，四隅为圆圈纹。1988年，洛阳市西工区第一百货公司战国墓出土。洛阳博物馆藏。（史家珍　张翠玲）

* 洛阳市文物工作队编：《洛阳出土文物集粹》，朝华出版社，1990年，第54页；《中国青铜器全集》第16卷《铜镜》图版一八。

30. 花枝透雕镜

战国中期

直径12、缘厚0.3厘米，重196克

圆形，兽形钮，兽背饰以圆圈纹，作爬行状。钮座近圆形，座外伸出三条较宽的花枝茎，将主体纹饰分为三区，每区内自钮座伸出一枚双叶花蕾。花枝茎末端渐宽，与镜缘相接，中部两侧各伸出一条弯卷的对称枝蔓茎，茎生卷叶，叶末与镜缘相接。枝、茎、叶中部均内凹。缘饰一周重环纹。2002年11月，洛阳市二十六中学战国中期墓C1M7602出土。洛阳周王城天子驾六博物馆藏。（霍宏伟）

＊ 洛阳市文物工作队：《洛阳西工区M7602的清理》，《文物》2004年第7期。

31. 嵌玉琉璃镜

战国

直径12.2厘米

圆形，蓝色琉璃钮，钮上以一直径较大的白色目形纹为中心，左右各有一个穿孔，外饰六组大小相同的椭圆形纹一周，其外套一红棕色间杂有黑色斑点的玉环作为钮座。座外以蓝色琉璃为地，饰以白色目形纹和由七个小圆点组成的花瓣形纹，分为内、外两圈。内圈有十二组纹饰，目形纹和花瓣纹相间绕钮座排列。外圈有十八组纹饰，每两个花瓣纹之间饰两个目形纹。镜缘嵌一饰有绹索纹的玉环。此镜装饰独特，镜面已覆重锈。传洛阳金村战国大墓出土。原存美国纽约温斯若普（G. L. Winthrop），现藏美国波士顿哈佛大学福格艺术博物馆。（史家珍　霍宏伟）

*《中国青铜器全集》第16卷《铜镜》图版三四；《增订洛阳金村古墓聚英》图版六七：2；中国美术全集编辑委员会编：《中国美术全集》工艺美术编5《青铜器（下）》，文物出版社，1986年，图版一二一。

32. 彩绘嵌珠连弧镜

战国

直径11.7厘米

圆形，三弦钮，圆钮座。座外饰凹面形宽带一周。主区饰以凹面形宽带构成的九内向连弧纹，弧间施以彩绘。每两弧外侧，镶嵌一颗琉璃珠。镜背锈蚀，覆以绿锈，彩绘纹饰难以辨认，残存有朱、黑、黄、白等颜色。琉璃珠风化脱落，仅能看出珠子镶嵌的位置。卷缘。镜钮下方，后人写有“NB·4790”的白色藏品编号。该镜在被放入墓内之前，已被一分为二，用布帛包裹着叠放一处。传洛阳金村战国大墓出土。加拿大多伦多皇家安大略省博物馆藏。（霍宏伟）

*《洛阳故城古墓考》图版130；《增订洛阳金村古墓聚英》图版五九：2。

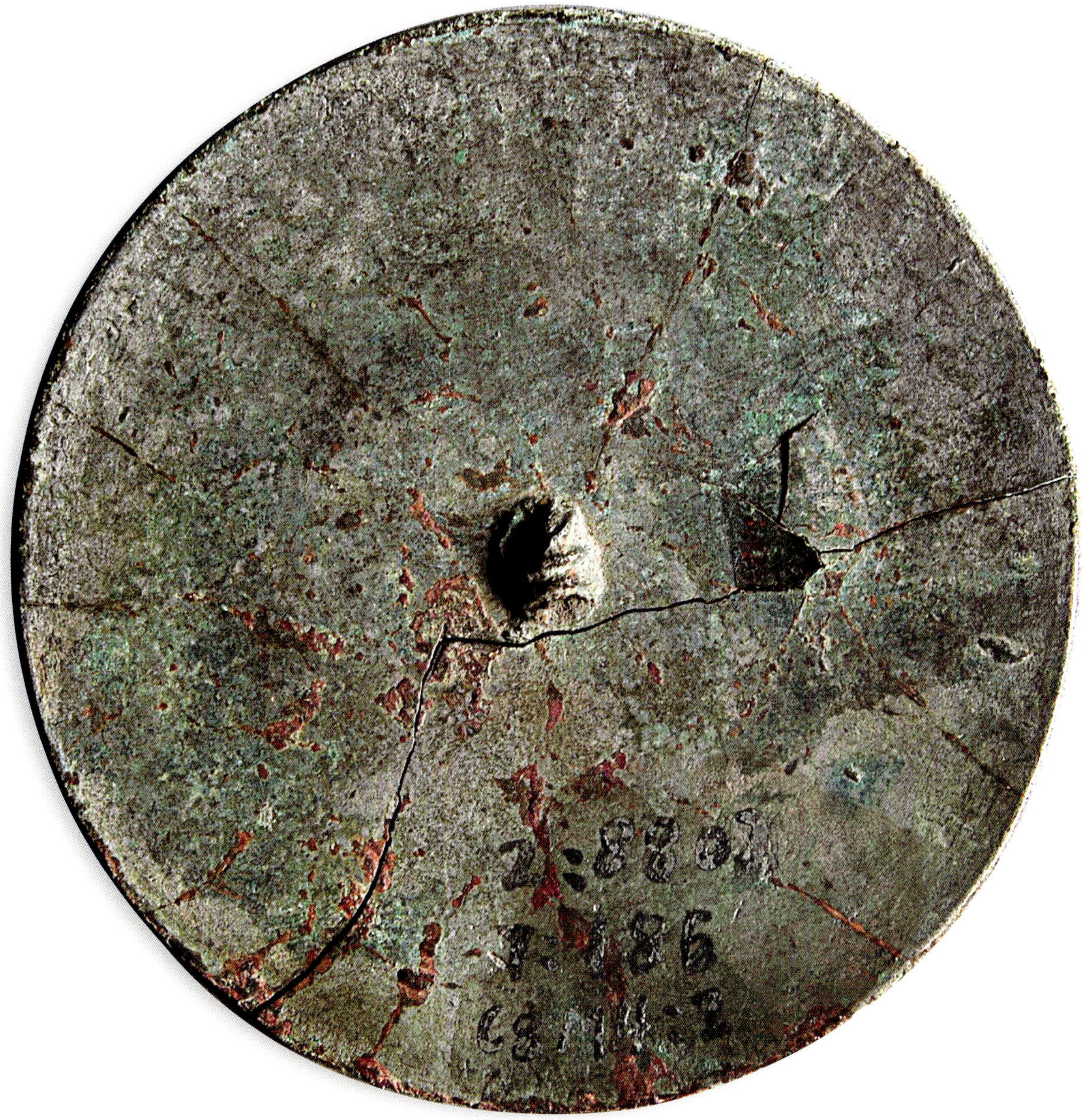

33. 素面镜

秦

直径9.5、缘厚 0.2厘米，重57克

圆形，三弦钮。镜体轻薄，背平素，缘略厚。1976年6月，洛阳市地区电业局秦墓C8M4出土。洛阳市文物考古研究院藏。（马毅强）

二、两汉铜镜

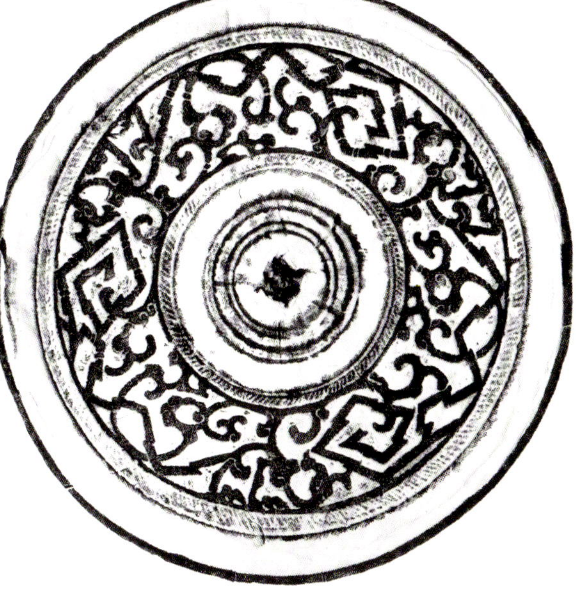

34. 蟠螭镜

西汉早期

直径13.6、缘厚 0.4厘米，重185克

圆形，三弦钮，双弦纹钮座。弦纹钮座外有两周栉齿纹夹饰三组变形蟠螭纹，螭纹头部卷曲，身形弯曲。素卷缘。1956年9月，洛阳市劳改砖瓦厂西汉早期墓M345出土。洛阳市文物考古研究院藏。（马毅强）

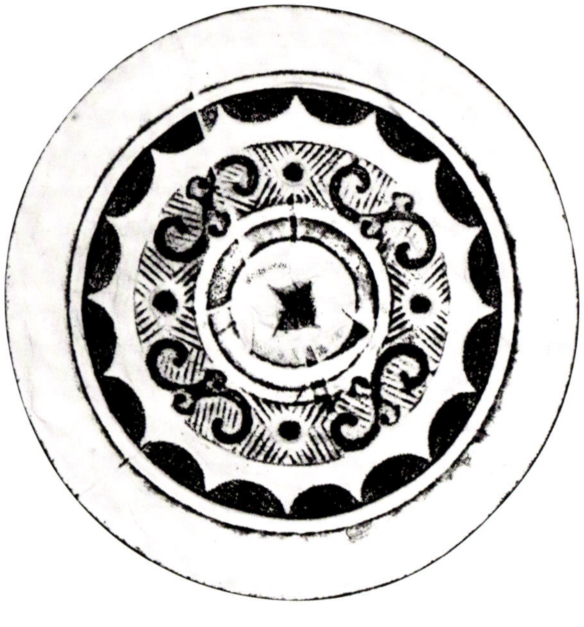

35. 圈带蟠虺镜

西汉早期

直径9.3、缘厚0.3厘米，重60克

圆形，三弦桥形钮，圆钮座。中间四乳四虺纹间隔分布，虺纹呈S形，斜线纹地，外饰十六内向连弧纹一周。卷素缘。此镜保存有战国时期蟠螭纹镜的某些特点，是西汉中晚期四乳四虺镜的早期形态。1956年9月，洛阳市劳改砖瓦厂西汉早期墓M345出土。洛阳市文物考古研究院藏。（方莉）

36. 圈带叠压蟠虺镜

西汉

直径9.6、缘厚0.2厘米，重70克

圆形，三弦钮，圆钮座。座外四乳之间，饰以两组蟠虺纹。宽素卷缘。1977年3月，洛阳市郊区岳家村西汉墓出土。洛阳市文物考古研究院藏。（方莉）

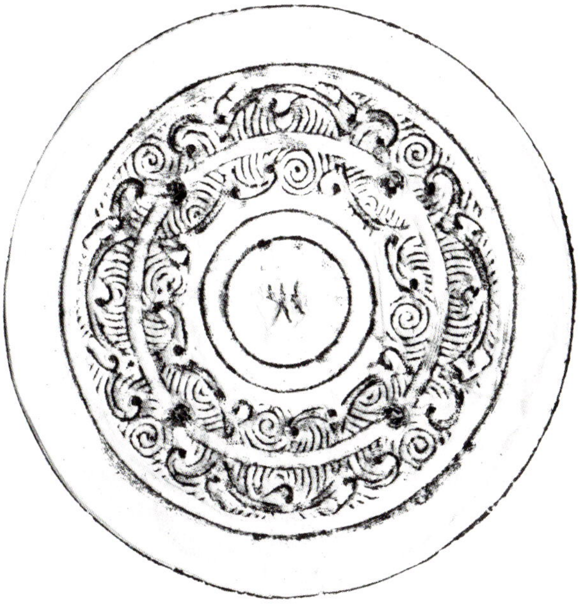

37. 日光草叶镜

西汉早期

直径11.4厘米

圆形，圆钮，四叶纹钮座。座外细线小方格，再外为宽带凹面大方格。在两方格之间，每面有篆书体两字铭文，合读为“见日之光，天下大明”。大方格四内角各饰一桃形叶纹，四角外各伸出一双瓣一苞花枝纹。其外四面正中各饰一乳丁纹，每枚乳丁上端接一桃形纹，两侧各饰一对称单层草叶纹。十六内向连弧纹缘。1954年8月，洛阳市涧西区防洪渠一段西汉早期墓M89出土。洛阳博物馆藏。（史家珍　张翠玲）

*《洛阳出土古镜》图版3。

38. 草叶镜

西汉

直径11.2厘米

圆形，圆钮，四叶纹钮座。座外凹面环带一周。其外四枚带圆座的乳丁及花苞将镜背纹饰均匀地分为四区，每区纹饰由两瓣一苞花枝纹及其两侧的单层草叶纹组成。十六内向连弧纹缘。偃师出土。偃师商城博物馆藏。（张翠玲）

* 周剑曙、郭宏涛主编：《偃师文物精粹》，北京图书馆出版社，2007年，图版20。

39. 长贵富草叶镜

西汉中期

直径23.5、缘厚0.68厘米，重1350克

圆形，圆钮，四叶纹钮座。座外双带方框内有篆书铭文“长贵富，乐毋（无）事，日有憙，长得所喜，宜酒食。”主体纹饰以四个乳丁为中心分为四区，乳丁外饰有四个叶饰，顶部正中一桃形饰，两侧各饰三层草叶纹。四角各饰一组桃形饰和卷叶饰。十六内向连弧纹缘。1996年1月，洛阳市吉利区炼油厂西汉中期墓C9M689出土。洛阳市文物考古研究院藏。（程永建）

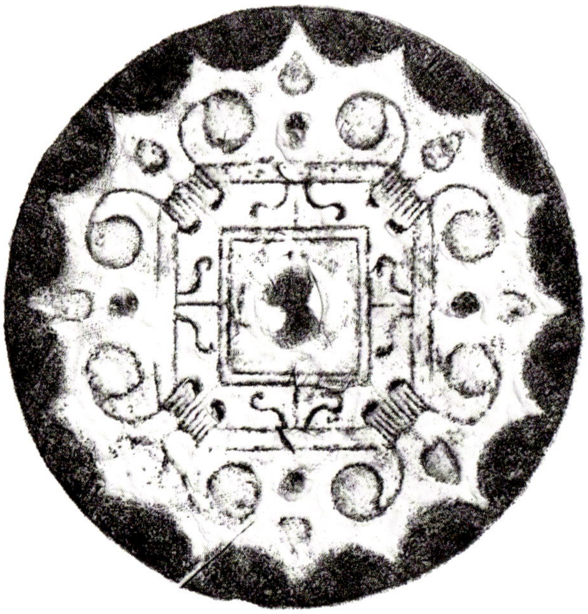

40. 草叶镜

西汉中期

直径10.1、缘厚 0.3厘米，重111克

圆形，圆钮，双弦纹方钮座。钮座外每边各饰抹角四叶纹，主纹为方框草叶纹。草叶纹位于方框四角，四面中间均为上叶瓣纹下四乳纹。十六内向连弧纹缘。1953年5月，洛阳市郊区烧沟村西汉中期墓M171出土。洛阳市文物考古研究院藏。（程永建）

*《洛阳烧沟汉墓》第161、162页，图六九：2，图版肆壹：2；《洛阳出土古镜》图版5。

41. 日光博局草叶镜

西汉

直径13.7、缘厚0.4厘米，重298克

圆形，圆钮，四叶纹钮座。座外方框内有铭“见日之光，天下大明”，框外饰博局纹，四角两侧饰草叶纹。十六内向连弧纹缘。1969年10月，洛阳市石油化工厂西汉墓M17出土。洛阳市文物考古研究院藏。（马毅强）

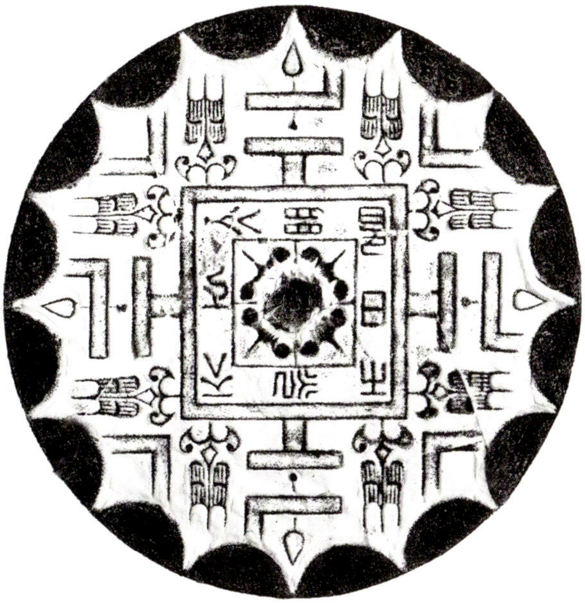

42. 四花连弧镜

西汉

直径11厘米，重255克

圆形，圆锥形钮，四叶纹钮座。座外四朵团花环钮等距对称相间配置。每朵团花由八并蒂联珠纹组成，花心为带座凸出的乳丁纹，环绕团花饰一周索状凸弦纹。十六内向连弧纹缘。宜阳县韩城乡瑶上村出土。宜阳县文物保护管理所藏。（张翠玲）

43. 四乳双龙镜

西汉

直径10.5厘米

圆形，圆钮，四叶纹钮座。座外凸弦纹带一周。外围四枚带圆座的乳丁，将镜背纹饰均匀地分为四区，每两区饰一夔龙纹。二龙隔钮相对，一龙首与另一龙长尾相接。龙首向外，瞋目，双角，龙身从乳丁一侧绕过，龙尾弯曲延伸，四肢向两侧弯卷分开，有爪。十六内向连弧纹缘。偃师商城博物馆藏。（张翠玲）

44. 花瓣四龙镜

西汉

直径13.9、缘厚0.4厘米，重384克

圆形，连峰式兽钮，联珠纹钮座。座外凸起一周内向十六连弧纹，其外四花瓣与四龙纹环钮相间配置。四花瓣为圆形，有花蕊，其外围以十一联珠纹。四龙身躯呈S形，头向内卷，扬首，张口，双目，头生双角。前肢向前，靠近左侧花瓣；后肢向两侧分开，并呈弯曲状，靠近右侧花瓣，四花瓣分别压在四龙尾上。十六内向连弧纹缘。洛阳西汉墓CM1883出土。洛阳市文物考古研究院藏。（史家珍　张翠玲）

45. 长相思夔龙镜

西汉

直径14.8厘米

圆形，圆钮，圆钮座。座外有凹面方格及细弦纹方格。两方格之间有铭文，合读为“长相思，毋相忘。常贵富，乐未央”。方格四角各有一乳丁，每面各有一龙纹。四龙身躯略呈S形，四龙除头部姿势一为扭头、一为昂首（每相对两龙同）外，四爪及身躯皆同。龙首向镜缘，张口，双耳竖起。前爪一为前伸，一向上弯曲。后爪一着地，一后蹬，作向前跃起状。十六内向连弧纹缘。此类镜在洛阳地区较为少见。洛阳市文物考古研究院藏。（史家珍　张翠玲）

46. 龙凤镜

西汉

直径9.9、缘厚0.5厘米，重158克

圆形，圆钮，圆钮座。钮座与窄平纹之间饰单双线竖线纹，两周栉齿纹之间饰二龙二凤纹，龙作双勾波曲状，龙首较大，细条状龙躯，四肢呈S形线条。凤位于龙后，细长冠，花状长尾。两组龙凤纹间以花形纹相隔。宽平素缘。1958年3月，洛阳市西工区金谷园西汉墓M8出土。洛阳市文物考古研究院藏。（马毅强）

47. 星云镜

西汉中期

直径10、缘厚0.4厘米，重128克

圆形，圆钮，圆钮座。高粗弦纹外一周细斜线纹。四乳分内区为四区，每区间各三个小乳以曲线装饰，外饰栉齿纹。连弧纹缘。1952年12月，洛阳市郊区烧沟村西汉中期墓M2出土。洛阳市文物考古研究院藏。（程永建）

*《洛阳烧沟汉墓》第160～162页，图六九：4，图版肆壹：4。

48. 星云镜

西汉中期

直径11.1、缘厚0.5厘米，重221克

圆形，连峰式钮，双弦纹钮座。座外内连弧纹一周及栉齿纹一周。主纹为四乳间各有双曲线连接的三个小乳，外细弦纹。十六内连弧纹缘。1953年2月，洛阳市郊区烧沟村西汉中期墓M18出土。洛阳市文物考古研究院藏。（程永建）

*《洛阳烧沟汉墓》第160页，表二七。

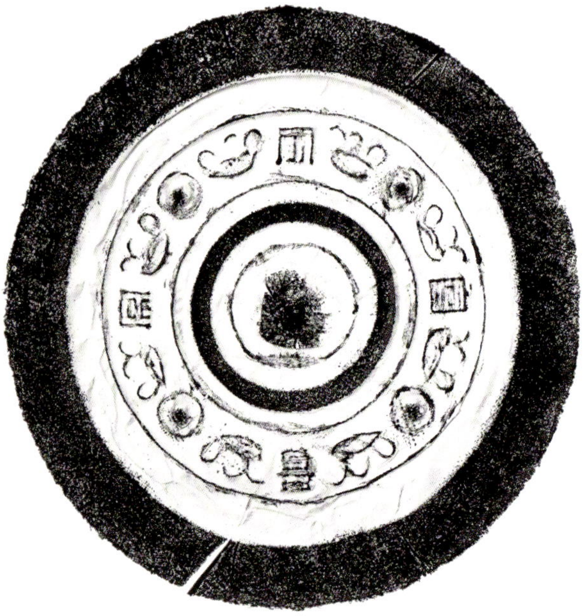

49. 家常贵富八禽镜

西汉

直径9.1、缘厚0.5厘米，重175克

圆形，圆钮，圆钮座。座外饰宽带纹，主区饰八禽四乳，乳间各有两只相背的禽鸟，两禽间被一篆文铭隔开，合读为“家常贵富”。宽平素缘。1955年4月，洛阳市涧西区东方红拖拉机厂西汉墓M6.14.1出土。洛阳市文物考古研究院藏。（程永建）

50. 家常富贵八禽镜

西汉

直径8.9、缘厚0.2厘米，重78克

圆形，圆钮，圆钮座。座外饰四组三线和四组单线纹相间，再外为八个内连弧纹，两周栉齿纹之间饰四乳间四对禽鸟，禽鸟相向间各一篆字，合读为“家常富贵”。宽平素缘。1973年12月，洛阳市西工区漂染厂西汉墓M1出土。洛阳市文物考古研究院藏。（马毅强）

51. 日光连弧镜

西汉中期

直径8.1、缘厚0.4厘米，重122.5克

圆形，圆钮，圆钮座。外为八个内连弧纹，两周栉齿纹之间，为篆书铭文“见日之光，天下大明”。字间以符号相间隔开。宽平素缘。1953年6月，洛阳市郊区烧沟村西汉中期墓M138出土。洛阳市文物考古研究院藏。（程永建）

*《洛阳烧沟汉墓》第163页，表二八。

52. 日光连弧镜

西汉晚期

直径7.9、缘厚0.4厘米，重103克

圆形，圆钮，圆钮座。座外饰四组三线四组单线相间一周，再外层为十二内向连弧纹，在两周栉齿纹之间为篆书铭文“见日之光，天下大明”。字间以符号相间隔开。宽平素缘。1953年2月，洛阳市郊区烧沟村西汉晚期墓M97出土。洛阳市文物考古研究院藏。（程永建）

*《洛阳烧沟汉墓》第162、163页，表二八，图版肆壹：5。

53. 日光连弧镜

新莽或稍后

直径7.8、缘厚0.4厘米，重77克

圆形，圆钮，圆钮座。座外为八个内向连弧纹，再外层两周栉齿纹之间为篆书铭文“见日之光，天下大明”，字间以符号相间隔开。素缘。1953年3月，洛阳市郊区烧沟村新莽或稍后时期墓M41出土。洛阳市文物考古研究院藏。（程永建）

*《洛阳烧沟汉墓》第163页，表二八。

54. 昭明连弧镜

西汉晚期

直径12、缘厚0.5厘米，重24.5克

圆形，圆钮，十二联珠纹钮座。座外为凸面宽带、八内向连弧纹，连弧间饰以涡纹或三竖画。其外两周栉齿纹之间为铭文：“内清之以昭明，光之象夫日月，心忽穆而愿忠，然雍（壅）塞不泄。”宽平素缘。1953年4月，洛阳市郊区烧沟村西汉晚期墓M166出土。洛阳博物馆藏。（史家珍　张翠玲）

*《洛阳烧沟汉墓》第163页，表二八，《洛阳出土古镜》图版53；洛阳博物馆编：《洛阳出土铜镜》，文物出版社，1988年，图版22。

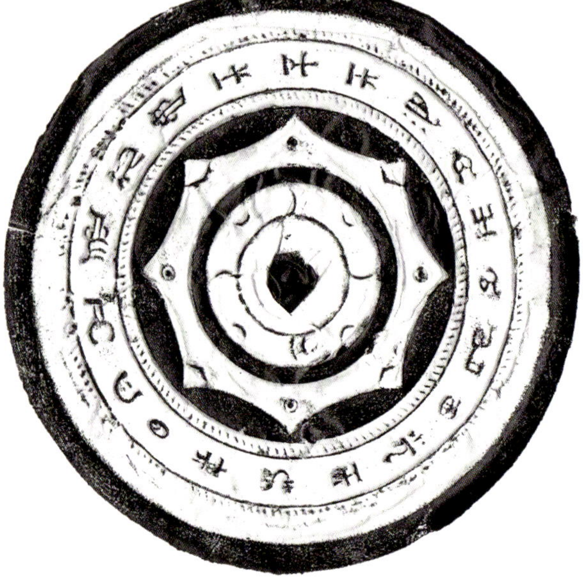

55. 昭明连弧镜

西汉

直径9.6、缘厚0.4厘米，重120.5克

圆形，圆钮，圆钮座。座外凸弦纹带一周。再外为八个内向连弧纹，连弧折处间饰“人”字和圆点纹。两周栉齿纹之间，为篆书铭文“内之以昭明，光而象夫日月，心忽穆忠而不而泄。”窄素缘。1956年11月，洛阳市劳改砖瓦厂西汉墓M444出土。洛阳市文物考古研究院藏。（方莉）

56. 昭明连弧镜

西汉

直径9.7、缘厚0.5厘米，重125克

圆形，圆钮，圆钮座。座外弦纹和八个内连弧纹一周，连弧内侧饰双线、“人”字、短弧线纹，两周栉齿纹之间为篆书铭文“内清以昭明，光象日月”。除“象日月”三字外，其余每字间用“而”字相隔。宽平素缘。1956年9月，洛阳市劳改砖瓦厂西汉墓M313出土。洛阳市文物考古研究院藏。（马毅强）

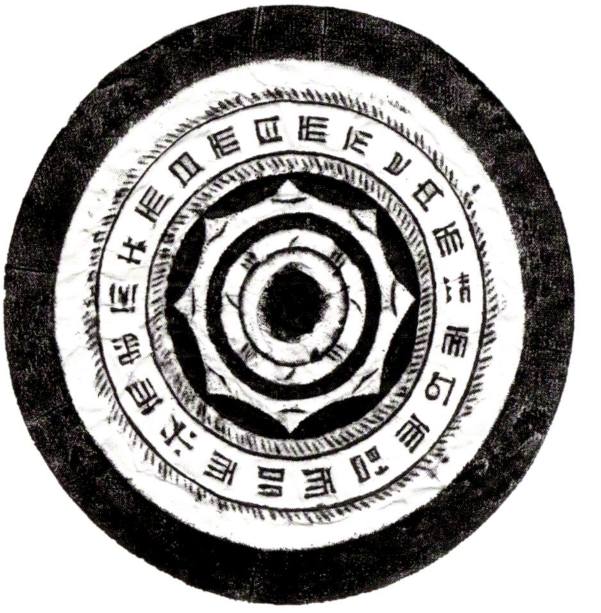

57. 昭明连弧镜

西汉

直径10.3、缘厚0.6厘米，重236克

圆形，圆钮，圆钮座。座外平素弦纹和八个内连弧纹一周，三直线纹、单弧线纹补白。两周栉齿纹间，为一周铭文带“内清以昭明，光象夫日月不世（泄）”，其间或以“而”字相隔。宽平素缘。1957年11月，洛阳市铁路站线西汉墓M128出土。洛阳市文物考古研究院藏。（马毅强）

58. 昭明连弧镜

西汉

直径11.2、缘厚0.6厘米，重300克

圆形，圆钮，圆钮座。座外宽弦纹和十二内向连弧纹一周，在两周栉齿纹之间有铭文“内清以昭明，光象夫日月不世（泄）”，字间或以“而”字相隔。素平缘。1954年5月，洛阳市金矿公路西小屯西汉墓M14出土。洛阳市文物考古研究院藏。（马毅强）

59. 昭明连弧镜

西汉

直径10.1、缘厚0.4厘米，重205.5克

圆形，圆钮，圆钮座。其外依次饰射线纹、窄平弦纹、八内向连弧纹，再外饰篆书铭文带“内清以昭明，光日月，心忽忠，然不泄”。字间或以“而”字隔开。宽平素缘。1957年10月，洛阳市铁路站线西汉墓M89出土。洛阳市文物考古研究院藏。（马毅强）

60. 昭明连弧镜

西汉晚期

直径8.6、缘厚0.3厘米，重108克

圆形，圆钮，圆钮座。座外为八个内连弧纹一周。再外两周栉齿纹间一周铭文带“内清以昭明，光日月明”，字间或以“而”字相隔。宽平素缘。1953年7月，洛阳市郊区烧沟村西汉晚期墓M1028出土。洛阳市文物考古研究院藏。（程永建）

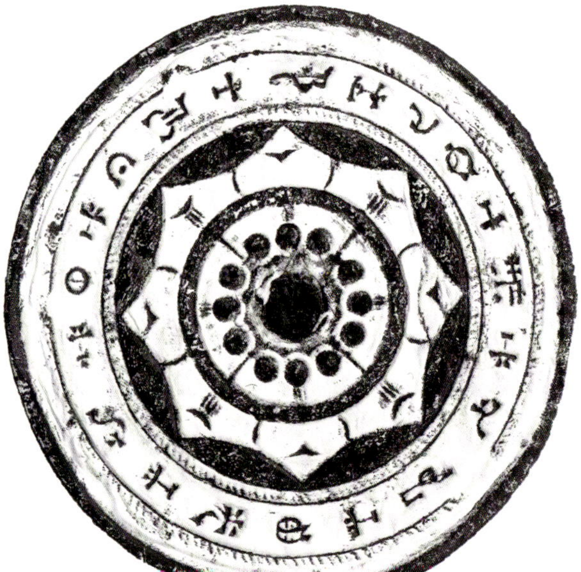

61. 昭明连弧镜

西汉晚期

直径10.8、缘厚0.4厘米，重125.5克

圆形，圆钮，联珠纹钮座。八个内向连弧纹间饰“山”形、三角形、弧线纹等，两周栉齿纹之间，为篆书铭文“内清以昭明，光象夫日月，心忽不世（泄）”。窄缘。1953年5月，洛阳市郊区烧沟村西汉晚期墓M136A出土。洛阳市文物考古研究院。（程永建）

*《洛阳烧沟汉墓》第161、162页，图六九：6。

62. 昭明连弧镜

西汉

直径10.3、缘厚0.5厘米，重240克

圆形，圆钮，联珠纹钮座。座外饰弦纹和内连弧纹，连弧内侧饰短弧线、“人”字及圆点纹。其外两周栉齿纹之间，为一周铭文带“内清质以昭明，光而象夫日月，心忽穆忠，然壅塞而不泄”。宽平素缘。1957年11月，洛阳市铁路站线西汉墓M126出土。洛阳市文物考古研究院藏。（方莉）

63. 昭明连弧镜

西汉

直径13、缘厚0.6厘米，重457克

圆形，圆钮，联珠纹钮座。座外为弦纹和八内向连弧纹一周。两周栉齿纹间，为一周铭文带“内清以昭明，光象夫日月，心忠忽不”，字间以“而”字符相隔。宽平素缘。1966年6月，洛阳市冷仓西汉墓M1出土。洛阳市文物考古研究院藏。（方莉）

64. 昭明连弧镜

新莽或稍后

直径11、缘厚0.5厘米，重148克

圆形，圆钮，联珠纹钮座。座外为八内向连弧纹，弧折处相间饰“毌（田）”字纹及涡纹等符号。再外两周栉齿纹之间，为篆书铭文“内清以昭明，光象夫日月，心忽穆忠壅不泄”，字间或以“而”字符相隔。窄平素缘。1953年5月，洛阳市郊区烧沟村新莽或稍后时期墓M59B出土。洛阳市文物考古研究院藏。（程永建）

*《洛阳烧沟汉墓》第163页，表二八。

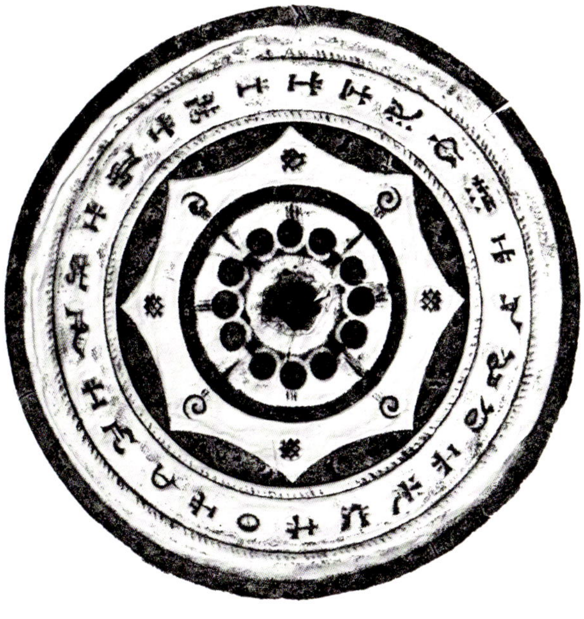

65. 昭明镜

西汉晚期

直径8.2、缘厚0.3厘米

圆形，圆钮，圆钮座。由钮座等距伸出四条短弧线，与凹面形宽带相连。其外两周栉齿纹之间为铭文："内清以昭明，光象日月。"字间或以"而"字符相隔。宽平素缘。1953年3月，洛阳市郊区烧沟村西汉晚期墓M59A出土。洛阳博物馆藏。（史家珍　张翠玲）

* 《洛阳烧沟汉墓》第163页，表二八；《洛阳出土古镜》图版56。

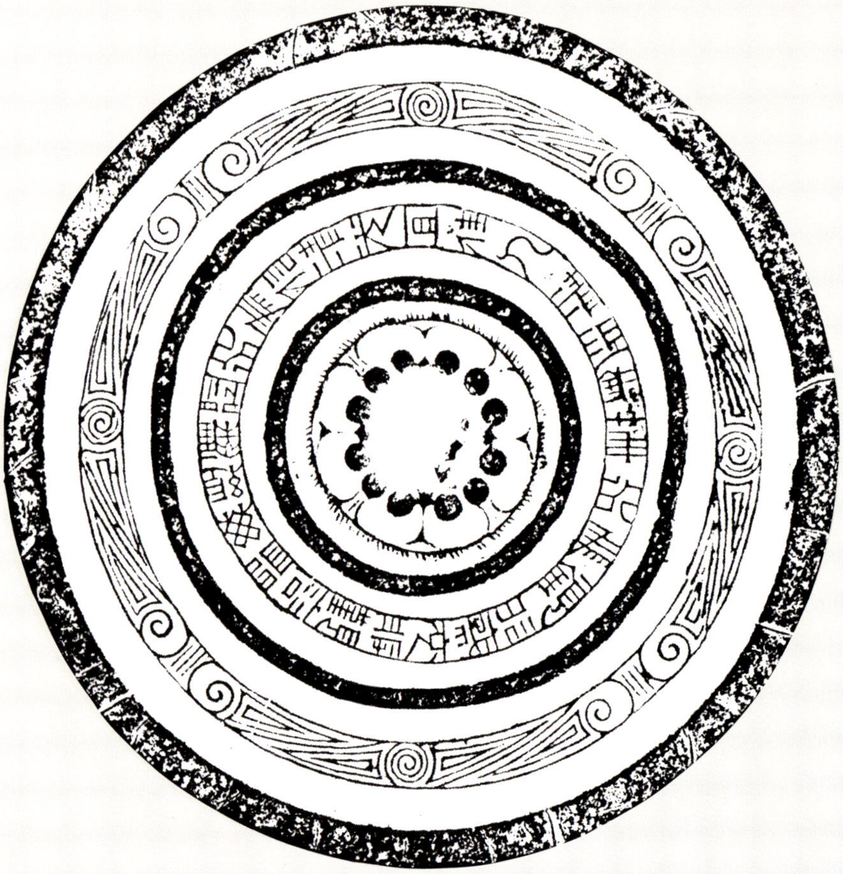

66. 铜华云雷镜

西汉中期

直径17.9、缘厚0.9厘米

圆形，圆钮，十二并蒂联珠纹钮座。座外两周凸弦纹之间为铭文带："清冶铜华以为镜，昭察衣服观容貌，丝组杂遝以为信，清光宜佳人。"外饰四组云雷纹，云雷纹由圆涡纹与对置的双重三角纹组成。素缘。1957～1958年，洛阳西郊西汉中期墓M3206出土。中国社会科学院考古研究所藏。（代国祥）

* 中国科学院考古研究所洛阳发掘队：《洛阳西郊汉墓发掘报告》，《考古学报》1963年第2期。

67. 铜华连弧镜

西汉

直径15.1、缘厚0.6厘米，重528克

圆形，圆钮，联珠纹钮座。座外为栉齿纹、平弦纹、八内向连弧纹，间用射线纹和斜线纹补白。两周栉齿纹间，为一周铭文带“湅治铜华清而明，以之为铜而宜文章，以年而益寿而去不羊（祥），而日月之光兮”。宽平素缘。1969年8月，洛阳市西工区市建联合加工厂西汉墓M1出土。洛阳市文物考古研究院藏。（方莉）

68. 铜华连弧镜

西汉晚期

直径15.2、缘厚0.6厘米，重529克

圆形，圆钮，联珠纹钮座。座外饰栉齿纹、宽弦带纹、八内连弧纹。外两周栉齿纹间，为铭文带“湅治铜华清而明，以之为铜而宜文章，以延年而益寿去不羊（祥），而日光”。宽平素缘。1953年5月，洛阳市郊区烧沟村新莽或稍后时期墓M103出土。洛阳市文物考古研究院藏。（程永建）

*《洛阳烧沟汉墓》第162、165页，图七〇：2，图版肆贰：4。

69. 铜华连弧镜

西汉

直径18.9、缘厚0.7厘米，重1095克

圆形，圆钮，四叶纹钮座。座外饰栉齿纹、宽弦带纹和八内向连弧纹，连弧内侧饰“山”字形纹、芽形纹等。外为栉齿纹，夹铭文一周“湅治铜华清而明，以之为铜宜文章，延年益寿去不羊（祥），与天毋（无）亟（极）如日月之光，千秋万岁长乐未央兮”。宽平素缘。1972年12月，洛阳市铁路宿舍西汉墓M14出土。洛阳市文物考古研究院藏。（马毅强）

70. 铜华连弧镜

西汉

直径17.8、缘厚0.65厘米，重870克

圆形，圆钮，十二联珠纹钮座。座外栉齿纹、凸面圈带、八内向连弧纹各一周，连弧与圈带之间饰以涡纹、短弧线纹、变形山字纹。外围两周栉齿纹之间，为铭文“湅治铜华清而明，以之为镜宜文章，延年益寿去不羊（祥），与天毋（无）亟（极）如日光，千秋万岁乐未央。”宽平素缘。洛阳汉墓CM1487出土。洛阳市文物考古研究院藏。（史家珍　张翠玲）

71. 清白连弧镜

西汉

直径14、缘厚0.6厘米，重287克

圆形，圆钮，联珠纹钮座。外为栉齿纹、平素弦纹与八个内连弧纹，其间以直线纹或曲线纹补白。两周栉齿纹间，为一周铭文带"清白而事君，志（怨）污之弇明，微玄而流泽，恐远而日忘，美人外可兑（悦），永思毋绝"。窄平素缘。1964年7月，洛阳市种子站西汉墓M5出土。洛阳市文物考古研究院藏。（马毅强）

72. 清白连弧镜

西汉

直径17.8厘米，重674克

圆形，圆钮，十二联珠纹钮座。座外栉齿纹、凸面圈带各一周。其外八内向连弧纹，与凸面圈带之间饰以花瓣纹、短弧线及三竖纹。连弧纹外两周栉齿之间，为铭文“絜（挈）精白而事君，志（怨）驩（秽）之合（弇）明。微玄锡之，恐疏遠日忘。怀美之穷（躬）嘽（体），丞（承）驩（欢）之可说（悦）。莫（慕）而兮绝”。宽平素缘。洛阳汉墓CM1617出土。洛阳市文物考古研究院藏。（史家珍　张翠玲）

* 释文参见李零：《读梁鉴藏镜四篇——说汉镜铭文中的女性赋体诗》，《中国文化》2012年春季号，第35期。

73. 四乳四虺镜

西汉

直径10.3、缘厚0.4厘米，重195克

圆形，圆钮，圆钮座。座外饰一周宽平弦纹，在两周栉齿纹之间饰四乳四虺纹，虺纹上下饰鸟纹。宽平素缘。1957年8月，洛阳市铁门复线西汉墓M13出土。洛阳市文物考古研究院藏。（马毅强）

74. 四乳四虺镜

西汉

直径11.2、缘厚0.5厘米，重294.5克

圆形，圆钮，圆钮座。座外饰一周宽平弦纹，主体纹饰为两周栉齿纹间饰四乳四虺纹，虺纹尾饰一折角线纹，上下及尾部饰三鸟纹。宽平素缘。1954年12月，洛阳市涧西区东方红拖拉机厂西汉墓M002出土。洛阳市文物考古研究院藏。（马毅强）

75. 四乳四虺镜

西汉

直径8.8、缘厚0.4厘米，重144克

圆形，圆钮，圆钮座。座外两周栉齿纹间饰四乳四虺纹，虺纹上下饰简化鸟纹。宽平素缘。1970年12月，洛阳市西工区金谷园服务楼西汉墓M12出土。洛阳市文物考古研究院藏。（马毅强）

76. 四乳四虺镜

西汉晚期

直径9.1、缘厚0.4厘米，重149克

圆形，圆钮，圆钮座。座外两周栉齿纹间，饰四乳四虺纹，虺纹上下各饰有鸟纹，上部鸟纹已简化。宽平素缘。1953年5月，洛阳市郊区烧沟村西汉晚期墓M1014出土。洛阳市文物考古研究院藏。（程永建）

*《洛阳烧沟汉墓》第165页，表二九。

77. 四乳四虺镜

西汉晚期

直径11.7、缘厚0.6厘米，重367克

圆形，圆钮，圆钮座。座外宽平弦纹，外两周栉齿纹间饰四乳四虺纹，虺尾饰一弧线纹，虺纹上下各饰一鸟纹。宽平素缘。1953年2月，洛阳市郊区烧沟村西汉晚期墓M64出土。洛阳市文物考古研究院藏。（程永建）

*《洛阳烧沟汉墓》第165页，表二九。

78. 四乳四虺镜

西汉晚期

直径9.8、缘厚0.5厘米，重174克

圆形，圆钮，圆钮座。座外饰宽带纹，主体纹饰为两周栉齿纹间饰四乳四虺纹，虺尾饰一S形线纹，虺纹上下及尾部饰三鸟纹。宽平素缘。1953年2月，洛阳市郊区烧沟村西汉晚期墓M97出土。洛阳市文物考古研究院藏。（程永建）

*《洛阳烧沟汉墓》第165页，表二九。

79. 四乳四虺镜

西汉

直径8、缘厚0.5厘米，重152克

圆形，圆钮，圆钮座。主纹为四乳四虺纹间隔排列，虺尾一小弧线纹，虺下饰一鸟纹。主纹内外分别饰两周栉齿纹。宽平素缘。1954年7月，洛阳市涧西区东方红拖拉机厂西汉墓M1出土。洛阳市文物考古研究院藏。（方莉）

80. 四乳四虺镜

新莽或稍后

直径11.5、缘厚0.6厘米，重336克

圆形，圆钮，圆钮座。座外高平宽带纹一周，主体纹饰为两周栉齿纹间饰四乳四虺纹，虺纹尾部饰一长弧线纹，在相对两虺纹的上下饰两只鸟纹，另两虺纹上饰一只兔纹下饰一鸟纹，兔作奔跑状。宽平素缘。1953年3月，洛阳市郊区烧沟村新莽或稍后时期墓M38A出土。洛阳市文物考古研究院藏。（程永建）

*《洛阳烧沟汉墓》第164、165页，图七一：4。

81. 四乳四神镜

新莽

直径10.5厘米

圆形，圆钮，圆钮座。座外饰凸面圈带、栉齿纹各一周，外有带圆座的四乳，其间饰四神，呈逆时针方向排列。外围栉齿纹、凸面圈带各一周。双线波折纹缘。1992～1993年，洛阳市西工区玻璃纤维厂宿舍楼工地新莽墓IM461出土，与四乳四虺镜伴出。洛阳市文物考古研究院藏。（史家珍　张翠玲）

* 洛阳市第二文物工作队：《洛阳五女冢新莽墓发掘简报》，《文物》1995年第11期。

82. 四乳禽兽镜

新莽或稍后

直径12.8、缘厚1.6厘米

圆形，圆钮，四叶纹钮座。叶间各有一字，合为“长宜子孙”。座外凸弦纹、栉齿纹各一周，外有带圆座的四乳，其间饰龙、虎纹各一，朱雀两只。外围栉齿纹和凸面圈带各一周。宽缘上饰双线波折纹。1957～1958年，洛阳西郊新莽或稍后墓M3239出土。中国社会科学院考古研究所藏。（代国祥）

* 中国科学院考古研究所洛阳发掘队：《洛阳西郊汉墓发掘报告》，《考古学报》1963年第2期。

83. 四乳龙虎镜

东汉

直径10.9、缘厚0.5厘米，重285克

圆形，圆钮，圆钮座。两周栉齿纹间，饰四乳二龙二虎纹，龙虎均作奔跑状，龙作龙头兽身。宽平素缘。1955年9月，洛阳市涧西区矿山机械厂东汉墓M58出土。洛阳市文物考古研究院藏。（方莉）

84. 四乳四兽镜

东汉

直径11.3、缘厚0.4厘米，重271克

圆形，圆钮，圆钮座。在四乳之间，饰以四只形态相同的变形兽纹。外饰栉齿纹及锯齿纹各一周。素缘。1957年11月，洛阳市铁路站线东汉墓M122出土。洛阳市文物考古研究院藏。（马毅强）

85. 四乳四禽镜

东汉

直径8.5、缘厚0.4厘米，重92克

圆形，圆钮，圆钮座。座外两周弦纹，弦纹外四乳，两乳之间各饰一鸟纹。外为两周栉齿纹。三角缘。1955年4月，洛阳市涧西区东方红拖拉机厂东汉墓M62出土。洛阳市文物考古研究院藏。（方莉）

* 河南省文化局文物工作队：《一九五五年洛阳涧西区小型汉墓发掘报告》，《考古学报》1959年2期。

86. 四乳四禽镜

东汉中期

直径7.2、厚0.3厘米

圆形，圆钮，圆钮座。钮座外四乳，两乳之间各饰一鸟纹。外为凸弦纹两周、栉齿纹、锯齿纹各一周。素缘。2007年4～10月，洛阳市西工区瞿家屯上阳华府东汉中期墓C1M9817出土，与长宜子孙云雷镜伴出。洛阳市文物考古研究院藏。（代国祥）

* 洛阳市文物工作队：《洛阳市瞿家屯上阳华府发掘简报》，洛阳市文物工作队编：《洛阳考古发现（2007）》，中州古籍出版社，2009年，第224～262页，彩版二：1。

87. 四乳四禽镜

东汉晚期

直径9.9、缘厚0.5厘米，重191克

圆形，高圆钮，圆钮座。内区间饰四乳四禽纹，四禽呈曲颈游弋状，外饰一周栉齿纹。高厚锯齿纹外缘。1953年7月，洛阳市郊区烧沟村东汉晚期墓M1036出土。洛阳市文物考古研究院藏。（程永建）

*《洛阳烧沟汉墓》表六七。

88. 青羊四乳四禽镜

东汉

直径11厘米

圆形，圆钮，圆钮座。座外凸面弦纹带一周，其外四乳四禽环钮相间等距分布。四乳带圆座，四禽两两隔乳相对，均昂首，伸嘴，有目，立于其外的一周细弦纹上。弦纹外为铭文带“青羊作竟（镜）利古（贾）市”。外围栉齿纹、锯齿纹、双线波折纹各一周。窄素缘。洛宁县涧口乡出土。洛阳博物馆藏。（张翠玲）

89. 四乳八禽镜

西汉

直径10.1、缘厚0.5厘米，重227克

圆形，圆钮，圆钮座。外饰双线、三线相间的斜线纹和一周凸宽弦纹。其外两周栉齿纹间饰四乳，乳间各饰两两相对的二鸟，其中隔钮相对的两组对鸟中间各有一篆书“日”字。宽平素缘。1957年6月，洛阳市铁路站线西汉墓M036出土。洛阳市文物考古研究院藏。（方莉）

90. 四乳八禽镜

西汉

直径10.3、缘厚0.4厘米，重161克

圆形，圆钮，圆钮座。座外为八组双斜线纹和凸宽弦纹，外围两周栉齿纹之间，饰四乳、八禽鸟，禽鸟两两相对分为四组，与乳丁间隔排列。宽平素缘。1972年4月，洛阳市西工区人民汽车公司宿舍楼西汉墓M8出土。洛阳市文物考古研究院藏。（马毅强）

91. 陈氏六乳禽兽镜

东汉

直径15、缘厚0.8厘米，重676克

圆形，大圆钮，栉齿纹钮座。座外饰一周联珠纹。主纹为六乳和青龙、白虎、朱雀、玄武四神及异兽等。其外有铭文“陈氏作竟（镜）日有憙，令人阳遂贵复富，天禽细(戏)守(兽)各自治，左有青龙来福右（佑），白虎居前□白事，凤 □□□□□□，□□□造工□”。铭文“阳遂”意为诸事顺畅，较为少见。再外饰栉齿纹。镜缘内侧饰锯齿纹，外饰四神、鸟兽、日月及五铢钱纹相叠的动物纹带。孟津县老城铁炉大队出土。洛阳市文物考古研究院藏。（方莉）

*《洛阳出土铜镜》图版36。

92. 七乳禽兽镜

西汉

直径14.3、缘厚0.5厘米，重498克

圆形，圆钮，云龙纹钮座。座外宽平素弦纹，两周栉齿纹之间饰七乳，七乳间饰虎、雀、猴、玄武及异兽等禽兽纹，其中虎、雀、玄武与云龙组成四神。宽缘，分别饰锯齿纹、双线波折纹。1977年4月，洛阳市郊区电信器材厂出土。洛阳市文物考古研究院藏。（方莉）

93. 七乳四神镜

新莽

直径14.4、缘厚0.5厘米，重513克

圆形，圆钮，圆钮座。钮座外八枚带圆座小乳丁与花蕾纹相间环绕。其外两周弦纹圈内饰鸟纹和束腰的棒形纹。主纹为七乳与四神、禽鸟，分别为青龙、羽人、玄武、怪熊、白虎、朱雀、金乌。再外为栉齿纹和一周锯齿纹。宽缘饰白虎、朱雀、熊罴、羽人等，其间饰蟹形纹。1970年12月，洛阳市西工区金谷园新莽墓M12出土，洛阳市文物考古研究院藏。（方莉）

* 《洛阳出土铜镜》图版26。

94. 七乳四神镜

新莽或稍后

直径14.5、缘厚1.9厘米

圆形，圆钮，圆钮座。座外十枚乳丁与火焰纹相间，两周弦纹之间为勾连S形云纹。外为七乳，乳间饰四神、神兽纹。外饰栉齿纹、锯齿纹各一周。宽缘上饰云气纹。1957～1958年，洛阳西郊新莽或稍后墓M3079出土。中国社会科学院考古研究所藏。（代国祥）

* 中国科学院考古研究所洛阳发掘队：《洛阳西郊汉墓发掘报告》，《考古学报》1963年第2期。

95. 永始二年四神博局镜

西汉永始二年（公元前15年）
直径18.5、缘厚0.7厘米，重1010克

圆形，圆钮，四叶纹钮座。座外方框，框外四角有四乳丁。主纹为博局纹，间饰青龙、白虎、朱雀、玄武四神，空白处填卷云纹。近缘处饰栉齿纹、铭文各一周。铭文为："景公之象兮，吴娃之兑（悦）。作昧（镂）明镜兮，好如日月。长相思兮，世不绝。见珠（朱）颜，心中驩（欢）。常宜子孙。永始二年五月丙午屚（漏）上五工丰造。"素平缘。1996年1月，洛阳市车站公安分局宿舍楼新莽墓96HM267出土，与四乳四神博局镜同出。洛阳博物馆藏。该镜是目前中国考古发现最早的纪年镜。（史家珍　张翠玲）

* 洛阳市第二文物工作队：《洛阳五女冢267号新莽墓发掘简报》，《文物》1996年第7期。

96. 尚方四神博局镜

西汉

直径13.8、缘厚0.5厘米，重586克

圆形，圆钮，四叶纹钮座。单线与双线方框之间为十二乳及十二地支，外饰四神、博局、羽人、异兽纹。栉齿纹内侧饰铭文带“尚方作竟（镜）真大巧，上有仙人不知老，渴饮玉泉饥食枣，由（游）天下。”宽缘上饰两周锯齿纹夹双线波折纹。1957年9月，巩县石家庄复线汉墓M12出土。洛阳市文物考古研究院藏。（马毅强）

97. 尚方四神博局镜

西汉

直径18、缘厚0.5厘米，重593克

圆形，圆钮，圆钮座。单线方框与双线方框之间饰十二乳间地支。主体纹饰为青龙、白虎、朱雀、玄武四神、博局、八乳及禽兽纹等。栉齿纹内为铭文带“尚方作竟（镜）真大巧，上有仙人不知老，渴饮玉饥食枣，浮浮（游）天下敖四海，寿而（如）金石”。宽缘上饰两周锯齿纹间双线波折纹。1955年1月，洛阳市涧西区东方红拖拉机厂西汉墓M004出土。洛阳市文物考古研究院藏。（方莉）

98. 尚方四神博局镜

汉代

直径20、缘厚0.55厘米，重1232克

圆形，圆钮，四叶纹钮座。座外双线大方格内饰十二个乳丁与十二辰名。内区饰八个连弧乳丁纹及博局纹，其间饰四神、羽人、禽鸟及瑞兽等。其中，青龙捧一金乌（日），白虎捧一蟾蜍（月）。外区为铭文带："尚方御竟（镜）大母（毋）伤，涑治银锡清而明，巧工刻之成文章，左龙右虎辟不羊（祥），朱鸟玄武顺阴阳，子孙备具居中央，长保二亲乐富昌，寿敝金石如侯王。"铭文外为栉齿纹一周。锯齿纹及云气纹缘。镜面有布纹痕迹。1993年7月，洛阳市涧西区丽春西路202厂汉墓M92出土。洛阳市文物考古研究院藏。（霍宏伟）

* 褚卫红、朱郑慧：《洛阳发现的汉代博局镜》，《文物》2008年第9期。

99. 尚方四神博局镜

东汉

直径20、缘厚0.55厘米，重977克

圆形，圆钮，四叶纹钮座。座外双线大方格内饰十二个乳丁与十二辰名。内区饰八个连弧乳丁纹及博局纹，其间饰四神、羽人、禽鸟及瑞兽等。外区为铭文带："尚方佳竟（镜）真大巧，上有仙人不知老，渴饮玉泉饥食枣，浮游天下敖四兮。"铭文外为栉齿纹一周。锯齿纹及云气纹缘。镜面有布纹痕迹。2004年10月，洛阳市西工区纱厂西路凯悦雅园东汉墓M3出土。洛阳市文物考古研究院藏。（霍宏伟）

* 褚卫红、朱郑慧：《洛阳发现的汉代博局镜》，《文物》2008年第9期。

100. 尚方四神博局镜

东汉早期

直径20、缘厚5厘米

圆形，圆钮，四叶纹钮座。座外细线小方格、双线大方格各一周。两格内四角饰四乳丁，各面又饰二乳丁，共计十二乳丁，绕钮环列。每乳丁之间有一字铭文，合读为“子丑寅卯辰巳午未申酉戌亥”。方格外八枚带圆座的乳丁及博局纹将主纹区分为四方八区。各区分别配置青龙、白虎、朱雀、玄武四神及禽兽纹。其外为铭文带：“尚方作竟（镜）真大巧，上有仙人不知老，渴饮玉泉饥食枣，寿而（如）今（金）石天之保兮”。锯齿纹及云气纹缘。1953年，洛阳市郊区烧沟村东汉早期墓M1023出土。洛阳博物馆藏。（史家珍　张翠玲）

*《洛阳烧沟汉墓》第166、168页，图七三：2，图版肆肆：1。

101. 尚方四神博局镜

东汉

直径19.8、缘厚0.7厘米，重919.5克

圆形，圆钮，四叶纹钮座。单线与双线方框之间为十二乳及十二地支，外饰四神、博局、异兽、乳丁纹。栉齿纹内侧，饰铭文带“尚方作竟（镜）真大巧，上有仙人不知老，渴饮玉泉饥食枣，浮由（游）天下游四海，宜子孙”。锯齿纹及云气纹缘。1955年3月，洛阳市劳改砖瓦厂东汉墓M8出土。洛阳市文物考古研究院藏。（方莉）

102. 尚方四神博局镜

东汉

直径18.3、缘厚0.5厘米，重690克

圆形，圆钮，圆钮座。单、双线方框之间饰十二乳及十二地支。外饰四神、博局、禽兽纹，再外饰铭带“尚方作竟（镜）真大巧，上有仙人不知老，渴饮玉泉饥兮□□。”两周锯齿纹夹双线波折纹缘。1979年6月，洛阳市涧西区洛阳农机学院东汉墓M1出土。洛阳市文物考古研究院藏。（方莉）

103. 四神博局镜

东汉早期

直径11.1、缘厚0.4厘米，重256克

圆形，圆钮，四叶纹钮座。座外为一双线方框，主体纹饰为八乳、博局纹及四神纹，另有羽人、异兽纹等，最外为栉齿纹一周。锯齿纹及云气纹缘。1953年4月，洛阳市郊区烧沟村新莽至东汉早期墓M104出土。洛阳市文物考古研究院藏。（程永建）

*《洛阳烧沟汉墓》第168页，表三〇。

104. 四神博局镜

东汉

直径18.7、缘厚0.4厘米，重761克

圆形，圆钮，四叶纹钮座。座外单线与双线方框内饰十二乳及十二地支，主体纹饰为四神、禽兽、博局、八乳等纹饰，铭文带于栉齿纹内侧。铭文局部锈蚀严重，仅辨认出“好，上有仙……知老，渴饮玉泉饥食枣，浮浮天下”等铭文。锯齿纹及云气纹缘。1957年10月，洛阳市瀍河区铁路站线东汉墓M113出土。洛阳市文物考古研究院藏。（马毅强）

105. 善铜四神博局镜

新莽

直径11.8厘米

圆形，圆钮，四叶纹钮座。座外四博局纹间饰以四神，其外一周铭文为："新有善铜出丹阳，和以银锡清且明。左龙右虎掌四彭（方），朱爵（雀）玄武顺阴阳。"外饰栉齿纹、锯齿纹各一周。宽缘上饰云气纹缘。偃师出土。偃师商城博物馆藏。（张翠玲）

*《偃师文物精粹》图版22。

106. 四神博局镜

西汉

直径11.3、缘厚0.4厘米，重271克

圆形，圆钮，四叶纹钮座。外饰双线方框，方框外主体纹饰为青龙、白虎、朱雀、玄武四神和博局纹，其中朱雀作双雀相对。T纹有横线向两侧延长，与另一延长线相接处饰一四叶座乳丁，每边横线下各有六个向内的双线锯齿纹。十分少见。宽缘上饰锯齿纹及双线波折纹。1957年9月，洛阳市铁路站线西汉墓M51出土。洛阳市文物考古研究院藏。（马毅强）

*《洛阳出土铜镜》图版31。

107. 四神博局镜

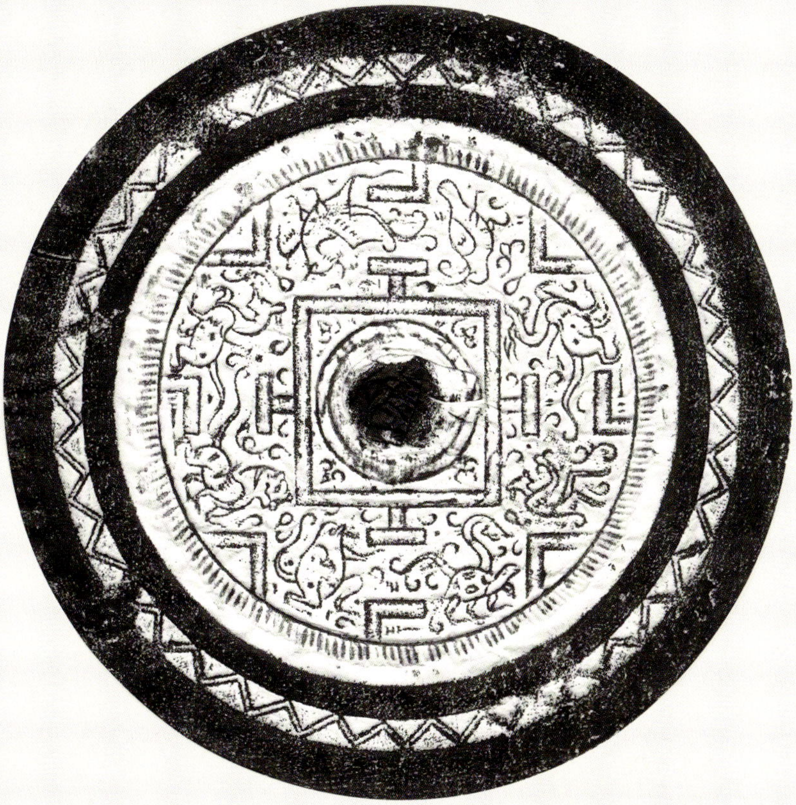

东汉早期

直径11.5、缘厚0.4厘米，重255克

圆形，圆钮，圆钮座。双线方框外饰四神、博局、羽人纹等，外饰栉齿纹。宽缘中部饰双线波折纹。四神身上鎏银（或锡），属于特种工艺。1956年9月，洛阳市劳改砖瓦厂东汉墓M330出土。洛阳市文物考古研究院藏。（方莉）

108. 泰言禽兽博局镜

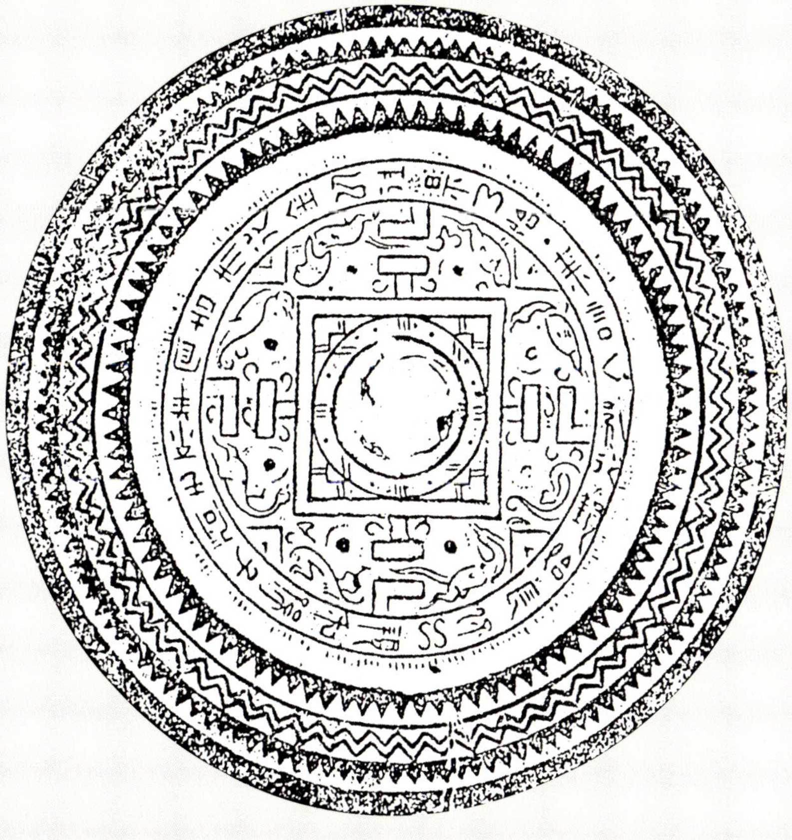

新莽或稍后

直径15.4、缘厚2.3厘米

圆形，圆钮，圆钮座。座外重圈、双线方格，其外饰博局纹与八乳将主区划分为四方八极，饰以禽兽纹。外围铭文带为“泰言之纪从镜始，长保二亲利孙子，辟去不羊（祥）宜古（贾）市，从金（今）以往乐乃始”。外饰栉齿纹一周、锯齿纹两周 、双线波折纹一周。宽缘上饰锯齿纹夹波折纹。1957～1958年，洛阳西郊新莽或稍后墓M3014出土。中国社会科学院考古研究所藏。（代国祥）

* 中国科学院考古研究所洛阳发掘队：《洛阳西郊汉墓发掘报告》，《考古学报》1963年第2期。

109. 善铜八禽博局镜

新莽

直径14、缘厚0.5厘米，重503克

圆形，圆钮，圆钮座。双线方框外为博局八乳八禽纹，一周栉齿纹内，为铭文一周“新有善铜出丹阳，和以银锡清且明，左龙右虎掌四彭（方）”。宽缘上饰两周锯齿纹间双线波折纹。1955年11月，洛阳市涧西区东方红拖拉机厂东汉早期墓M6.13.11.29出土。洛阳市文物考古研究院藏。（马毅强）

110. 几何纹博局镜

西汉晚期至新莽

直径9.7、缘厚0.4厘米、重194.5克

圆形，圆钮，四叶纹钮座。座外为双线方栏，栏外每边饰博局纹，四角饰以四乳，其间以翼纹和菱形几何纹等，再外饰栉齿纹。双钩锯齿纹缘。此镜与洛阳烧沟新莽或稍后时期墓M60所出几何博局镜基本相同，时间也应相同。其纹饰特殊，在同时期博局镜中少见。1953年5月，洛阳市郊区烧沟村西汉晚期至新莽时期墓M1028A出土。洛阳市文物考古研究院藏。（程永建）

*《洛阳烧沟汉墓》表三〇；《洛阳出土铜镜》图版25。

111. 几何纹博局镜

新莽或稍后

直径17.5、缘厚0.4厘米，重696克

圆形，圆钮，四叶纹钮座。座外双线方框，主体纹饰为博局、菱形几何纹、组合曲线纹等。缘中部饰锯齿纹加点纹。罕见。1953年1月，洛阳市郊区烧沟村新莽或稍后时期墓M60出土。洛阳市文物考古研究院藏。（程永建）

*《洛阳烧沟汉墓》第167、168页，图七四甲：3，图版肆肆：2。

112. 禽兽简化博局镜

西汉晚期

直径11.1、缘厚1.3厘米

圆形，圆钮，圆钮座。座外饰凸弦纹、栉齿纹各一周。钮座四面正中各饰以青龙、白虎、朱雀、蟾蜍，四隅饰简化博局纹。缘上饰双波折纹。1957～1958年，洛阳西郊西汉晚期墓M3006出土。中国社会科学院考古研究所藏。（代国祥）

* 中国科学院考古研究所洛阳发掘队：《洛阳西郊汉墓发掘报告》，《考古学报》1963年第2期。

113. 禽兽博局镜

东汉

直径12、缘厚0.4厘米，重280克

圆形，圆钮，圆钮座。双线方框外饰禽兽、博局纹，再外饰栉齿纹。宽缘上饰锯齿纹、弦纹、双线波折纹各一周。1979年5月，洛阳市吉利区河南炼油厂东汉墓M23出土。洛阳市文物考古研究院藏。（方莉）

114. 禽兽博局镜

东汉

直径10.5、缘厚0.4厘米，重212克

圆形，圆钮，圆钮座。双线方框外饰禽兽、博局纹，禽兽纹有龙、虎、朱雀、玄武、麒麟、五灵及羽人等，再外饰栉齿纹。宽缘上饰双线波折纹。1957年8月，洛阳市铁站线东汉墓M42出土。洛阳市文物考古研究院藏。（方莉）

115. 四禽博局镜

东汉

直径17.4、缘厚0.6厘米，重785克

圆形，圆钮，圆钮座。单、双线方框之间饰十二乳及十二地支，外饰花乳、四禽、博局纹，四禽分别立于博局纹之间。两周锯齿纹夹双线波折纹缘。1973年12月，偃师诸葛村出土。洛阳市文物考古研究院藏。（马毅强）

116. 八禽简化博局镜

东汉

直径7.9、缘厚0.3厘米，重78克

圆形，圆钮，圆钮座。双线方框外饰四乳、八禽、简化博局纹。宽缘上饰锯齿纹及弦纹。1966年2月，洛阳市郊区浅井头村东汉墓M2出土。洛阳市文物考古研究院藏。（马毅强）

117. 八乳博局镜

西汉

直径12、缘厚0.5厘米，重370克

圆形，圆钮，联珠钮座。座外一双线方框，主体纹饰为八乳博局纹，乳丁作八连弧乳座，外为一周栉齿纹。宽缘，内侧锯齿纹一周，外为连枝花叶纹。1955年11月，洛阳市涧西区东方红拖拉机厂西汉墓M6.13.11出土。洛阳市文物考古研究院藏。（方莉）

118. 八乳简化博局镜

东汉

直径9.5、缘厚0.4厘米，重133克

圆形，圆钮，圆钮座。座外为双线方框，外饰八乳及简化博局纹，再外侧饰叶瓣纹。缘上饰锯齿纹。1954年7月，洛阳市防洪渠二段东汉墓M23出土。洛阳市文物考古研究院藏。（马毅强）

119. 简化博局镜

东汉晚期

直径9.7、缘厚0.4厘米，重124.4克

圆形，圆钮，圆钮座。座外为双线方框，主纹为简化博局纹，其间饰以曲线、短线纹等。外周为栉齿纹一周。镜缘内侧饰一周锯齿纹，外侧作内外斜面的三角缘。1953年1月，洛阳市郊区烧沟村东汉晚期墓M20出土。洛阳市文物考古研究院藏。（程永建）

*《洛阳烧沟汉墓》第167、169页，图七四甲：4。

120. 长宜子孙云雷镜

东汉中期

直径18.4、缘厚0.6厘米

圆形，圆钮，四叶纹钮座。叶间有铭文“长宜子孙”。钮座与连弧纹之间，有铭文“寿如金石，佳且好兮”。外围云雷纹一周。宽平素缘。2007年4～10月，洛阳市西工区瞿家屯上阳华府东汉中期墓C1M9817出土，与四乳四禽镜伴出。洛阳市文物考古研究院藏。（霍宏伟）

* 洛阳市文物工作队：《洛阳市瞿家屯上阳华府发掘简报》，《洛阳考古发现（2007）》第224～262页，图版二九：2。

121. 长宜子孙云雷镜

东汉中晚期

直径20.2、缘厚0.5厘米，重887克

圆形，圆钮，四叶纹钮座。其间饰铭文“长宜子孙”，内连弧纹外饰两周栉齿纹，夹云雷纹一周，云雷纹以八个圆形涡纹和八个弧长三角形纹相间排列。宽平素缘。1974年11月，洛阳市郊区电信器材厂东汉中晚期墓M4出土。洛阳市文物考古研究院藏。（方莉）

*《洛阳出土铜镜》图版41。

122. 长宜子孙云雷镜

东汉

直径18.8、缘厚0.6厘米，重785克

圆形，圆钮，四叶纹钮座。叶间饰铭文“长宜子孙”，凸弦纹圈带外饰八内向连弧纹，弧间铭“寿如金石，佳且好兮”，外饰栉齿纹，夹云雷纹。宽平素缘。1978年11月，洛阳市吉利区东汉墓M12出土。洛阳市文物考古研究院藏。（马毅强）

123. 子孙富贵云雷镜

东汉

直径21.4厘米

圆形，圆钮，四叶纹钮座。四叶间各饰一字铭文，合读为“子孙富贵”。座外饰短直线纹、凸弦纹各一周。其外为八内向连弧带。弧形内角分别饰一字铭文，合读为“寿如金石，佳且好兮”。再外为由八个圆圈纹及并行弧线组成的云雷纹。宽平素缘。偃师出土。偃师商城博物馆藏。（张翠玲）

*《偃师文物精粹》图版26。

124. 长宜子生连弧镜

东汉

直径16厘米

圆形，圆钮，四叶纹钮座。四叶间各有一字铭文，合读为“长宜子生”。其外分别为凸面弦纹带、八内向连弧纹、凹面宽带各一周。宽平素缘。1987年，偃师南蔡庄石桥村出土。偃师商城博物馆藏。（张翠玲）

*《偃师文物精粹》图版23。

125. 连弧镜

东汉

直径9.4、缘厚0.2厘米，重101克

圆形，圆钮，圆钮座。两周弦纹外，饰八内向连弧纹。宽平素缘。1975年1月，洛阳市机瓦厂三中队建筑工地出土。洛阳市文物考古研究院藏。（方莉）

126. 长宜子孙连弧镜

东汉

直径20.5、缘厚0.4厘米，重895克

圆形，圆钮，四叶纹钮座。叶间篆铭“长宜子孙”，外饰八内向连弧纹。宽平素缘。1976年2月，洛阳市郊区电信器厂出土。洛阳市文物考古研究院藏。（马毅强）

127. 长宜子孙连弧镜

东汉晚期

直径23.8、厚0.5厘米

圆形，圆钮，四叶纹钮座。叶间有铭文“长宜子孙”。外围八内向连弧纹。宽平素缘。2007年4～10月，洛阳市西工区瞿家屯上阳华府东汉晚期墓C1M9815出土，与三兽镜伴出。洛阳市文物考古研究院藏。（霍宏伟）

* 洛阳市文物工作队：《洛阳市瞿家屯上阳华府发掘简报》，《洛阳考古发现（2007）》第224～262页，图版二九：3。

128. 夔龙连弧镜

东汉

直径9.1、缘厚0.3厘米，重124克

圆形，圆钮，圆钮座。外饰环绕镜钮的三夔龙纹，夔龙作条状，细颈，身形屈曲，作回首状，外饰内连弧纹。素缘。1955年2月，洛阳市郊区洛北大渠东汉墓M1出土。洛阳市文物考古研究院藏。（方莉）

129. 位至三公四叶镜

东汉

直径9.2、缘厚0.3厘米，重123克

圆形，圆钮，四叶纹钮座。叶间隶书铭“位至三公”，外为八内向连弧纹。素缘。1956年9月，洛阳市劳改砖瓦厂东汉墓M313出土。洛阳市文物考古研究院藏。（方莉）

130. 变形四叶镜

东汉

直径8.5、缘厚0.2厘米，重91克

圆形，圆钮，圆钮座。外饰变形四叶纹，叶内饰圆圈纹，四叶间饰三组变形蝙蝠纹，一组变形涡纹。平素缘。1955年3月，洛阳市涧西区轴承厂宿舍东汉墓M2出土。洛阳市文物考古研究院藏。（方莉）

131. 长生吉善四叶镜

东汉

直径9.2厘米

圆形，圆钮，圆钮座。座外凸面宽带一周。外饰四花叶与四字铭文，环钮相间等距排列，铭文合读为“长生吉善”。宽平素缘。1989年，偃师窑头西砖厂东汉墓出土。偃师商城博物馆藏。（张翠玲）

132. 君宜高官变形四叶镜

东汉

直径14.5厘米

圆形，圆钮，圆钮座。座外饰以剔地平雕宝珠形四叶纹。四叶内各饰一篆书铭文，合读为“君宜高官”。四叶间配置四朵双瓣花叶纹，纹饰繁缛。十六内向连弧纹缘。偃师出土。偃师商城博物馆藏。（张翠玲）

133. 变形四叶八凤镜

东汉中晚期

直径9.2、缘厚0.2厘米，重120克

圆形，圆钮，圆钮座。外饰变形四叶纹，四叶内饰三点纹。主纹为四组对凤纹，外饰内连弧纹。窄缘。1957年7月，巩县石家庄复线东汉墓M11出土。洛阳市文物考古研究院藏。（马毅强）

134. 长宜子孙变形四叶镜

东汉

直径12.2厘米

圆形，圆钮，圆钮座。座外弧线四边形四委角接四变形草叶。四委角内各有一字铭文，合读为“位至三公”。四叶间饰兽面纹、羽状纹和圆涡纹。其外两周粗弦纹之间为铭文带：“尚方作竟（镜）世未有，长宜子孙保父母，五男四女凡九子，位至□□□生耳，□宜高官世少有兮。”外围二十六内向连弧纹、连续涡云纹带、单线和双线组成的波折纹及羽状纹各一周。素缘。1986年，偃师计划生育委员会东汉墓M1出土。偃师商城博物馆藏。（张翠玲）

135. 龙虎钱纹镜

东汉

直径8.5、缘厚0.6厘米，重206克

圆形，圆钮，圆钮座。钮外龙虎张口绕钮相对，二虎口正中饰一方孔圆钱纹。缘上饰锯齿纹及波折纹。1954年8月，洛阳市防洪渠东汉墓M80出土。洛阳市文物考古研究院藏。（马毅强）

136. 龙虎钱纹镜

东汉

直径11.5、缘厚0.4厘米，重250克

圆形，圆钮，圆钮座。钮座上方中央有一枚“五朱”钱文方孔圆钱纹，钮座两侧一龙一虎夹钮对峙。龙虎昂首张嘴，面向钱纹。外饰重弦纹、栉齿纹、锯齿纹及双线波折纹。三角缘。1986年，新安县城关镇东扬岭王园村出土。洛阳博物馆藏。（霍宏伟）

＊郭凤娥、沈淑玲：《洛阳博物馆馆藏的几件铜镜》，《中原文物》1991年第1期。

137. 龙虎钱纹镜

东汉

直径11厘米

圆形，圆钮，圆钮座。座外凹面形环带一周。钮座上方中央有一枚四出钱纹，钮座两侧一龙一虎夹钮对峙。龙虎昂首张嘴，双足前踏，尾部中间饰一小兽。外饰重弦纹、栉齿纹、锯齿纹、双线波折纹各一周。素缘。1988年，偃师南蔡庄石桥村出土。偃师商城博物馆藏。（张翠玲）

＊《偃师文物精粹》图版24。

138. 位至三公龙虎镜

东汉

直径12.5厘米，重375克

圆形，圆钮，圆钮座。座外高浮雕龙虎夹钮对峙，均为昂首，张口，身形弯曲。其外为铭文带："池氏作竟（镜）未有，位至三公车生耳兮，□而（如）金□□古（贾）市。"外围栉齿纹、单线波折纹各一周，锯齿纹两周。三角缘。1956年，洛阳市储运站铁路线东汉墓M18出土。洛阳博物馆藏。（史家珍　张翠玲）

*《洛阳出土铜镜》彩版3。

139. 尚方龙虎镜

东汉

直径10.4厘米

圆形，圆钮，圆钮座。中部两周细弦纹将镜背纹饰分为三区。内区高浮雕龙虎夹钮相对，龙虎部分躯体压在钮座下。中区为铭文带：“尚方作竟（镜）真大巧，上有仙人不知老。”外区栉齿纹、锯齿纹、单线波折纹各一周。素缘。偃师南蔡庄石桥村出土。偃师商城博物馆藏。（张翠玲）

*《偃师文物精粹》图版25。

140. 环状乳神像镜

东汉

直径12.5厘米

圆形，圆钮，联珠纹钮座。内区八乳丁与四神人环钮相间配置，外区为半圆方枚带。半圆中饰以点线纹及涡纹，十一方枚中各有一字铭文，合读为“幽湅三商，宜子孙。□师作竟（镜）”。其外栉齿纹、禽兽纹各一周。双线波折纹及涡纹镜缘。1994年，偃师李村南寨中学东汉墓M1出土。偃师商城博物馆藏。（张翠玲）

141. 环状乳神像镜

东汉

直径12.7厘米

圆形，圆钮，圆钮座。内区八乳之间，三组神人与三组神兽环钮相间配置，外区为半圆方枚带。十二半圆与十二方枚相间排列一周。十二方枚中均有铭文，合读为“吾作明竟（镜），幽柬（湅）三冈（商），配象（像）万畺（疆），统女（德）序道，敬奉臣（贤）良，周（雕）刻无极，白（伯）牙造乐，众□主阳，□□□□，子孙番（蕃）昌，立（位）至三公，其师命长”。其外锯齿纹、禽兽纹各一周。涡纹缘。偃师出土。偃师商城博物馆藏。（张翠玲）

*《偃师文物精粹》图版27。

142. 日月天王神像镜

东汉

直径14.3厘米

圆形，圆钮，联珠纹钮座。绕镜钮饰有高浮雕身长羽毛的神像四组，每组三个仙人，中间仙人头戴冠或羊角形帽，分别坐在龙背之上，龙口衔带，神像间饰以六乳丁、十三个带“日月天王”铭的方枚，与方枚间隔饰半圆形涡纹。镜缘较宽，中部凹下，边饰蟠虺、禽兽、栉齿、凸棱等纹饰各一周。1982年，洛阳市西工区金谷园火车站东北汉墓出土。洛阳博物馆藏。（程永建）

* 洛阳市地方史志编纂委员会编：《洛阳市志》第14卷《文物志》，中州古籍出版社，1995年，第336～337页；《中国青铜器全集》第16卷《铜镜》图版九一。

143. 王公王母神像镜

东汉

直径19.2厘米，重965克

圆形，圆钮，双弦纹夹联珠纹带钮座。主题纹饰以四乳分作四区，分饰东王公、西王母、车马、神兽等半浮雕画面。画像中有“王公”、“王母”题榜，王公头戴冠，王母头戴牛角帽，两者均穿长袍，盘膝而坐，左右两侧皆有下跪的侍从。车为双轮，有华盖，上乘一人，前套马一匹，马彪悍肥壮，腾空奔驰，兽作狮形，均长两翼。外区饰云纹、锯齿纹、栉齿纹和铭文带各一周。铭文为“蔡氏作竟（镜）佳且好，明而（如）月世少有。刻治今（禽）守（兽）悉皆在，令人富贵宜孙子，寿而（如）金石不知老兮，乐无亟（极）”，共计40字。三角缘。1955年，洛阳市老城北郊岳家村唐墓M30出土。洛阳博物馆藏。（程永建）

* 赵国壁：《洛阳发现的波斯萨珊王朝银币》，《文物》1960年第8、9期；《洛阳出土铜镜》图版57；朱亮：《洛阳30号墓出土的三角缘画像镜》，《华夏考古》1994年第3期；《中国青铜器全集》第16卷《铜镜》图版八〇。

三、魏晋北朝铜镜

144. 神像神兽镜

曹魏

直径15厘米

圆形，圆钮，圆钮座。绕钮饰以神人、神兽等，外饰十四方枚与半圆形涡纹。另有弦纹、锯齿纹、鸟兽纹各一周。卷云纹缘。1987年，洛阳市吉利区河南炼油厂采集。中国国家博物馆藏。程永建先生认为，此镜与洛阳东汉墓出土日月天王神像镜形制、纹饰相近，年代应相同。（霍宏伟）

*《中国青铜器全集》第16卷《铜镜》图版九七。

145. 四乳四禽镜

西晋中晚期

直径8、缘厚0.4厘米

圆形，圆钮，圆钮座。座外饰四乳四禽纹，外饰栉齿纹、锯齿纹各一周。窄缘。2008年4月，洛阳市瀍河区利民南街西侧西晋中晚期墓C3M723出土，墓中共出铜镜6面，有连弧镜、变形四叶镜、博局镜等。洛阳市文物考古研究院藏。（霍宏伟）

* 洛阳市文物工作队：《洛阳瀍河区利民南街西晋墓发掘简报》，《文物》2011年第8期。

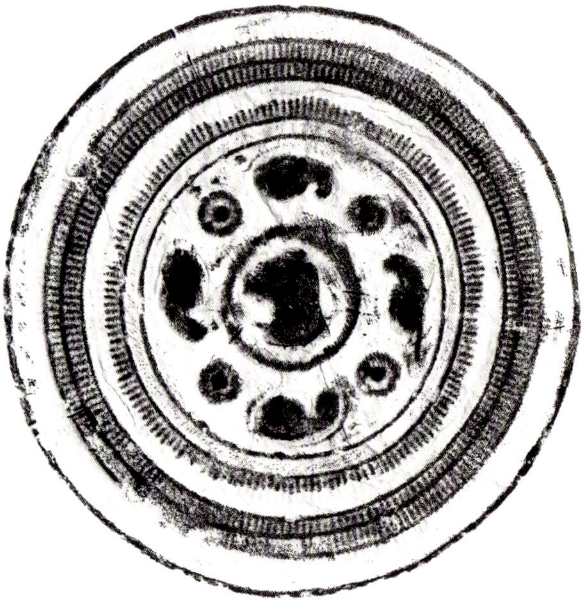

146. 四乳四禽镜

西晋

直径8.3、缘厚0.49厘米，重111克

圆形，圆钮，圆钮座。座外为四乳四禽纹饰，四枚带圆座的乳丁与四个飞禽纹饰相间排列。弦纹外饰栉齿纹。平素缘。1957年8月，洛阳市铁路站线西晋墓M30出土。洛阳市文物考古研究院藏。（赵晓军）

*《洛阳出土铜镜》图版59。

147. 独鸟镜

西晋

直径8.4、缘厚0.52厘米，重115克

圆形，圆钮，圆钮座。座外为一只展翅飞鸟，身躯部分压于钮座下，其外饰栉齿纹和锯齿纹。窄素三角缘。1966年4月，巩县芝田公社外（喂）庄大队采集。洛阳市文物考古研究院藏。（赵晓军）

*《洛阳出土铜镜》图版66。

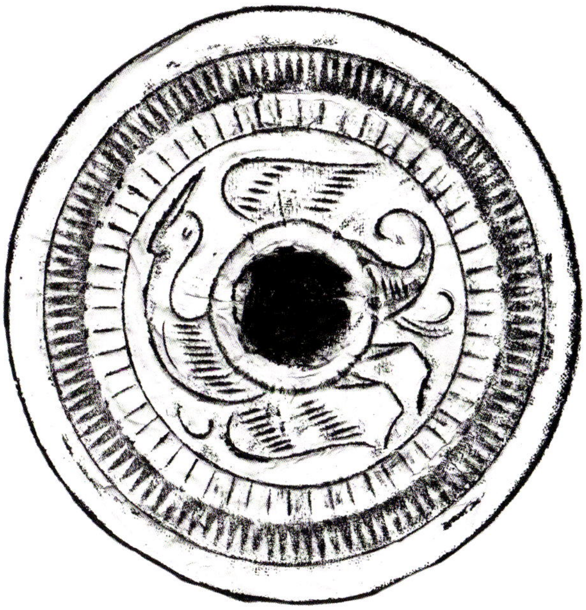

148. 四乳神兽镜

西晋晚期

直径10.2、缘厚0.5厘米

圆形，半球形钮，圆钮座。座外弦纹一周，等距饰以四个带圆座的乳丁纹，其间为神兽纹与斧形纹。其外为锯齿纹两周、波折纹一周。三角缘。2006年8月，洛阳市洛南新区厚载门街东侧西晋晚期墓C7M3033出土，与八连弧镜伴出。洛阳市文物考古研究院藏。（霍宏伟）

* 洛阳市文物工作队：《洛阳厚载门街西晋墓发掘简报》，《文物》2009年第11期。

149. 四乳神兽镜

西晋

直径12、厚0.3厘米

圆形，圆钮，圆钮座。座外两周栉齿纹带之间，为四枚带圆座的乳丁与四个神兽纹相间排列。卷云纹缘。1960年夏，洛阳王湾遗址东部西晋砖室墓M360出土。（霍宏伟）

* 北京大学考古文博学院：《洛阳王湾——考古发掘报告》，北京大学出版社，2002年，第165页，图版六一：1。

150. 三兽镜

西晋

直径9.1厘米

圆形，圆钮，圆钮座。座外三兽绕钮同向排列。兽伸颈向前，身躯弯曲，尾部上扬。外饰栉齿纹两周、双线波折纹一周。素缘。偃师出土。偃师商城博物馆藏。（张翠玲）

*《偃师文物精粹》图版30。

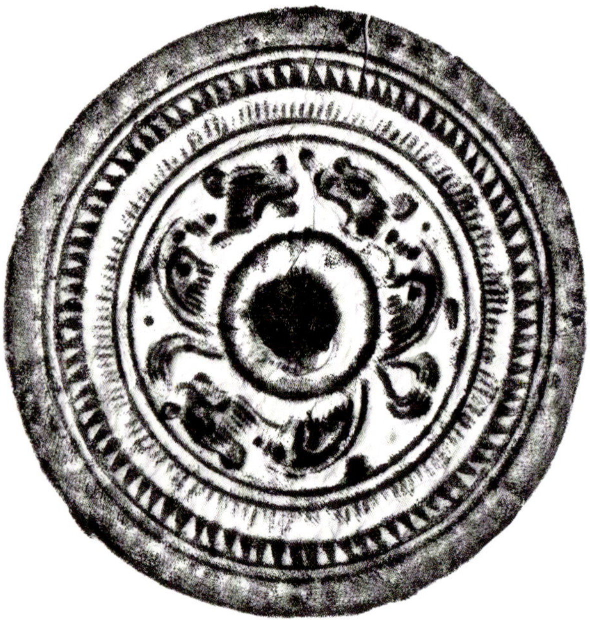

151. 三虎镜

西晋

直径9.2、缘厚0.4厘米，重118克

圆形，圆钮，圆钮座。座外为浅浮雕的三虎，其中两虎相对，一虎相随。弦纹外依次饰栉齿纹和锯齿纹。素三角缘。1955年9月，洛阳市涧西区矿山机械厂西晋墓M31出土。洛阳市文物考古研究院藏。（赵晓军）

*《洛阳出土铜镜》图版65。

152. 三虎镜

西晋

直径8.9、缘厚0.6厘米，重152克

圆形，圆钮，圆钮座。座外为浅浮雕的三虎，三虎依次相随。弦纹外依次饰栉齿纹和锯齿纹。三角缘。1955年2月，洛阳市劳改砖瓦厂西晋墓M3A出土。洛阳市文物考古研究院藏。（赵晓军）

153. 龙虎镜

西晋

直径9.4、缘厚0.56厘米，重179克

圆形，圆钮，圆钮座。座外浮雕一龙一虎相对。弦纹外为栉齿纹。宽缘，缘上自内向外依次饰锯齿纹和波折纹。1956年11月，洛阳市涧西区东方红拖拉机厂西晋墓M023出土。洛阳市文物考古研究院藏。（赵晓军）

154. 泰始八年神像镜

西晋泰始八年（272年）
直径9.9厘米，重125克

圆形，圆钮，圆钮座。画像为四组浮雕：第一组，为一人坐地抚琴，两侧二人手执麈尾。第二、三组，各有一人席地而坐，一人侧跪。第四组画面漫漶不清，无法辨识。画像外饰栉齿纹、重弦纹各一周。其外为“位至三公□□泰始八年五月一日王君”铭文带。素缘。洛阳市涧西区技校墓M4出土。洛阳博物馆藏。（霍宏伟）

*《洛阳出土铜镜》图版68。

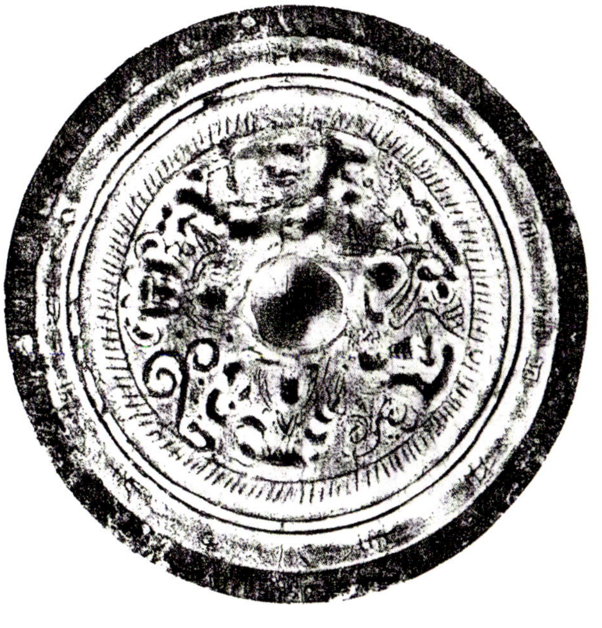

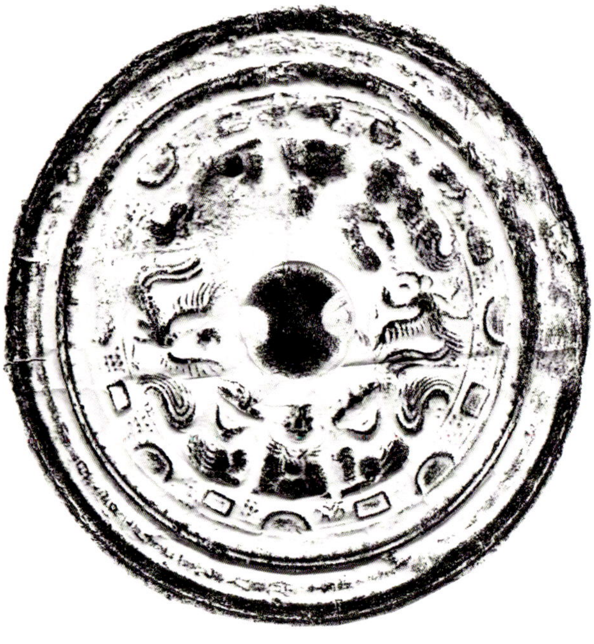

155. 神兽镜

西晋中晚期

直径11.6、缘厚0.3厘米

圆形，圆钮，圆钮座。绕钮座饰以神人神兽纹，局部不甚清晰，其外饰八个长方枚、八个半圆相间环列。外围重凸弦纹两周，镜缘有铭文一周，仅可辨识"君宜高官，三公九卿"等字，其余因锈蚀无法辨认。2008年10月，洛阳中国石油一建郑西铁路拆迁安置小区西晋中晚期墓C7M3741出土。洛阳市文物考古研究院藏。（霍宏伟）

* 洛阳市文物工作队：《洛南新区两座西晋墓》，《中国国家博物馆馆刊》2011年第8期。

156. 连弧镜

西晋中晚期

直径8.8、缘厚0.3厘米

圆形，圆钮，圆钮座。座外饰一周凸弦纹，其外为八个内向连弧纹。再外为一周凹面圈带。宽平素缘。2008年4月，洛阳市瀍河区利民南街西侧西晋中晚期墓C3M723出土，同出四乳四禽镜、变形四叶镜、博局镜等。洛阳市文物考古研究院藏。（霍宏伟）

* 洛阳市文物工作队：《洛阳瀍河区利民南街西晋墓发掘简报》，《文物》2011年第8期。

157. 连弧镜

西晋中晚期

直径9.4、缘厚0.3厘米

圆形，圆钮，圆钮座。外饰一周凸弦纹，其外为八个内向连弧纹、凹面圈带各一周。宽平素缘。2008年4月，洛阳市瀍河区利民南街西侧西晋中晚期墓C3M723出土，与四乳四禽镜、变形四叶镜、博局镜等伴出。洛阳市文物考古研究院藏。（霍宏伟）

* 洛阳市文物工作队：《洛阳瀍河区利民南街西晋墓发掘简报》，《文物》2011年第8期。

158. 铭文连弧镜

西晋中晚期
直径11.6、缘厚0.35厘米

圆形，圆钮，圆钮座。外饰四叶纹，叶间有篆书体铭文4字“君宜官兮”。外饰凸弦纹八个连弧纹凹面圈带各一周。宽平素缘。2008年4月，洛阳市瀍河区利民南街西侧西晋中晚期墓C3M723出土，同出四乳四禽镜、变形四叶镜、博局镜等。洛阳市文物考古研究院藏。（霍宏伟）

* 洛阳市文物工作队：《洛阳瀍河区利民南街西晋墓发掘简报》，《文物》2011年第8期。

159. 变形四叶兽首镜

西晋中晚期

直径15.2、缘厚0.5厘米

圆形，圆钮，圆钮座。座外围为蝙蝠形四叶纹，其内各有一字，合读为“君宜高官”。四叶外间配兽首各一，兽首呈正视状，瞋目，张口，毛发卷曲，形象凶猛。其外有弦纹两周，中间饰十六内向连弧纹带。近缘饰规整的几何菱纹带图案。素缘。2006年10月，洛阳市吉利区河阳家园住宅区工地西晋中晚期墓C9M2492出土。洛阳市文物考古研究院藏。（霍宏伟）

* 洛阳市文物工作队：《洛阳吉利区西晋墓发掘简报》，《文物》2010年第8期。

160. 四叶连弧镜

西晋

直径17、缘厚0.5厘米

黄褐釉陶。圆形，圆钮，圆钮座。座外方格四隅各伸出一四叶纹。其外一周十五内向连弧纹，均为阴线。宽平素缘。罕见。1970年，洛阳市涧西区矿山机械厂水压机车间西晋墓出土。洛阳博物馆藏。（史家珍　张翠玲）

161. 四叶八凤镜

西晋

直径11.4、缘厚0.28厘米，重156克

圆形，圆钮，圆钮座。座外为一内空呈圆角方形的四叶，四叶外为两两相对的八只凤鸟，凤鸟成对组合，外饰十六内向连弧纹一周。凹弧纹圈外为宽平素缘。1979年5月，洛阳机砖厂西晋墓M1出土。洛阳市文物考古研究院藏。（赵晓军）

162. 四叶八凤镜

西晋

直径10.5、缘厚0.25厘米，重167克

圆形，盘龙钮，圆钮座。座外围以弧线四方形连接的宝珠状四叶纹。四叶间为图案化的八凤纹，立冠垂尾，相互抵接，四方委角内各一字铭，合读为“位至三公”。十六内向连弧纹缘。2010年12月，伊川县下元墓群Ⅱ区西晋墓M15出土。洛阳市文物考古研究院藏。（赵晓军）

163. 位至三公夔凤镜

西晋中晚期

直径10.5、缘厚0.4厘米

圆形，圆钮，圆钮座。钮上、下各有两条平行纵线，将镜背纹饰分为左、中、右三区。中区双线格内为直行铭文，上为“位至”，下为“三公”。左右各有一形态简约的凤纹，作S形卷曲。外饰弦纹两周，近缘外饰栉齿纹一周。宽平素缘。2006年10月，洛阳市吉利区河阳家园住宅区工地西晋中晚期墓C9M2490出土。洛阳市文物考古研究院藏。（霍宏伟）

* 洛阳市文物工作队：《洛阳吉利区西晋墓发掘简报》，《文物》2010年第8期。

164. 位至三公夔凤镜

西晋

直径10.5、缘厚0.4厘米，重149克

圆形，圆钮，圆钮座。钮上、下各有两条平行纵线，将镜背分为三区。中区双线格内为直行铭文，上为“位至”，下为“三公”。在钮上右侧、钮下左侧纵线外有两道较细的纵线，其间饰有V形图案。钮左右各有一夔凤纹，作S形卷曲，头尾结构不明，周围放射出的长短曲线形似羽毛。弦纹外为栉齿纹。宽平素缘。1980年8月，洛阳市涧西区东方红拖拉机厂防空洞西晋墓C4M17出土。洛阳市文物考古研究院藏。（赵晓军）

165. 位至三公夔凤镜

西晋

直径9.4、缘厚0.22厘米，重110克

圆形，圆钮。钮上下各有三条平行纵线，将镜背分为三区。中区双线格内为直行铭文，上为“位至”，下为“三公”。钮上左侧、钮下右侧内道平行线间饰有V形图案。钮左右各有一夔凤纹，作S形卷曲，头尾结构不明，周围放射出的长短曲线形似羽毛。弦纹外为栉齿纹。素宽平缘。1975年12月，洛阳市涧西区东方红拖拉机厂煤炭砖厂采集。洛阳市文物考古研究院藏。（赵晓军）

166. 位至三公夔凤镜

西晋

直径9.4、缘厚0.36厘米，重102克

圆形，圆钮，圆钮座。钮上下各有两条平行纵线，将镜背分为三区。中区双线格内为直行铭文，上为“位至”，下为“三公”。在钮上右侧、钮下左侧纵线外各有两条较细的平行纵线，其间饰有V形图案。钮左右各有一夔凤纹，作S形卷曲，头尾结构不明，周围放射出的长短曲线形似羽毛。弦纹外为栉齿纹。宽平素缘。1955年，洛阳市涧西区东方红拖拉机厂西晋墓M6.12.22出土。洛阳市文物考古研究院藏。（赵晓军）

167. 位至三公夔凤镜

西晋

直径7.7、缘厚0.18厘米，重59克

圆形，圆钮。钮上、下各有三条平行纵线，将镜背分为三区。中区双线格内为直行铭文，上为“位至”，下为“三公”。钮上右侧、钮下左侧两条平行纵线间饰有V形图案。钮左右各有一夔凤纹，作S形卷曲，头尾结构不明，周围放射出的长短曲线形似羽毛。弦纹外为栉齿纹。宽平素缘。1973年11月，洛阳市曙光机械厂西晋墓M1出土。洛阳市文物考古研究院藏。（赵晓军）

168. 位至三公夔凤镜

西晋

直径9厘米

圆形，圆钮，圆钮座。钮上、下各有三条纵线，将镜背分为三区。中区钮座上、下各有两字直行铭，分别为“位至”、“三公”。镜钮左、右两区各饰一简约变形的夔凤纹，夔凤与铭文之间填以弧线纹。外饰栉齿纹一周。宽平素缘。偃师高龙半个寨砖厂M1出土。偃师商城博物馆藏。（史家珍　张翠玲）

169. 位至三公夔凤镜

西晋

直径10.6厘米

圆形，圆钮，圆钮座。钮上、下各有两条纵线，将镜背分为三区。中区钮座上、下为直行铭文，分别为“位至”、“三公”，“位至”两字模糊。钮左右两侧各饰夔凤纹，夔凤与铭文之间填以弧线纹。外饰栉齿纹一周。宽平素缘。偃师出土。偃师商城博物馆藏。（张翠玲）

170. 位至三公夔凤镜

西晋

直径9.4、厚0.3厘米

圆形，圆钮，圆钮座。钮座上、下双线格内，分别为直行铭文“位至”、“三公”四字铭文。左右两侧各饰一变形凤纹。外饰凸弦纹两周、短栉齿纹一周。宽平素缘。2007年12月～2008年1月，洛阳612所地下车库西晋墓M9884出土，与君宜夔凤镜伴出。洛阳市文物考古研究院藏。（霍宏伟）

* 洛阳市文物工作队：《612所地下车库工地发掘简报》，《洛阳考古发现（2007）》第98～137页，彩版四：5。

171. 位至三公夔凤镜

西晋中晚期
直径9.7、厚0.4厘米

圆形，圆钮，圆钮座。在钮座上、下双线格内，分别有“位至”、“三公”四字直行铭文。左右两侧各饰一变形凤纹。外饰凸弦纹两周、栉齿纹一周。宽平素缘。2003年4～7月，伊川县槐庄墓地西晋中晚期M6出土。河南省文物考古研究院藏。（霍宏伟）

* 河南省文物考古研究所、伊川县文物管理委员会：《河南伊川县槐庄墓地晋唐墓发掘简报》，《华夏考古》2005年第3期。

172. 至三公夔凤镜

西晋
直径9厘米，重73克

圆形，圆钮，圆钮座。座外上、下竖写铭文“至三公”，左右两侧为简化的夔凤纹。其外饰弦纹两周、栉齿纹一周。宽平素缘。宜阳县石村乡马朝沟村出土。宜阳县文物保护管理所藏。（张翠玲）

173. 君宜夔凤镜

西晋

直径8.3、厚0.25厘米

圆形，圆钮，圆钮座。在钮座上、下双线格内，为直行铭文，钮上为“君”字，下为“宜”字。左右两侧各饰一凤纹，外围凸弦纹两周、栉齿纹一周。宽平素缘。2007年12月～2008年1月，洛阳612所地下车库西晋墓M9884出土，与位至三公夔凤镜伴出。洛阳市文物考古研究院藏。（霍宏伟）

* 洛阳市文物工作队：《612所地下车库工地发掘简报》，《洛阳考古发现（2007）》第98～137页，彩版四：6。

174. 位至三公夔龙镜

西晋

直径9.4、缘厚0.27厘米，重110克

圆形，圆钮，圆钮座。钮上、下各有两条平行纵线，将镜背分为三区。中区双线格内为直行铭文，上为“位至”，下为“三公”。钮左右各有一夔龙纹，作S形卷曲。外为一周栉齿纹。宽平素缘。1955年6月，洛阳市涧西区矿山机械厂宿舍西晋墓M3出土。洛阳市文物考古研究院藏。（赵晓军）

175. 宜官翼虎连弧镜

北朝

直径11.7厘米，重272.5克

圆形，圆钮，圆钮座。钮座上、下两侧各有一相对的竖行“宜官”铭文，左、右两侧各饰一剔地平雕的翼虎。外饰十二内向连弧纹。宽平素缘。洛阳市郊区岳家村M313出土。洛阳博物馆藏。（霍宏伟）

*《洛阳出土铜镜》图版70。

176. 环状乳神兽镜

北魏

直径15.1厘米，重615克

圆形，圆钮，圆钮座。在镜背四环乳之间，饰以仙人、瑞兽等形象。外区分布十二个半圆形涡纹，其间均饰一方枚，每方枚内有四个字。几何纹画文带缘。1987年，偃师杏园村北魏墓YDIIM926出土。中国社会科学院考古研究所藏。（霍宏伟）

* 中国社会科学院考古研究所河南二队：《河南偃师县杏园村的四座北魏墓》，《考古》1991年第9期。

177. 四神十二生肖镜

北朝

直径16.9厘米，重615克

圆形，圆钮，圆钮座。钮外环饰青龙、白虎、朱雀、玄武等四神纹。外饰双线界格一周十二格，分别饰十二生肖，再外饰锯齿纹一周。素缘。洛阳市郊区庞家沟出土。洛阳博物馆藏。（霍宏伟）

*《中国青铜器全集》第16卷《铜镜》图版一〇〇；《洛阳出土铜镜》图版69。

洛阳市文物考古研究院学术系列丛书

洛镜铜华

洛阳铜镜发现与研究

下册

霍宏伟　史家珍　主编

科学出版社
北京

四、隋唐五代铜镜

178. 淮南起照神兽镜

隋代

直径33.2、缘厚0.7厘米，重4759克

圆形，圆钮，双线八角形钮座。八个凸起的方框各有一字铭文，分别为“□、金、宜、□、书、明、作、□”。内区饰东王公、西王母、四神，以双线相隔。内区外侧饰八个半圆枚和两个方枚，方枚上有铭“宜君大吉”四字。外区饰楷书阳铭一周及十二生肖等。其铭云：“淮南起照，仁寿传名。琢玉斯表，熔金勒成。时雍炎晋，节茂朱明。爰模鉴徹，用拟流清。光无亏满，叶不枯荣。图形览质，千载为贞。”圈外环饰十五只展翅飞翔的鸾凤。平素缘。1978年，洛阳博物馆征集于河南登封。洛阳博物馆藏。李随森先生认为，该镜属于初唐时期。（刁淑琴）

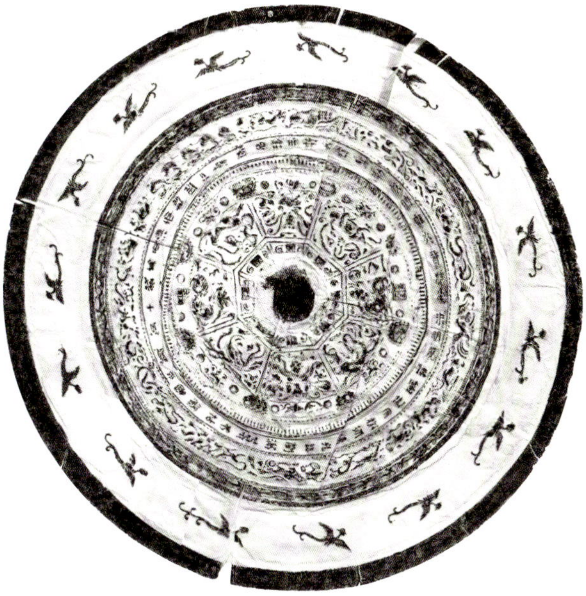

* 沈淑玲：《洛阳博物馆收藏一件隋代画像镜》，《中原文物》1984年第1期；《洛阳出土铜镜》彩版5；李随森：《洛阳“仁寿镜”年代试析》，洛阳市文物局编：《耕耘论丛（一）》，科学出版社，1999年，第186～193页；《中国青铜器全集》第16卷《铜镜》图版一〇二。

179. 四神十二生肖镜

初唐

直径24.4厘米，重2194克

圆形，圆钮，四叶纹钮座。内区饰四神。凸弦纹分内、外两区，其间饰以铭文："魏宫知本姓，秦楼识旧名，凤从台上出，龙就匣中生。无波菱自动，不夜月恒明，非唯照佳丽，复用厌山精。"外区由花卉纹分为十二格，饰以十二生肖纹，环绕排列。卷云纹缘。2001年，偃师杜楼砖厂唐贞观二十一年（647年）崔大义及妻李夫人合葬墓（M1）出土。偃师商城博物馆藏。（刁淑琴）

* 赵会军、郭宏涛：《河南偃师三座唐墓发掘简报》，《中原文物》2009年第5期。

180. 四神镜

唐代

直径16、缘厚0.6厘米，重750克

圆形，圆钮，花瓣纹钮座。钮座外围绕着青龙、白虎、朱雀、玄武四神，其间饰花枝纹。窄缘。20世纪80～90年代初，洛阳博物馆征集。洛阳博物馆藏。（刁淑琴）

* 郭凤娥、沈淑玲：《洛阳博物馆馆藏的几件铜镜》，《中原文物》1991年第1期。

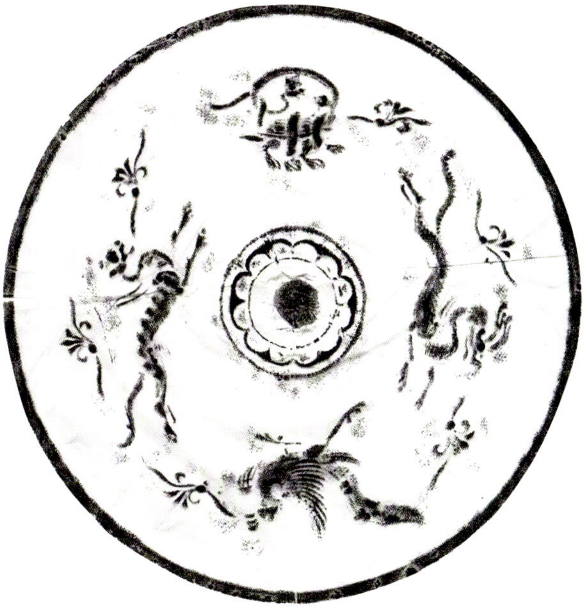

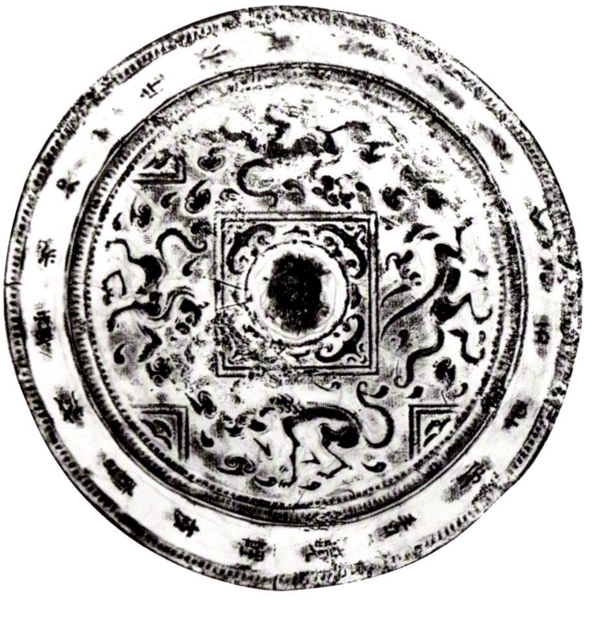

181. 铭文神兽镜

初唐

直径16.1、缘厚0.35厘米，重329克

圆形，圆钮，四叶纹钮座。主体纹饰为四神兽环钮排列，神兽造型独特，形态各异。外周饰一周铭文："玉匣聊看镜，轻灰暂拭尘，光如一片水，影照两边人。"锯齿纹缘。2009年10月，洛阳市龙门站前广场唐墓出土。洛阳市文物考古研究院藏。（刁淑琴）

* 程永建、张翠玲：《洛阳唐代有铭铜镜综述》，《洛阳考古》2013年第1期（创刊号）。

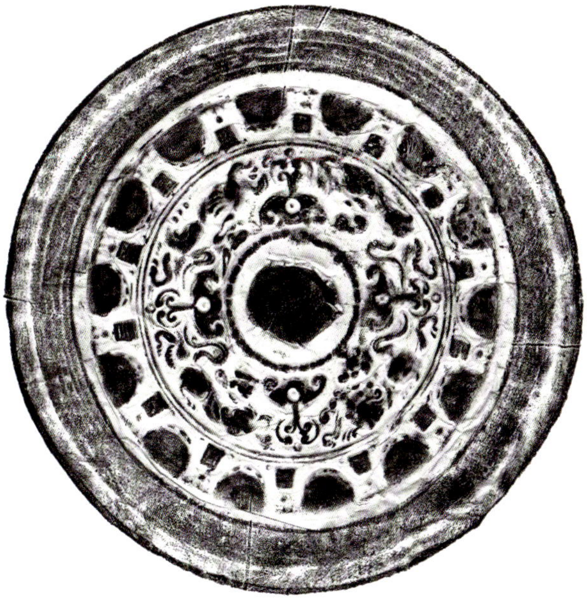

182. 半圆方枚神兽镜

唐代

直径15.4、缘厚1厘米，重921克

圆形，圆钮。钮外饰两组神兽纹。主纹外饰方枚和半圆相间排列，方枚内铭文已无法辨识。此镜在神兽镜中罕见，镜体厚重。宽缘。唐仿汉镜。2012年，洛阳市洛龙区龙盛小学唐墓M23出土。洛阳市文物考古研究院藏。（刁淑琴）

183. 秦王瑞兽镜

唐代

直径9.6、缘厚0.6厘米，重141克

圆形，小圆钮，圆钮座。双弦纹高棱将镜背分为内、外两区，内区饰四只瑞兽，环钮逆时针奔跑。外区饰一圈铭文："赏得秦王镜，判不惜千金，非关欲照胆，特是自明心。"素卷缘。1956年10月，洛阳市劳改砖瓦厂唐墓M415出土。洛阳市文物考古研究院藏。（刁淑琴）

184. 铭文瑞兽镜

初唐

直径19.5厘米

圆形，圆钮。内区瑞兽八只，每两只成一组，包括奔鹿、雄狮等写实图案。外区一周铭文："照心宝镜，圆明难拟，影入四邻，形超七子，菱花不落，回风讵起，何处金波，飞来匣里。"镜身厚重，从形制、纹饰方面分析，此镜应为初唐所造。1984～1992年，偃师杏园村唐会昌三年（843年）李郁墓（M1921）出土。中国社会科学院考古研究所藏。（刁淑琴）

* 中国社会科学院考古研究所：《偃师杏园唐墓》，科学出版社，2001年，第212、213页，图204：1，彩版10：3。

185. 四兽镜

晚唐
直径7.2厘米

圆形，小圆钮，花瓣钮座。四瑞兽同向排列。窄缘。1985年，偃师杏园村唐咸通十年（869年）李棁墓（M4537）出土。中国社会科学院考古研究所藏。（刁淑琴）

*《偃师杏园唐墓》第215、218页，图209，图版33：6。

186. 四瑞兽葡萄镜

盛唐
直径13.1、缘厚1.3厘米

圆形，伏兽钮。双弦纹高棱将镜背分为内、外两区。内区四只瑞兽环列镜钮同向排列。外区十二枝葡萄依次排列，内侧攀附十只长尾鸟。1985年，偃师杏园村武则天长寿三年（694年）李守一墓（M1366）出土。中国社会科学院考古研究所藏。（刁淑琴）

* 中国社会科学院考古研究所：《中国社会科学院考古研究所考古博物馆洛阳分馆》，文化艺术出版社，1998年，第106页；《偃师杏园唐墓》第65、66页，图58，图版31：1。

187. 四瑞兽葡萄镜

盛唐

直径9.8厘米

圆形，伏兽钮。一周凸棱将镜背图案分为内、外两区，内区四只瑞兽环钮排列。外区葡萄纹之间，四只飞鸟展翅飞翔。1984～1993年，偃师杏园村武则天证圣元年（695年）宋思真墓（M1041）出土。中国社会科学院考古研究所藏。（刁淑琴）

*《偃师杏园唐墓》第65、67页，图59，图版31：2。

188. 四瑞兽葡萄镜

盛唐

直径9.9厘米

圆形，伏兽钮。双弦纹将镜镜背分为内、外两区，内区四瑞兽环绕排列。外区葡萄枝蔓之间，饰雀鸟、鸿雁、蜻蜓等纹饰。1984～1993年，偃师杏园村唐开元六年（718年）李珣墓（M1710）出土。中国社会科学院考古研究所藏。（刁淑琴）

*《偃师杏园唐墓》第65、68页，图61，图版31：4。

189. 四瑞兽葡萄镜

盛唐

直径10.1厘米

圆形，钮上瑞兽作扭头戏要状。内区四兽呈攀附状，外区葡萄枝叶，果实之间有四只飞鸟，内外区之间的隔梁上用葡萄枝细密缠绕，缘内饰云头状小花一周共43朵。1984～1993年，偃师杏园村唐开元十年（722年）卢氏墓（M1137）出土。中国社会科学院考古研究所藏。（刁淑琴）

*《偃师杏园唐墓》第65、67页，图60，图版31：3。

190. 四瑞兽葡萄镜

晚唐

直径9.4厘米

圆形，伏兽钮。环钮内区四瑞兽同向排列。外区三鸟展翅飞行，三雁伫立，其间填以葡萄枝叶。边缘内一周祥云纹。1984～1993年，偃师杏园村唐大中元年（847年）穆悰墓（M1025）出土。中国社会科学院考古研究所藏。（刁淑琴）

*《偃师杏园唐墓》第212页，图版31：5。

191. 四瑞兽葡萄镜

唐代

直径10.7、缘厚1.1厘米

圆形，蛙钮。钮外分为内、外两区，均以缠枝葡萄纹为地纹。内区饰以四只形态各异的瑞兽，外区有八只飞鸟相间环绕。外缘凸起。2007年5月，洛阳市吉利区坡底村商住楼唐墓C9M2502出土，与四叶镜伴出。洛阳市文物考古研究院藏。（霍宏伟）

* 洛阳市文物工作队：《洛阳市吉利区坡底村商住楼工地发掘简报》，《洛阳考古发现（2007）》第335～339页，彩版三：2。

192. 六瑞兽葡萄镜

盛唐

直径14.8、缘厚1.3厘米

圆形，兽形钮。镜背中部有一周凸棱，将其分为内、外两区。内区有六只瑞兽绕钮排列，间饰以禽鸟、葡萄蔓枝果叶。外区饰以葡萄、花鸟纹。镜缘凸起。2002～2004年，洛阳市关林镇盛唐墓C7M1327出土。洛阳市文物考古研究院藏。（霍宏伟）

* 洛阳市文物工作队：《洛阳关林镇唐墓发掘报告》，《考古学报》2008年第4期。

193. 六瑞兽葡萄镜

唐代

直径14.9、缘厚1.3厘米，重1000克

圆形，伏兽钮。联珠纹高圈将纹饰分为内、外区。内区为六只瑞兽环绕镜钮，攀援在葡萄枝蔓上，其中四只仰脸朝天作吼叫状，另两只作伏卧状。外区雀鸟、蝴蝶、蜜蜂相间环绕，葡萄枝蔓铺地。云朵纹缘。洛阳出土。洛阳博物馆藏。（刁淑琴）

194. 六瑞兽葡萄镜

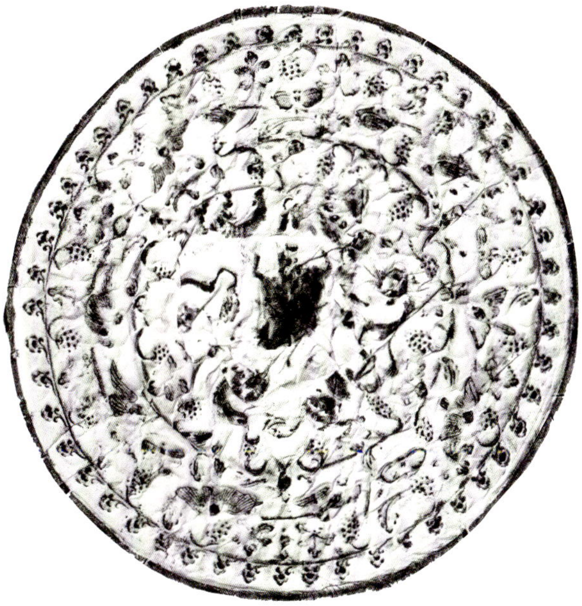

唐代

直径14、缘厚1.5厘米，重1172克

圆形，伏兽钮。镜背满地饰葡萄、枝叶、枝蔓，且葡萄枝蔓穿过内区与外区之间的凸弦纹，与外区相交，俗称“过梁葡萄”镜。凸弦纹将镜背分为内、外两区，内区采用高浮雕工艺，纹饰繁杂，钮为高浮雕兽钮，其余六只瑞兽环列镜钮四周，神态各异。葡萄、枝蔓，铺满四周，构图精巧。外区饰十只雀鸟、蝴蝶、蜻蜓等，在葡萄藤蔓中相间环绕。花云纹缘。1973年5月，洛阳市涧西区矿山机械厂西区唐墓M1出土。洛阳市文物考古研究院藏。（刁淑琴）

195. 七瑞兽葡萄镜

唐代

直径20.8、缘厚1.7厘米，重1934克

圆形，伏兽钮。内区两条团龙隔钮相对，四只瑞兽环列镜钮两侧。在其中三只瑞兽身旁，依偎着三只小瑞兽。外区饰瑞兽、鸳鸯、雀鸟、大雁等纹饰，在满铺的葡萄及叶蔓中，相间环绕。洛阳花子砦出土。洛阳博物馆藏。（刁淑琴）

*《洛阳出土铜镜》彩版8。

196. 八瑞兽葡萄镜

盛唐

直径24.8、缘厚2.2厘米，重3372克

圆形，伏兽钮。内区采用高浮雕工艺，纹饰较为繁缛。八只瑞兽环列镜钮四周，造型各异，其中一独角瑞兽呈侧仰卧状。外区饰瑞兽、鸳鸯、天马、孔雀等纹饰，在满铺的葡萄枝蔓中，相间环绕。花叶、动物纹饰极为精细，瑞兽憨态呼之欲出，葡萄的叶脉和雀鸟羽毛清晰可见。镜体硕大、厚重，铸造工艺水平较高。1984年，宜阳县高村乡王沟村唐大历二年（767年）牛子珍夫妻合葬墓出土。洛阳博物馆藏。（刁淑琴）

* 李惠民：《宜阳县发现唐代铜镜》，《河南日报》1985年3月12日第1版；[日]中日新闻社：《黄河文明展》，大冢巧艺株式会社，1986年，图版119；《宜阳县文物志》第106页；《中国青铜器全集》第16卷《铜镜》图版一三五。

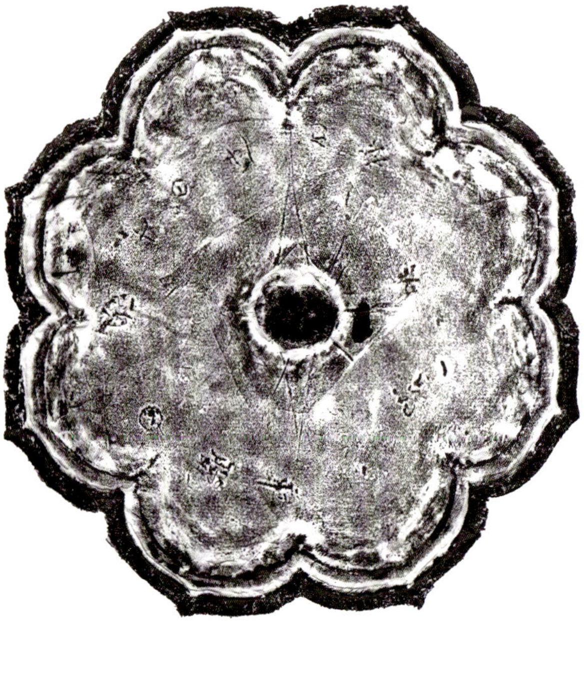

197. 长寿二年镜

盛唐

直径15.7、缘厚1.1厘米，重940克

八瓣菱花形，圆钮。四周镜缘向上隆起，中部下凹，背面粗糙，未经打磨，内反铸“长寿二年腊月头七日造初样”铭文。据此可知该镜系唐长寿二年（693年）的初造样品。素缘。此镜应是金（或银）背镜的镜体。1970年，洛阳市关林镇洛阳钢厂唐天宝八年（749年）M20墓出土。洛阳市文物考古研究院藏。（刁淑琴）

*《洛阳出土铜镜》图版105。

198. 素面镜

盛唐

直径9.8、缘厚1.1厘米

圆形，圆钮。内、外区用凸棱分界，正、背两面抛光俱佳，亮丽如初。1984年，偃师杏园村唐神龙二年（706年）宋祯墓（M1008）出土。中国社会科学院考古研究所藏。（刁淑琴）

*《偃师杏园唐墓》第65、70页，图65：1，图版32：2。

199. 素面镜

晚唐

直径9.2厘米

圆形，圆钮。镜背平整无缘。1984～1993年，偃师杏园村晚唐墓M2544出土。中国社会科学院考古研究所藏。（霍宏伟）

*《偃师杏园唐墓》第212页，图版32：3。

200. 素面镜

盛唐

直径9.6、缘厚0.8厘米

八瓣菱花形，内、外区有凸棱分界。素面，镜体厚重，器表光亮。1984年，偃师杏园村唐景龙三年（709年）李嗣本墓（M1928）出土。中国社会科学院考古研究所藏。（刁淑琴）

*《偃师杏园唐墓》第69、71页，图64：2，图版35：3。

201. 四方委角镜

晚唐

边长13.8厘米

四方委角形，小圆钮。素面抛光，工艺精良，至今光亮如初。1984～1993年，偃师杏园村唐会昌二年（842年）郑夫人墓（M5013）出土。中国社会科学院考古研究所藏。（刁淑琴）

*《偃师杏园唐墓》第216页，图版37：3。

202. 鸾鸟瑞兽镜

盛唐

直径10.4、缘厚0.4厘米

八出菱花形，圆钮。内区鸾鸟、瑞兽各一对，相间排列，同向绕钮飞驰，以折枝花界隔。外区的菱花瓣内有四只蝴蝶和四朵祥云相间布置。1984年，偃师杏园村唐景龙三年（709年）李嗣本墓（M1928）出土。中国社会科学院考古研究所藏。（刁淑琴）

*《偃师杏园唐墓》第68、70页，图66，图版34：2。

203. 鸾鸟瑞兽镜

盛唐

直径12、缘厚0.7厘米

八瓣菱花形，圆钮。内区鸾鸟瑞兽各一对，相间排列、同向绕钮飞驰，以折枝花界隔。外区有四只蝴蝶和四朵祥云布置。1984年，偃师杏园村唐神龙二年（706年）宋祯墓（M1008）出土。中国社会科学院考古研究所藏。（刁淑琴）

*《中国社会科学院考古研究所考古博物馆洛阳分馆》第107页；《偃师杏园唐墓》第68、69页，图64：4，图版34：1。

204. 鸾鸟瑞兽镜

盛唐

直径16.2厘米

八瓣菱花形，圆钮。内区二瑞兽奔跑跳跃，二鸾鸟伫足回首，其间补以花枝。二兽的后腿微微抬离镜背，形成透雕，制作精湛。外区较窄，以祥云、蝴蝶、折枝花相间布置于菱花瓣内。1984～1993年，偃师杏园村唐开元十七年（729年）袁氏墓（M1435）出土。中国社会科学院考古研究所藏。（刁淑琴）

*《偃师杏园唐墓》第71、72页，图67，彩版10：1，图版34：4。

205. 鸾鸟瑞兽镜

中唐

直径9.7厘米

八出葵花形，圆钮。内区二鸾展翅于石榴花之间，二兽作奔跑跳跃状。外区葵花瓣之内祥云纹与蝴蝶纹相间布置。1984～1993年，偃师杏园村唐天宝九年（750年）郑琇墓（M2731）出土。中国社会科学院考古研究所藏。（刁淑琴）

*《偃师杏园唐墓》第138～140、142页，图130：4，132：1，图版35：5。

206. 鸾鸟瑞兽镜

中唐

直径17厘米

葵花形，圆钮，葵花形钮座。钮两侧双鸾衔绶，钮上方麒麟奔驰，钮下方瑞兽跳跃。瑞兽前后各配一株灵芝草，麒麟与瑞兽同向前奔。1984～1993年，偃师杏园村唐至德元年（756年）窦承家墓（YHM3）出土。中国社会科学院考古研究所藏。（刁淑琴）

*《偃师杏园唐墓》第139、142页，图133：1，图版35：6。

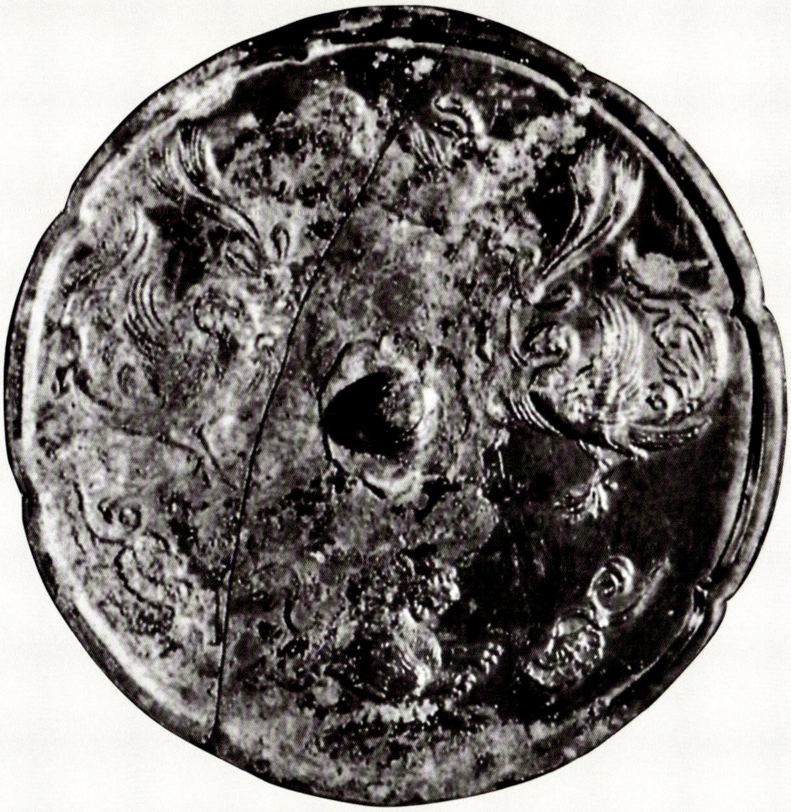

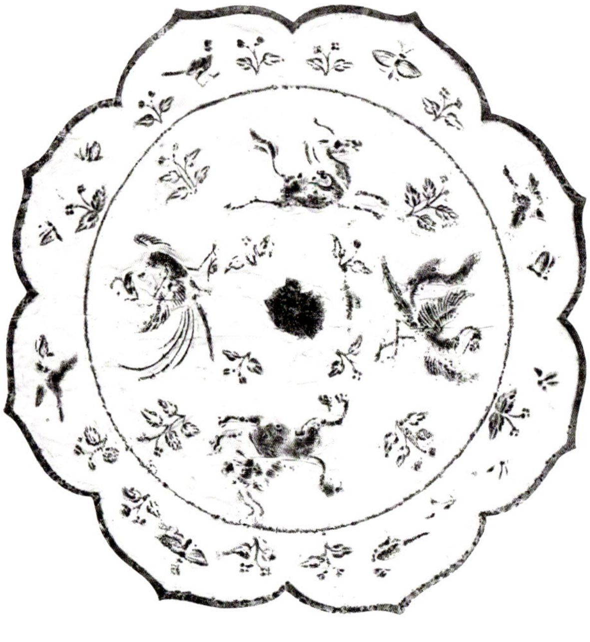

207. 鸾鸟瑞兽镜

盛唐

直径26、缘厚1.4厘米，重3398克

八瓣菱花形，圆钮。内区双兽双鸾相间绕钮排列，瑞兽向前飞奔，双鸾回首翘尾，脚踏花枝，鸾兽间饰四朵花卉纹。镜缘处饰花枝、雀鸟、蝴蝶、蜜蜂相间环绕一周。1984年4月，伊川县白元乡杜河东岸盛唐墓出土。洛阳博物馆藏。（刁淑琴）

* 伊川县文化馆：《河南伊川发现一座唐墓》，《考古》1985年第5期；《黄河文明展》图版120。

208. 对鸟镜

晚唐

直径4.3厘米

圆形，桥形钮。钮上、下各饰一只飞鸟，左、右各饰一朵浮云。窄缘。1984～1993年，偃师杏园村晚唐墓M1025出土。中国社会科学院考古研究所藏。（霍宏伟）

*《偃师杏园唐墓》第212页，图版32：6。

209. 鸾鸟瑞兽镜

晚唐

直径14.8厘米

圆形，桥形钮，六瓣葵花纹钮座。座外四周饰双鸾双兽。窄缘。1984～1993年，偃师杏园村唐大中元年（847年）穆悰墓（M1025）出土。中国社会科学院考古研究所藏。（刁淑琴）

*《偃师杏园唐墓》第213、215页，图204：3，图版36：1

210. 雀绕花枝镜

盛唐

直径9.2厘米

圆形，小圆钮。内、外区之间以双弦纹高棱分隔，内区四雀鸟围绕圆钮同向飞舞，间以花枝、蝴蝶。外区六雀鸟同向飞舞，间以并蒂花、蝴蝶。窄缘。1984～1993年，偃师杏园村唐神龙二年（706年）宋祜墓（M1003）出土。中国社会科学院考古研究所藏。（刁淑琴）

*《中国社会科学院考古研究所考古博物馆洛阳分馆》第107页；《偃师杏园唐墓》第65、69页，图63，图版32：1。

211. 鸿雁花枝镜

盛唐

直径13.3厘米

八瓣菱花形，伏兽钮。内区四雁翻飞，间饰以灵芝花。外区菱花瓣之内饰以花苞、祥云。窄缘。1984～1993年，偃师杏园村盛唐墓M1902出土。中国社会科学院考古研究所藏。（刁淑琴）

*《偃师杏园唐墓》第71、73页，图68，图版34：5。

212. 四鸟花枝镜

唐代

直径13.4厘米，重575克

八瓣菱花形，伏兽钮。钮外四禽鸟、四折枝花相间环绕。镜缘八瓣中，饰以八云朵纹。嵩县陆浑水库工地出土。洛阳博物馆藏。（刁淑琴）

*《洛阳出土铜镜》图版126。

213. 四鸟花枝镜

盛唐

直径11厘米，重434克

八瓣菱花形，圆钮。主纹为四鸟立于枝头，其间饰花枝、蜜蜂纹。镜缘处饰鸿雁展翅，相间环绕花枝、蜜蜂纹。2008年12月，洛阳市涧西区中信重机公司盛唐墓EM722出土。洛阳市文物考古研究院藏。（刁淑琴）

* 洛阳市第二文物工作队：《洛阳涧西区唐代墓葬发掘简报》，《文物》2011年第6期。

214. 鸿雁花枝镜

唐代

直径6.3、缘厚0.3厘米，重65克

八瓣葵花形，小圆钮。三只鸿雁环绕钮座展翅飞翔，其间填以花枝纹。此镜铸造精细，形制较小。窄素缘。1969年，洛阳市关林镇唐墓M3出土。洛阳市文物考古研究院藏。（刁淑琴）

*《洛阳出土铜镜》图版134。

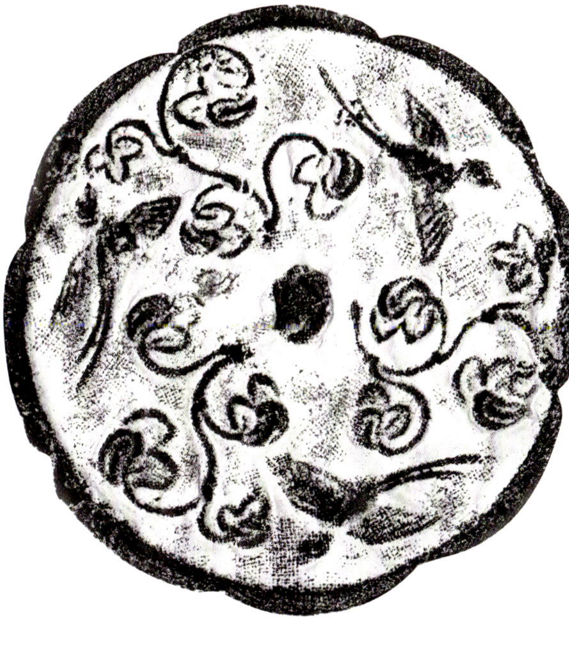

215. 鸿雁衔绶镜

中唐

直径11.3厘米

八出葵花形，圆钮。四只鸿雁同向飞行，口衔花节绶带，灵芝和流云图案补饰其间。窄缘。1984～1993年，偃师杏园村唐天宝四年（745年）崔悦墓（M1204）出土。中国社会科学院考古研究所藏。（刁淑琴）

*《偃师杏园唐墓》第140～142页，图130：2，图132：2，图版36：3。

216. 鸿雁花枝镜

中唐

直径9.8厘米

八瓣菱花形，圆钮。内区双鹊展翅飞舞，二雁宁静伫立，用花枝界隔。外区菱花瓣内、蝴蝶与花枝相间布置，内外区之间以凸棱相隔。窄缘。1984～1993年，偃师杏园村唐天宝九年（750年）郑琇墓（M2731）出土。中国社会科学院考古研究所藏。（刁淑琴）

*《中国社会科学院考古研究所考古博物馆洛阳分馆》第109页；《偃师杏园唐墓》第137、139、140页，图129：2，图130：1，图版34：6。

217. 葡萄蔓枝镜

盛唐

直径9.2厘米

圆形，圆钮。镜背中部有一凸棱，将镜背图案分出内、外两区。内区五串葡萄及枝叶，外区为连续的枝叶纹。1984～1993年，偃师杏园村唐开元六年（718年）李珣墓（M1710）出土。中国社会科学院考古研究所藏。（刁淑琴）

*《偃师杏园唐墓》第65、68页，图62，图版31：6。

218. 双雁系绶荷花镜

盛唐

直径14.4厘米

八出葵花形，圆钮。钮两侧各有一只颈系绶带的鸿雁，下端有莲花茎叶纹。素缘。1984～1993年，偃师杏园村唐开元十年（722年）卢氏墓（M1137）出土。中国社会科学院考古研究所藏。（刁淑琴）

*《中国社会科学院考古研究所考古博物馆洛阳分馆》第107页；《偃师杏园唐墓》第71、75页，图70，图版35：4。

219. 双鸾鸳鸯衔绶镜

盛唐

直径31.5厘米，重2906克

八出葵花形，圆钮。镜钮两侧有两只鸾鸟脚踩花枝，口衔绶带，隔钮相对。鸾鸟之间，上下各饰一对鸳鸯足踩花枝，口衔绶带。镜缘处饰鸿雁展翅，相间环绕花枝、蝴蝶及祥云纹。窄缘。2008年12月，洛阳市涧西区中信重机公司工地盛唐墓EM723出土。洛阳市文物考古研究院藏。（刁淑琴）

* 洛阳市第二文物工作队：《洛阳涧西区唐代墓葬发掘简报》，《文物》2011年第6期。

220. 双鸾千秋镜

唐代

直径25、缘厚0.4厘米，重1511克

八出葵花形，圆钮。镜钮两侧饰两只鸾凤，脚踩花枝。镜钮上方有庑殿顶式殿宇、树木。钮下方为池水游舟。近缘处饰祥云、珍宝纹，珍宝纹内有“千秋”两字铭文。素缘。此镜中庑殿顶的建筑似未见于其他唐镜，且还有“千秋”铭文，罕见。洛阳机制砖厂出土。洛阳市文物考古研究院藏。（刁淑琴）

*《洛阳出土铜镜》图版123。

221. 鸳鸯花枝镜

唐代

直径13.2、缘厚0.6厘米，重515克

八出葵花形，小圆钮。钮两侧各有一只鸳鸯展翅飞翔，共衔一束盛开的宝相花，下方饰雀鸟立于枝蔓。近缘处饰以花叶、蜜蜂、蝴蝶，相间环绕。素缘。洛阳邙山大渠唐墓M27出土。洛阳市文物考古研究院藏。（刁淑琴）

*《洛阳出土铜镜》图版121。

222. 双鸾月宫海龙镜

中唐

直径17.3厘米，重669克

八出葵花形，圆钮。钮上两朵祥云托月，一轮圆月中有玉兔杵臼、蟾蜍。钮两侧各饰一飞鸾衔绶，钮下一条巨龙跃然出水，两侧饰祥云。平素缘。1955年7～10月，洛阳市涧西区矿山机械厂唐兴元元年（758年）夫妻合葬墓M76出土，与镶嵌螺钿人物花鸟镜伴出。洛阳博物馆藏。（霍宏伟）

* 河南省文化局文物工作队第二队：《洛阳16工区76号唐墓清理简报》，《文物参考资料》1956年第5期；《洛阳出土铜镜》图版120；《中国青铜器全集》第16卷《铜镜》图版一四七。

223. 双鸾衔绶镜

中唐

直径13.5厘米

六出葵花形，圆钮。钮上、下双鸾飞舞，口衔花节长绶带。素缘。1984～1993年，偃师杏园村唐大历十三年（778年）郑洵墓（M5036）出土。中国社会科学院考古研究所藏。（刁淑琴）

*《偃师杏园唐墓》第141、143页，图134：2，图135：1，图版36：4。

224. 双凤镜

晚唐

直径8.8厘米，重86克

圆形，圆钮。两只高浮雕鸾凤环钮相对，羽毛刻画清晰，外围一周联珠纹。素缘。1992年，偃师深井水泵厂唐会昌五年（845年）徐氏季女墓（M16）出土。偃师商城博物馆藏。（刁淑琴）

* 偃师商城博物馆：《河南偃师唐墓发掘报告》，《华夏考古》1995年第1期。

225. 双鸾镜

晚唐

直径22厘米

圆形，圆钮。钮左、右各有一只鸾凤相对飞舞。平素缘。原镜背曾鎏金，现已大部脱落。1984～1993年，偃师杏园村唐会昌三年（843年）李郃墓（M2443）出土。中国社会科学院考古研究所藏。（刁淑琴）

*《中国社会科学院考古研究所考古博物馆洛阳分馆》第110页；《偃师杏园唐墓》第212、213、215页，图204：7，图206，图版32：5。

226. 双鸾镜

唐代

直径16.9、缘厚0.4厘米，重486克

亚字形，小圆钮，花瓣形钮座。钮座外浮雕两只鸾凤，相对回首飞翔。宽平素缘。1956年12月，洛阳市劳改砖瓦厂唐墓M488出土。洛阳市文物考古研究院藏。（刁淑琴）

*《洛阳出土铜镜》图版131。

227. 狩猎镜

盛唐

直径12.5厘米

八瓣菱花形，圆钮。绕钮饰骑马狩猎者两人，手持长矛、弓箭追捕二兽。一兽似鹿，作惊恐奔逃状；另一兽形似狮，作站立对峙状。近缘处饰花枝、蜂蝶。1984～1993年，偃师杏园村盛唐墓M502出土。中国社会科学院考古研究所藏。（刁淑琴）

*《偃师杏园唐墓》第71、74页，图69，彩版10：2，图版35：2。

228. 打马球镜

中唐

直径18.8厘米

八瓣菱花形，圆钮。钮外饰浅浮雕打马球场景，四人骑马，手持鞠杖，姿态各异，还饰有花枝、远山等。近缘处饰以花枝、蜂虫。窄平缘。2003年9～12月，伊川县城关镇大庄中唐墓M3出土。洛阳市文物考古研究院藏。（刁淑琴）

* 洛阳市第二工作队：《洛阳伊川大庄唐墓（M3）发掘简报》，《文物》2005年第8期。

229. 吹笙引凤镜

唐代

直径12.9、缘厚0.4厘米，重366克

八出葵花形，小圆钮。钮上、下各有一树一山，钮左侧有一仙人端坐吹笙，右侧一凤凰闻声而来。素缘。此镜取材于王子乔吹笙引凤的故事。1964年，洛阳机瓦厂出土。洛阳市文物考古研究院藏。（刁淑琴）

*《洛阳出土铜镜》图版90；《中国青铜器全集》第16卷《铜镜》图版一六一。

230. 飞天镜

唐代

直径24.3、缘厚0.6厘米，重1800克

八出葵花形，圆钮。钮上方饰山峰，祥云环绕其间。钮下方为山岳，山上有一株枝叶茂盛的大桂树，盘根错节。钮两侧对称浮雕仙女飞天，头梳角髻，衣带飘曳，翱翔于天。素缘。此镜形制较大，铸造精致。1978年，洛阳庞家沟机制砖瓦厂出土。洛阳市文物考古研究院藏。（刁淑琴）

*《洛阳出土铜镜》图版88。

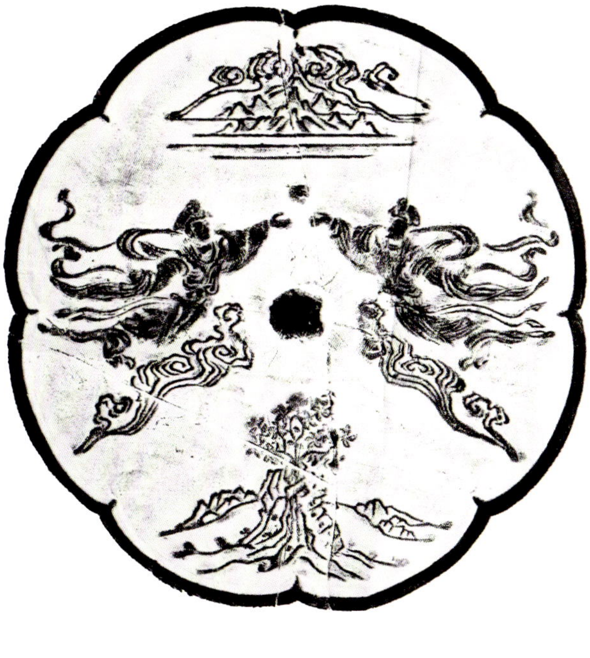

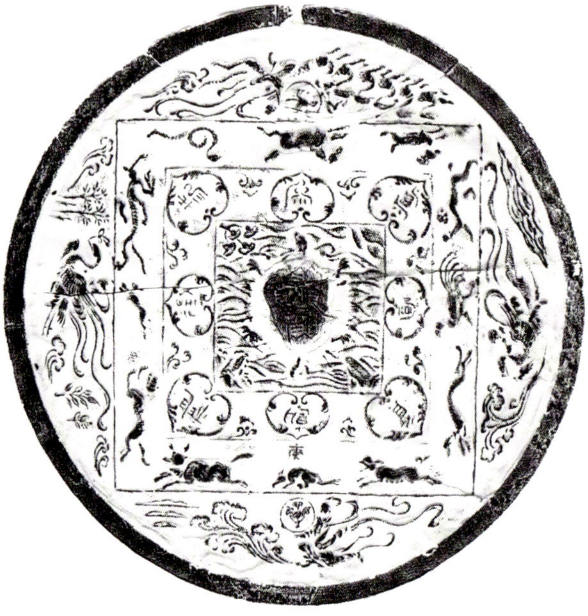

231. 十二生肖飞仙镜

唐代

直径17.7、缘厚0.7厘米，重1089克

圆形，龟钮，方钮座。钮外环列三重方格，由内向外将镜背分为四区。一区为钮座，格内有水波纹，四角有花枝和山纹。二区格内八桃形纹与祥云纹相间。桃形纹内各有一字铭文，合读为“物为真澄，质朗神澂”。三区环列十二生肖。四区置乘云驾鹤飞仙，其中有两飞仙手捧金乌（日）、桂树（月）。窄平素缘。应与道教有关，罕见。20世纪80～90年代初，洛阳博物馆征集。洛阳博物馆藏。（刁淑琴）

* 郭凤娥、沈淑玲：《洛阳博物馆馆藏的几件铜镜》，《中原文物》1991年第1期。

232. 真子飞霜镜

唐代

直径22、缘厚0.7厘米，重1240克

八出葵花形。画面下方为一莲花池，池中升起一莲叶，莲叶上托一乌龟，作为镜钮。镜钮左侧端坐一抚琴男子，身后有树木、竹笋等。身前一长方形几案，案上置物。镜钮右侧有一立于石上展翅起舞的凤凰，上方有两棵树。画面上方为山云衔半月图。铜镜外区环绕一圈铭文："凤凰双镜南金装，阴阳各为配，日月恒相会，白玉芙蓉匣，翠羽琼瑶带，同心人心相亲，照心照胆保千春。"2009年，孟津县连霍高速服务区东工地唐墓M18出土。洛阳市文物考古研究院藏。（刁淑琴）

233. 云龙镜

中唐

直径24厘米

八出葵花形，圆钮。龙身弓背，通体鳞片，曲颈回首，朝向镜钮，四肢粗壮，向左右舒展，尾卷曲，周边衬以流云五朵。窄缘。1984年，偃师杏园村唐开元二十六年（738年）李景由墓（M2603）出土。中国社会科学院考古研究所藏。（刁淑琴）

*《偃师杏园唐墓》第139～141页，图130：5、图131，彩版10：4，图版36：2；《中国青铜器全集》第16卷《铜镜》图版一六九。

234. 云龙镜

唐代

直径20.8、缘厚0.7厘米，重1291克

八出葵花形，圆钮。主纹为一条飞龙盘绕于镜背，鳞爪飞扬，张口卷尾。飞龙周围有祥云相间。其外为一周细弦纹，外饰祥云、蝴蝶、蜜蜂、花枝相间环绕。窄缘。洛阳北窑村出土。洛阳博物馆藏。（刁淑琴）

*《洛阳出土铜镜》图版92；《中国青铜器全集》第16卷《铜镜》图版一六八。

235. 蟠龙镜

唐代

直径17.1厘米，重653克

圆形，圆钮。以两周凸弦纹将镜背分为三区，内区以绹索纹绕钮一周，中区饰蟠虺纹，外区围蟠龙纹一周，龙首两两相对，龙体两两相套，回环曲折。纹饰上皆雕以细腻的云雷纹。窄缘。唐仿战国镜。洛阳市郊区北窑出土。洛阳博物馆藏。（霍宏伟）

*《洛阳出土铜镜》图版93。

236. 夔龙镜

中唐
直径10.2厘米

八出葵花形，圆钮。以十字几何纹图案将镜背分为四个部分，其内各饰一曲背含珠的夔龙纹，两两相对。外饰联珠纹宽带一周。宽平素缘。唐仿汉镜。1984～1993年，偃师杏园村中唐墓M2503出土。中国社会科学院考古研究所藏。（霍宏伟）

*《偃师杏园唐墓》第141、143页，图134：1，图版36：5。

237. 花卉镜

盛唐
直径3.6厘米，重12.6克

八角形，拱形钮。绕钮一周，饰八朵花卉图案。宽平素缘。2008年12月，洛阳市涧西区中信重机公司盛唐墓EM722出土。洛阳市文物考古研究院藏。（刁淑琴）

* 洛阳市第二文物工作队：《洛阳涧西区唐代墓葬发掘简报》，《文物》2011年第6期。

238. 鸟兽团花镜

唐代

直径16.9厘米，重982克

圆形，圆钮，联珠纹钮座。主纹为六组纹饰，分别为两团花、两凤鸟、两瑞兽。凸起的弦纹圈外，环绕一圈铭文："练形神冶，莹质良工。如珠出匣，似月停空。当眉写翠，对脸傅红。绮窗绣幌，俱含影中。"铭文圈外环绕一周锯齿纹。镜缘为连续的云气纹。2009年，洛阳连霍高速公路改扩建工地玉冢段唐墓M1出土。洛阳市文物考古研究院藏。（刁淑琴）

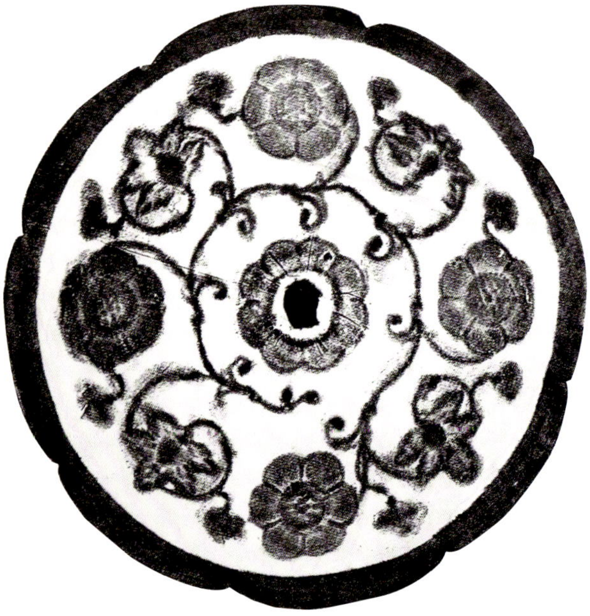

239. 缠绕宝相花镜

唐代

直径23.5厘米，重1179克

八出葵花形，圆钮，花钮座。钮座外饰四葵花与四菩提花相间环绕，且以藤蔓连接。素缘。1955年，洛阳劳改砖瓦厂唐墓M151出土。洛阳市文物考古研究院藏。（刁淑琴）

*《洛阳出土铜镜》图版145。

240. 团花镜

晚唐

直径13.6厘米

圆形，圆钮，花瓣形钮座。绕钮饰六朵团花。素缘。1984～1993年，偃师杏园村唐会昌二年（842年）崔防墓（M5013）出土。中国社会科学院考古研究所藏。（刁淑琴）

*《偃师杏园唐墓》第212、214页，图205：1、图版33：1。

241. 团花镜

唐代

直径18.8、缘厚0.4厘米，重864克

六出葵花形，圆钮，花瓣纹钮座。主纹饰为六朵团花。素缘。洛阳邙山大渠唐墓M68出土。洛阳市文物考古研究院藏。（刁淑琴）

*《洛阳出土铜镜》图版140。

242. 团花镜

晚唐

直径16.6厘米

圆形，圆钮，花瓣形钮座。绕钮饰六朵团花，莲花形图案与写实花卉相间分布。素缘。1984～1993年，偃师杏园村晚唐墓M0601出土。中国社会科学院考古研究所藏。（霍宏伟）

*《偃师杏园唐墓》第212、213、216页，图204：6，图207，图版33：3。

243. 团花镜

晚唐

直径17厘米

圆形，圆钮，花瓣形钮座。绕钮饰团花六朵，莲花形图案与写实花卉相间排列。素缘。1984～1993年，偃师杏园村晚唐墓M0920出土。中国社会科学院考古研究所藏。（霍宏伟）

*《偃师杏园唐墓》第212、213页，图204：5，图版33：2。

244. 团花镜

唐代

直径19厘米，重846克

六出葵花形，圆钮，花瓣形钮座。主纹为六朵团花纹，素缘。2012年12月，伊川县下元墓群唐墓2区M13出土。洛阳市文物考古研究院藏。（刁淑琴）

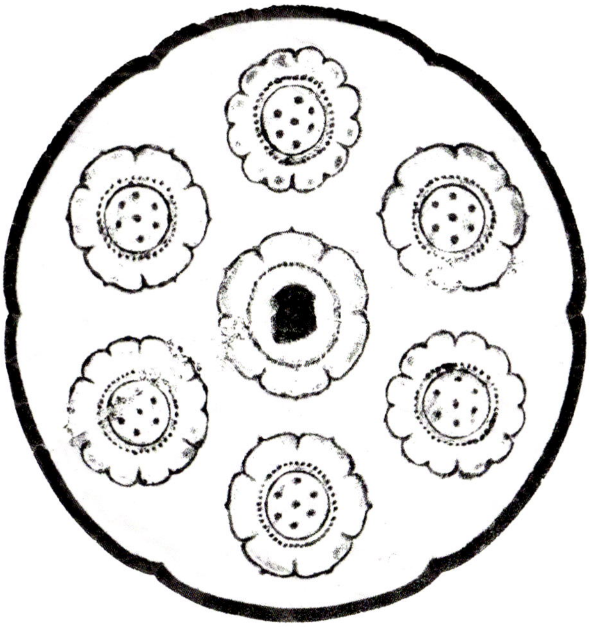

245. 花草镜

唐代

直径20.3、缘厚0.4厘米，重657克

圆形，小圆钮，花瓣钮座。围绕钮座四周饰四朵硕花。平素缘。1956年10月，洛阳市劳改砖瓦厂唐墓M414出土。洛阳市文物考古研究院藏。（刁淑琴）

*《洛阳出土铜镜》图版152。

246. 花草镜

唐代

直径23.1、缘厚0.4厘米，重810克

圆形，小圆钮，花瓣钮座。围绕镜钮以阳线雕饰四朵硕花。宽平素缘。1956年8月，洛阳市劳改砖瓦厂唐墓M281出土。洛阳市文物考古研究院藏。（刁淑琴）

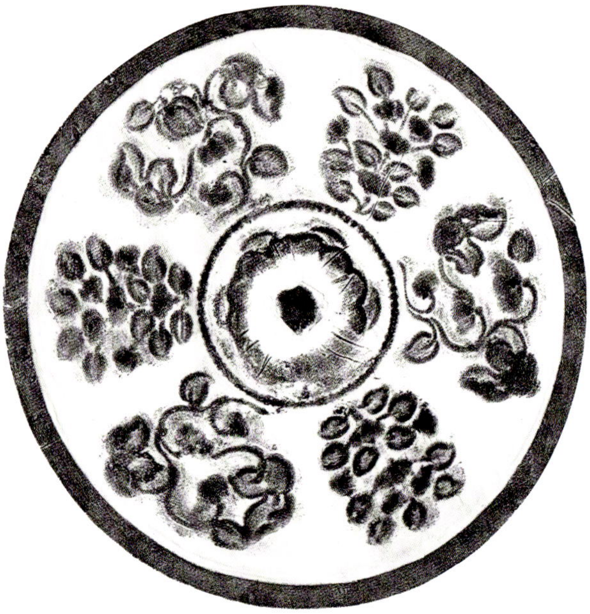

247. 花草镜

唐代

直径19、缘厚0.4厘米，重706克

圆形，圆钮，单弦纹花形钮座。钮四周浅浮雕三枝紫薇与三蔓草纹相间环绕，窄平素缘。1958年3月，洛阳邙山大渠唐墓M59出土。洛阳市文物考古研究院藏。（刁淑琴）

248. 四蝶镜

唐代

直径11.6、缘厚0.3厘米，重183克

圆形，小圆钮，花形钮座。绕镜钮浅浮雕四只蝴蝶，蝴蝶两两相向飞舞。宽平素缘。1975年4月，洛阳机瓦厂工地出土。洛阳市文物考古研究院藏。（刁淑琴）

*《洛阳出土铜镜》图版97。

249. 牡丹镜

晚唐

边长16厘米

方形，小圆钮。单线浅刻牡丹花图案，镜面银白色。1984～1993年，偃师杏园村唐太和七年（833年）韦友直墓（M2019）出土。中国社会科学院考古研究所藏。（刁淑琴）

*《中国社会科学院考古研究所考古博物馆洛阳分馆》第110页；《偃师杏园唐墓》第214、216页，图205：3，图版36：6。

250. 千秋万岁镜

唐代

直径8厘米

六出葵花形，圆钮。钮上下左右有楷书阳铭“千秋万岁”四字。宽平素缘。1990年6月，洛阳关林石油一公司唐墓出土。洛阳市文物考古研究院藏。（程永建）

* 程永建、张翠玲：《洛阳唐代有铭铜镜综述》，《洛阳考古》2013年第1期（创刊号）。

251. 卍字镜

中唐

直径15厘米

四方委角形，圆钮。钮周双钩“卍”字图形为主纹，该字形为佛教梵文吉祥的含意。素缘。1984～1993年，偃师杏园村唐贞元十年（794年）李荣初墓（M111）出土。中国社会科学院考古研究所藏。（刁淑琴）

*《偃师杏园唐墓》第142、143页，图135：2，图版37：1。

252. 卐字镜

唐代

直径15厘米

圆形，圆钮。以钮为中心，饰双钩“卐”字纹。卐字镜在唐代多为亚字形，圆形的少见。窄平素缘。洛阳市关林镇唐墓M247出土，洛阳市文物考古研究院藏。（刁淑琴）

*《洛阳出土铜镜》图版154。

253. 卍字镜

唐代

直径14.8、缘厚0.35厘米，重448克

亚字形，小圆钮。以钮为中心饰双钩“卍”字纹。宽素缘。1963年，洛阳市地方国营砖瓦厂出土。洛阳市文物考古研究院藏。（刁淑琴）

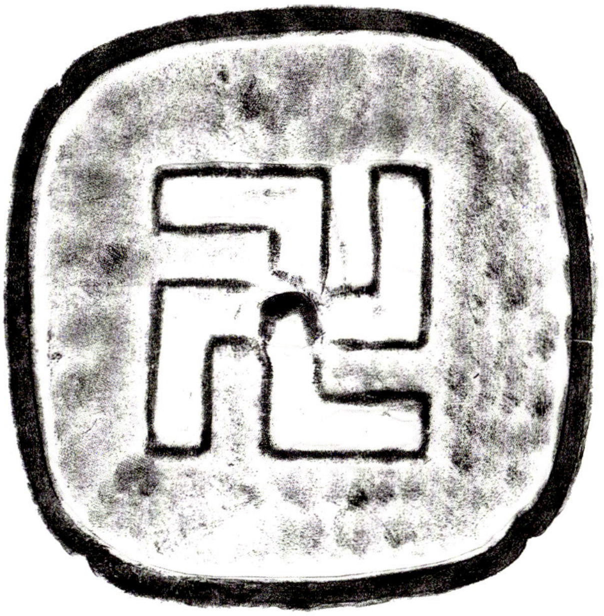

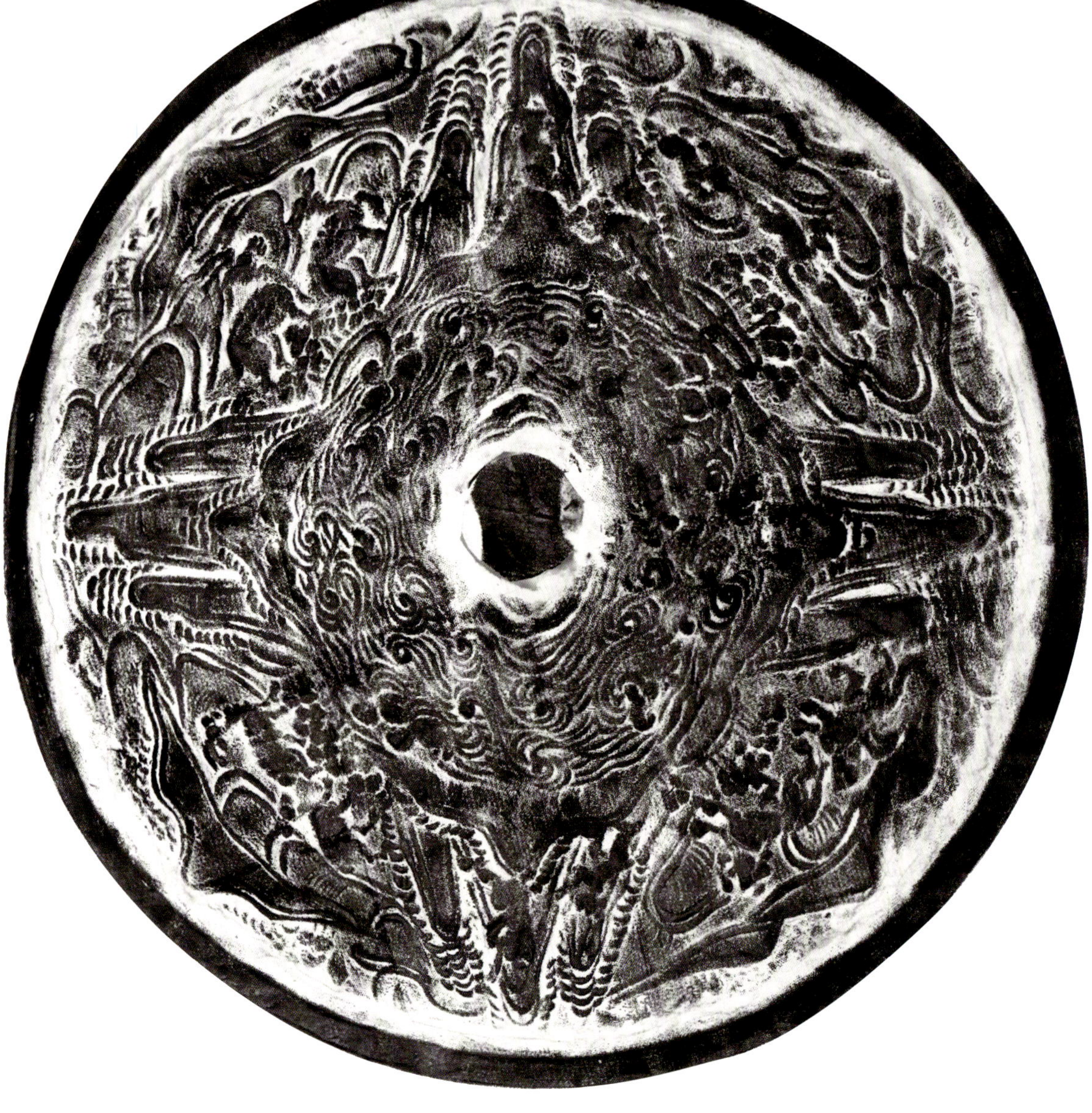

254. 五岳真形图镜

唐代

直径24.8厘米

圆形，圆钮。钮周围环绕水波纹，其外环列四座山岳，层峦叠嶂。四座山岳俱为三峰相连，山坡上有树木，山脚下草木繁茂。素缘。1992年5月，洛阳东郊热电厂唐墓C5M622出土。洛阳博物馆藏。此类铜镜一般称“山水禽兽镜”，张勋燎等先生认为应该是道教的“五岳真形图镜”，有方、圆两种，考古发掘品罕见。（霍宏伟）

* 侯秀敏：《洛阳发现的一件唐代山水禽兽纹铜镜》，《文物》2008年第10期；《洛阳出土的一方唐代山水禽兽纹铜镜》，《文物世界》2010年第2期；张勋燎、白彬：《中国道教考古》6，线装书局，2006年，第1768～1783页。

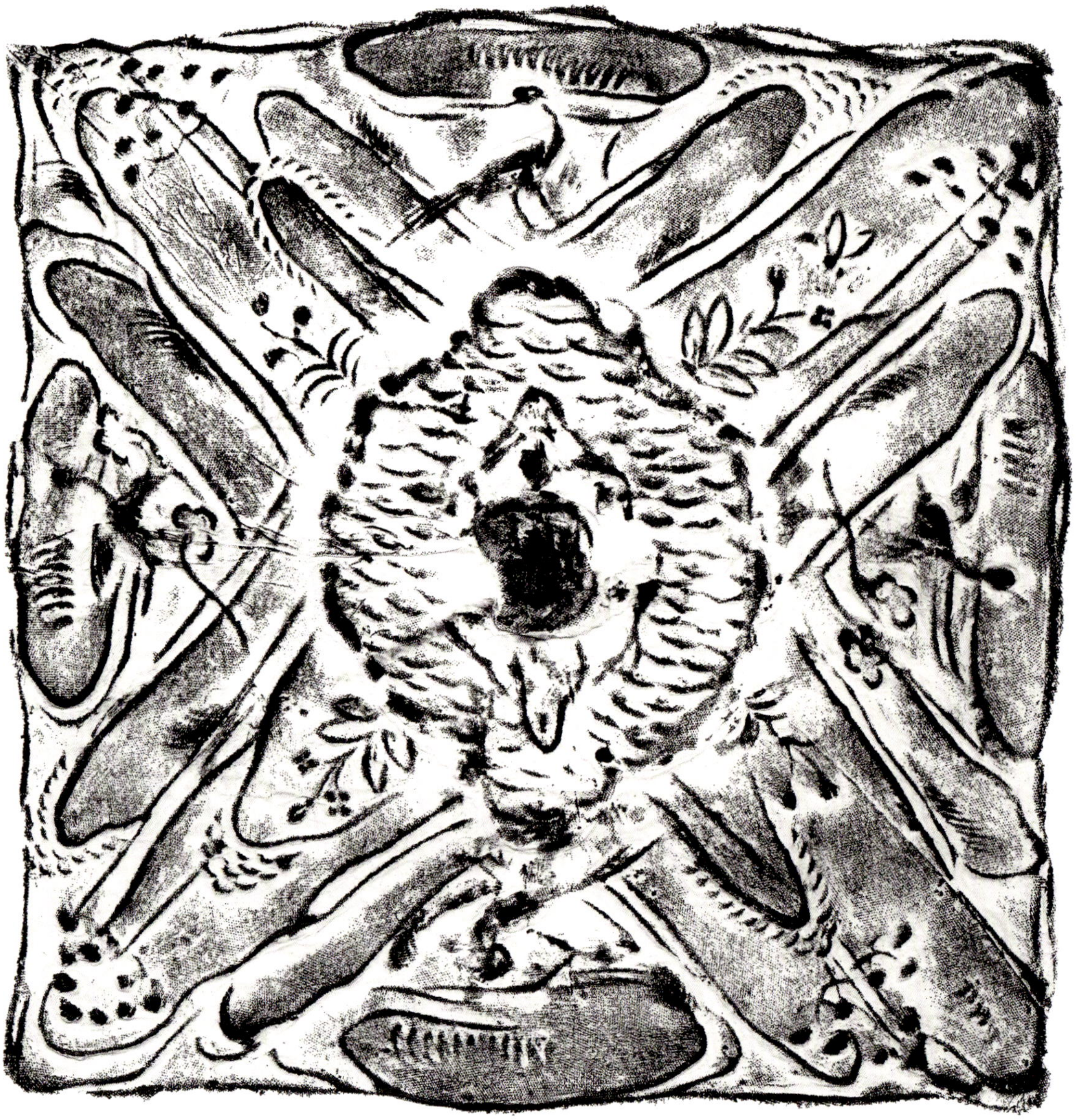

255. 五岳真形图镜

唐代

边长12.3厘米，重570克

方形。钮与钮座形成一座山形，如同中岳，由此向四方各伸出一山形，层峦叠嶂，山顶立树，山下饰以花草，山谷间饰以长尾鹊、飞鹤及云朵。1985年，宜阳县城关乡马庄村北宋瓷窑遗址出土。宜阳县文物保护管理所藏。（张翠玲）

*《宜阳县文物志》第107、108页。

256. 上清长生宝鉴秘字镜

晚唐

直径22厘米（复原）

仅存小半块，内区八卦图形，内外区之间有十二生肖图案，可见辰龙、巳蛇等图形。外区文字清新，仅见十字，多不识。偃师杏园出土的这半面铜镜，镜面银白，光亮如初。外区文字字体似隶，点画无缺，今多不认。1984～1993年，偃师杏园村唐会昌五年（845年）李廿五女墓（M2901）出土。中国社会科学院考古研究所藏。此镜原称“八卦十二生肖镜”，王育成先生经过考证提出，此类铜镜应称为“上清长生宝鉴秘字镜”。（刁淑琴）

*《偃师杏园唐墓》第213～215、218页，图204：4，图208，彩版8：2，图版33：4；王育成：《唐代道教镜实物研究》，荣新江主编：《唐研究》第六卷，北京大学出版社，2000年，第45～47页。

257. 上清长生宜鉴秘字镜

唐代

直径15厘米

圆形，小钮。绕钮饰四兽，其外分别饰八卦纹、十二生肖纹。外周铭文带一周，隶书体且带有篆书遗风，铭文不识。20世纪60年代，洛阳市东郊采集。洛阳市文物考古研究院藏。（程永建）

* 程永建、张翠玲：《洛阳唐代有铭铜镜综述》，《洛阳考古》2013年第1期（创刊号）。

258. 上清长生宝鉴秘字镜

唐代

直径24厘米

圆形，兽钮。座外四兽环绕一周。其外三周凸弦纹将镜背纹饰由里向外分为三区。内区饰八卦纹，中区饰十二生肖纹，外区为铭文带，阳文楷体，旋读，铭文不识。平素缘。渑池县出土。洛阳博物馆藏。（张翠玲）

* 郭凤娥、沈淑玲：《洛阳博物馆馆藏的几件铜镜》，《中原文物》1991年第1期。

259. 含象镜

唐代

直径25、缘厚0.5厘米，重1922克

圆形，山岳纹方钮。纹饰由内向外依次为五岳、四渎、八卦与日月星辰。钮外四出呈十字方枚，其上有篆书铭文，铭文格需跳读，顺序为上、下、右、左：“天地含象，日月贞明，写规万物，洞鉴百灵”。镜缘饰弦纹两周。巩县石家庄5号墓出土。洛阳博物馆藏。此镜原称“四山日月星辰八卦镜”，张勋燎等先生指出，这是唐代著名道士司马承贞创制的与五岳真形图有关的“含象镜”，系道教五岳真形图系统的重要遗存。（刁淑琴）

*《洛阳出土铜镜》图版81；《中国青铜器全集》第16卷《铜镜》图版一七一；《中国道教考古》6，第1783～1797页。

260. 含象镜

唐代

直径20.7厘米，重1395克

圆形，四山纹方钮。以方钮为中心，用直线划分出九宫格，四面正中为四个山字纹。纹饰由内向外依次为五岳、四渎、八卦与日月星辰。四隅各有四字篆书铭文，铭文需跳读，每格读一字，合读为“天地含象，日月贞明，写规万物，洞鉴百灵”。镜缘饰两周凹弦纹。新安县磁涧乡老井村征集。洛阳博物馆藏。（霍宏伟）

*《洛阳出土铜镜》图版83。

261. 八卦符箓星象镜

唐代

直径22、缘厚0.5厘米，重1118克

圆形，方平钮，八卦弦纹钮座。主纹饰分为三区：内区为八卦图案，且每卦均用文字表示，分别为“元阳、二阳、三阳、四阳、兆阴、二阴、三阴、四阴”。中区饰八个相同的道教符箓，间以三十一字铭文“紫微宫、黄帝左居堂、太素右堂、元长父舍、玄凌交度府、太玄禁府、太清馆、太华台。”外区有八组符箓，其间为星象纹。窄平素缘。孟县西虢镇出土。洛阳博物馆藏。（刁淑琴）

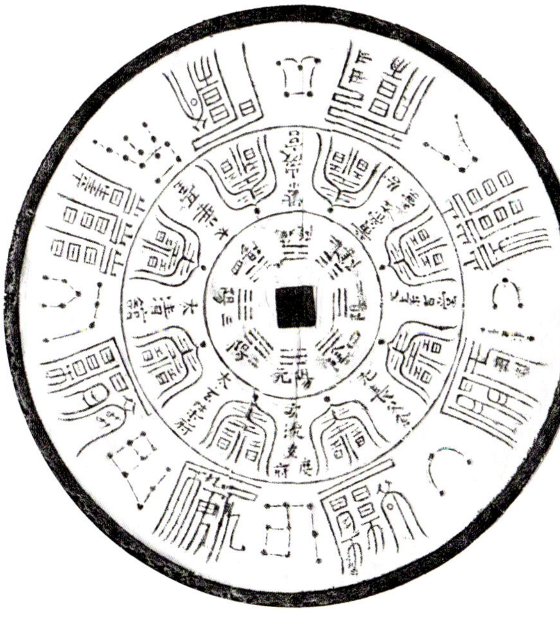

* 郭凤娥、沈淑玲：《洛阳博物馆馆藏的几件铜镜》，《中原文物》1991年第1期；《洛阳出土铜镜》图版206。

262. 八卦符箓星象镜

晚唐

直径22厘米

圆形，圆钮，八卦纹钮座。中区饰八个道教符箓文，外区为八个道符，其间以星宿纹相隔。窄平素缘。1984～1993年，偃师杏园村晚唐墓M0954出土。中国社会科学院考古研究所藏。（霍宏伟）

*《偃师杏园唐墓》第214、215页，图204：2，图版33：5。

263. 八卦镜

唐代

直径12.6、缘厚0.3厘米，重274克

方形，鼻形钮，已残，方栏钮座。外饰八卦图案。宽平素缘。1975年4月，洛阳机瓦厂工地出土。洛阳市文物考古研究院藏。（刁淑琴）

*《洛阳出土铜镜》图版85。

264. 镶嵌螺钿花鸟镜

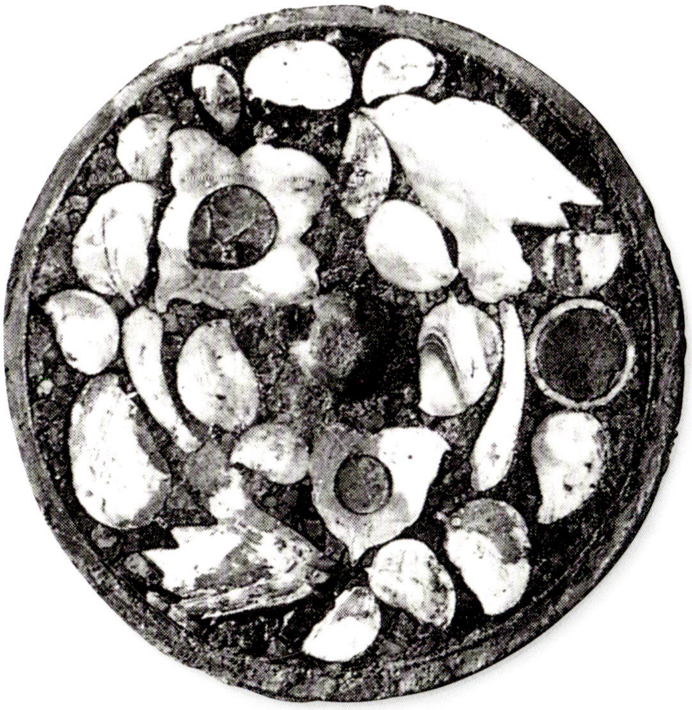

中唐

直径6.8厘米

圆形，圆钮。镜背用蚌片剪裁成花鸟图形，黏合于镜背，图案周围以绿松石为地，制作细致。1984～1993年，偃师杏园村唐大历十年（775年）王嫮墓（M4206）出土。中国社会科学院考古研究所藏。（刁淑琴）

* 徐殿魁：《唐镜分期的考古学探讨》，《考古学报》1994年第3期；《偃师杏园唐墓》第136、139页，图128：1。

265. 镶嵌螺钿人物花鸟镜

中唐

直径24厘米，重1024克

圆形，圆钮。镜背用漆贴螺蚌贝壳薄片构成图纹。钮上方有一株枝叶茂盛、花朵盛开的树。树梢一轮明月，四只小鸟，树下蹲一只猫，树两侧各饰一振翅翘尾鹦鹉。钮左侧端坐一人，手弹阮咸。钮右侧坐一人，手持酒盅，面前一鼎一壶，背后立一侍女，双手捧盒。钮下有仙鹤、水池，池内外有三只小鸟。1955年，洛阳市涧西区矿山机械厂唐兴元元年（758年）夫妻合葬墓（M76）出土。中国国家博物馆藏。（刁淑琴）

*《中国青铜器全集》第16卷《铜镜》图版一一四；河南省文化局文物工作队第二队：《洛阳16工区76号唐墓清理简报》，《文物参考资料》1956年第5期。

266. 金银平脱花鸟镜

中唐

直径24.6、缘厚0.7厘米，重1528克

八出葵花形，小圆钮。钮四周边用银箔剪成四朵菊花花蕾，外围用银箔饰四组兽鸟环绕，嘴衔花叶。其中用金箔、银箔剪成花枝、蝴蝶、蜜蜂、祥云填饰其间。2004年，偃师首阳山镇新庄村西北唐长安二年（703年）汝州郏城县令张盈墓出土。偃师商城博物馆藏。（刁淑琴）

* 韩占坡、王志远：《偃师张盈墓发掘简报》，《文物鉴定与鉴赏》2010年第9期。

267. 金银平脱鸾凤花鸟镜

中唐

直径30.5厘米，重2740克

八出葵花形，圆钮，重瓣八出葵花形钮座。外饰八个莲瓣及八只展翅蝴蝶纹，形成内区。环形圈带之外，有四只鸾凤呈顺时针方向排列，同向环绕。鸾凤口衔长绶带，绶带大小环相套，轻柔飘逸。凤鸟之间饰以枝叶纹，枝繁叶茂。平素缘。1970年，洛阳市关林镇唐天宝九载（750年）卢氏墓出土。洛阳博物馆藏。（霍宏伟）

*《中国青铜器全集》第16卷《铜镜》图版一一一；洛阳博物馆：《洛阳关林唐墓》，《考古》1980年第4期。

268. 金银平脱对鸟镜

中唐

直径21厘米

圆形，圆钮。镜背鸿雁一对，绕钮飞舞，嘴衔花枝，以石榴花填空。周边用银箔剪成联珠纹，石榴花用金箔制成。1984～1993年，偃师杏园村唐大历十三年（778年）郑洵墓（M5036）出土。中国社会科学院考古研究所藏。（刁淑琴）

*《偃师杏园唐墓》第137、138页，图127，彩版9：1、2。

269. 金银平脱三雁镜

中唐

直径16厘米

圆形，圆钮。镜背三只鸿雁同向飞舞，嘴衔花枝，钮周边及鸿雁周围有蝴蝶六只。缘内饰一周联珠纹。1984～1993年，偃师杏园村唐大历十年（775年）王婷墓（M1206）出土。中国社会科学院考古研究所藏。（刁淑琴）

*《偃师杏园唐墓》第136、137页，图125：2，彩版9：3，图版32：4。

270. 金银平脱四蜂镜

晚唐

边长13.8厘米

四方委角形，小圆钮。四角各有一只蜜蜂向中心飞舞，蜜蜂用银箔修剪而成，贴附于镜背。1984～1993年，偃师杏园村唐太和三年（829年）韦河墓（M2003）出土。中国社会科学院考古研究所藏。（刁淑琴）

*《偃师杏园唐墓》第214、216页，图205：2，图版37：2。

271. 银背鸟兽镜

中唐

最大径6.5厘米

六瓣菱花形，钮为拱腰蟾蜍。绕钮同向排列二鸟二兽，用枝蔓界隔。内缘为联珠纹缘加珍珠地，外缘为宽平素缘。镜背边缘隆起，中部下凹，系用一整块银片捶脱出浮雕纹饰，嵌入镜缘内，银背鎏金。1984年，偃师杏园村唐开元二十六年（738年）李景由墓（M2603）出土。中国社会科学院考古研究所藏。（刁淑琴）

*《偃师杏园唐墓》第137、139页，图128：2，彩版8。

272. 银背鸟兽镜

晚唐

最大径6厘米

六瓣菱花形，蟾蜍形钮。钮外以珍珠纹为地，两兽呈奔跑状，两雀静立枝头，其间以花叶枝蔓相隔。内缘为联珠纹缘加珍珠地，外为宽平素缘，银背鎏金。2000年7～9月，洛阳东郊十里铺村东明小区唐太和三年（829年）高秀峰夫妻合葬墓出土，与银平脱凤鸟牡丹镜、素面镜同出。洛阳博物馆藏。（霍宏伟）

* 洛阳市文物工作队：《洛阳市东明小区C5M1542唐墓》，《文物》2004年第7期；洛阳博物馆编：《河洛文明展》，中州古籍出版社，2012年，第435页。

273. 银背鸟兽镜

唐代

最大径6.2厘米，重73克

六瓣菱花形，伏兽钮。在珍珠纹地上，两只瑞兽与两雀饰于花叶枝蔓间。内缘为珍珠纹，外为宽平素缘，银背鎏金。新安县磁涧乡老井村出土。洛阳博物馆藏。（霍宏伟）

*《中国青铜器全集》第16卷《铜镜》图版一二七；《洛阳出土铜镜》图版116。

274. 银背鸟兽镜

唐代

最大径5.9厘米

六瓣菱花形，蛙钮。在珍珠纹地上，两只奔跑的瑞兽与两雀绕钮相间分布，空白处填以花叶枝蔓。内缘为珍珠纹，外为宽平素缘，银背鎏金。洛阳出土。洛阳博物馆藏。（霍宏伟）

*《中国青铜器全集》第16卷《铜镜》图版一二六。

275. 银背鸟兽镜

唐代

最大径6.2厘米，重57克

六瓣菱花形，伏兽钮。钮外以珍珠纹为地，两兽呈奔跑状，两雀静立枝头，其间饰以花叶枝蔓。内缘为联珠纹，外为宽平素缘，银背鎏金。洛阳市关林镇唐墓M307出土。洛阳博物馆藏。（霍宏伟）

*《河洛文明展》第434页；《洛阳出土铜镜》图版115。

276. 银背鸟兽镜

盛唐

最大径6.2厘米

六瓣菱花形，伏兽钮。在镜背上嵌入银箔，錾刻出鸾鸟瑞兽图案，以珍珠纹为地。内缘为联珠纹缘加珍珠纹地，外缘为宽平素缘。1984～1993年，偃师杏园村唐神龙二年(706年)宋祯墓（M1008）出土。中国社会科学院考古研究所藏。（刁淑琴）

*《偃师杏园唐墓》第68页，图版34：3。

277. 银背鸟兽镜

唐代

最大径6、缘厚0.6厘米，重65克

六瓣菱花形，伏兽钮。两只雀鸟、两只瑞兽同向环绕镜钮，枝蔓细密珍珠饰地纹。内缘为联珠纹缘加珍珠纹地，外缘为宽平素缘。1959年，洛阳关林钢厂出土。洛阳市文物考古研究院藏。（刁淑琴）

278. 双凤镜

五代

直径9.4厘米

圆形，半球形钮。双凤绕钮，首尾相接。宽平素缘。2012年2～7月，洛阳市洛龙区龙盛小学五代壁画墓C7M5722出土。洛阳市文物考古研究院藏。（霍宏伟）

* 洛阳市文物考古研究院：《洛阳龙盛小学五代壁画墓发掘简报》，《洛阳考古》2013年第1期（创刊号）。

279. 四花镜

五代

直径11.8厘米

圆形，圆钮，六边形钮座。以镜钮为中心，饰以两两相对的四朵繁花。宽平素缘。镜体较薄。2009年9～12月，洛阳市洛南新区龙盛安置小区B区五代墓M4539出土。洛阳市文物考古研究院藏。（霍宏伟）

* 洛阳市文物考古研究院：《洛阳龙盛小区两座小型五代墓葬的清理》，《洛阳考古》2013年第2期。

五、宋金元明铜镜

280. 折枝牡丹镜

北宋

直径16.8、缘厚0.2厘米，重325克

圆形，鼻钮。花钮座外饰折枝牡丹纹，近缘处饰联珠纹一周。宽平素缘。1955年3月，洛阳市涧西区东方红拖拉机厂宿舍北宋墓M9.7.1出土。洛阳市文物考古研究院藏。（李惠君）

*《洛阳出土铜镜》图版174。

281. 折枝牡丹镜

北宋

直径12、缘厚0.2厘米，重119克

圆形，圆钮已残，葵花形重瓣钮座。座外饰折枝牡丹四朵，每个枝头有一朵硕大、盛开的牡丹，双层花瓣，一仰一俯。花枝外饰一周联珠纹及两圈纤细的弦纹带。宽平素缘。2003年2～6月，洛阳市西工区西小屯村北王城花园住宅小区出土。洛阳市文物考古研究院藏。（霍宏伟）

* 霍宏伟：《洛阳王城花园出土宋代器物》，《文物》2003年第12期。

282. 缠枝牡丹镜

北宋

直径13.8、缘厚0.2厘米，重145克

圆形，小圆钮。钮外饰缠枝牡丹纹，花外饰联珠纹一周。宽平素缘。1956年8月，洛阳市劳改砖瓦厂北宋墓M292出土。洛阳市文物考古研究院藏。（李惠君）

*《洛阳出土铜镜》图版178。

283. 芙蓉花镜

北宋

直径14.5、缘厚0.2厘米，重241克

圆形，鼻钮。钮周饰四枝芙蓉花，花蕊挺直细密，花外饰联珠纹一周。宽平素缘。1971年8月，洛阳市涧西区矿山机械厂北宋墓M1出土。洛阳市文物考古研究院藏。（李惠君）

*《洛阳出土铜镜》图版173。

284. 芙蓉花镜

北宋

直径13.5、缘厚0.2厘米，重212克

亚字形，小鼻钮。绕钮浮雕四枝芙蓉花，环列一周。花外沿镜缘内饰联珠纹。宽平素缘。1957年9月，巩县石家庄复线北宋墓M8出土。洛阳市文物考古研究院藏。（李惠君）

*《洛阳出土铜镜》图版172。

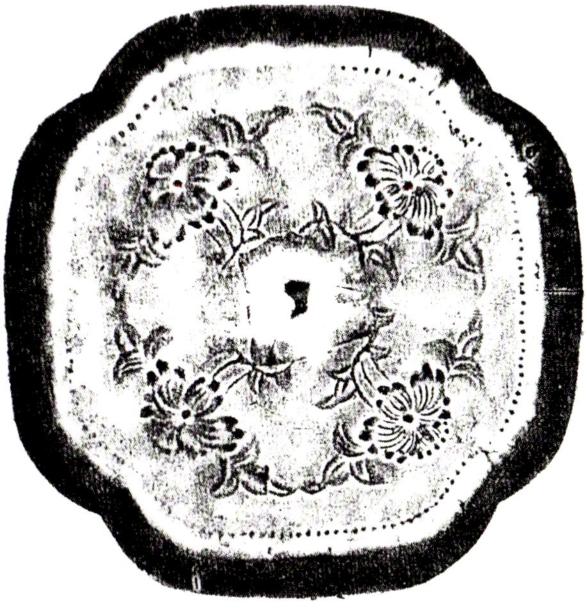

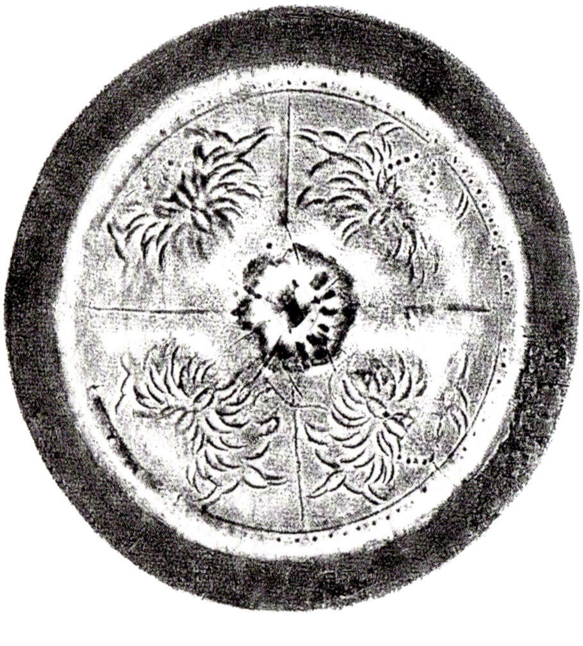

285. 芙蓉花镜

北宋

直径12.1、缘厚0.2厘米，重118.5克

圆形，小圆钮，花形钮座。座外四出直线与单弦纹相连，构成四个扇面，其内各饰一朵阳线芙蓉花。弦纹外饰联珠纹一周。宽平素缘。1956年10月，洛阳市涧西区矿山机械厂北宋墓M44出土。洛阳市文物考古研究院藏。（李惠君）

*《洛阳出土铜镜》图版180。

286. 菊花镜

北宋

直径8.9、缘厚0.2厘米，重68克

圆形，小圆钮。以钮为圆心，用阳线依次饰单弦纹、花蕊和花瓣，构成一朵盛开的大菊花。花外留宽白带。素缘。1955年6月，洛阳市劳改砖瓦厂北宋墓M45出土。洛阳市文物考古研究院藏。（李惠君）

*《洛阳出土铜镜》图版170。

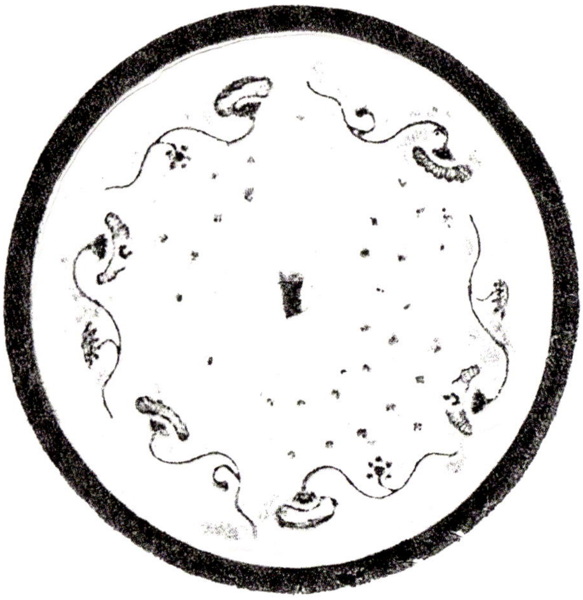

287. 蔓枝花朵镜

北宋

直径13.8、缘厚0.3厘米，重217克

圆形，圆钮，多瓣花钮座。座外饰以稀疏的梅花点纹为地，其上浮雕六枝叶蔓相连的花朵环列一周。宽平素缘。1953年4月，洛阳市道北北宋墓M36出土。洛阳市文物考古研究院藏。（李惠君）

*《洛阳出土铜镜》图版168。

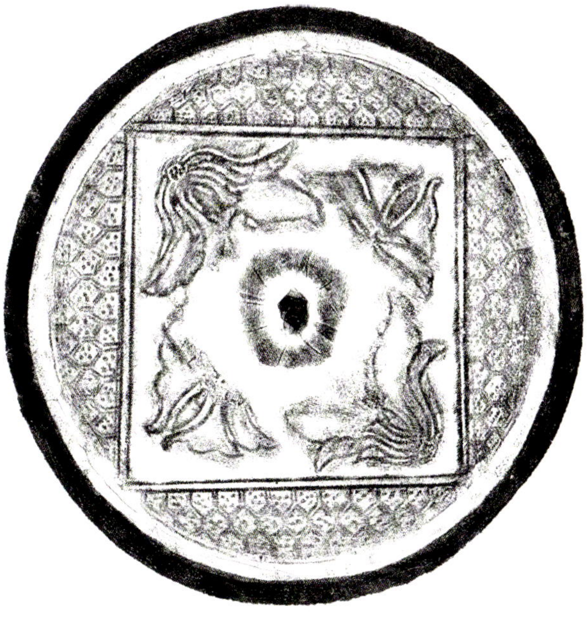

288. 繁花织锦镜

北宋

直径16.9、缘厚0.4厘米，重326克

圆形，长鼻钮。钮外以阳线双钩方栏为界，内四角饰四朵大繁花，方栏外四边饰双钩龟背形织锦纹，龟背内皆饰五个乳点，以补空白。平素缘。1971年3月，洛阳市机瓦厂北宋墓出土。洛阳市文物考古研究院藏。（李惠君）

*《洛阳出土铜镜》图版159。

289. 繁花四蜂镜

北宋

长12.7、宽12.5、缘厚0.4厘米，重311克

近方形，鼻钮。花钮座外饰连枝四大繁花纹，花间饰四蜂。素缘。1956年4月，洛阳市劳改砖瓦厂北宋墓M122出土。洛阳市文物考古研究院藏。（李惠君）

290. 春蚕花草镜

北宋

直径12.3、缘厚0.4厘米，重239克

圆形，圆钮。钮外以直线上下连接两朵大花，左右连接两束花枝，其上各伏一条春蚕。宽平素缘。1955年8月，洛阳市劳改砖瓦厂北宋墓M67出土。洛阳市文物考古研究院藏。（李惠君）

*《洛阳出土铜镜》图版158。

291. 蜻蜓荷花镜

北宋

直径16.4、缘厚0.3厘米，重334克

圆形，鼻钮。花钮座外饰两蜻蜓，两束荷花纹。宽平素缘。1956年8月，洛阳市劳改砖瓦厂北宋墓M291出土。洛阳市文物考古研究院藏。（李惠君）

292. 娑罗树镜

北宋

直径14.2、缘厚0.2厘米，重214克

圆形，小圆钮。主体纹饰为一株根深叶茂的娑罗树，树干及梢上皆饰点珠纹，树下左右两侧各饰一草叶纹。宽平素缘。1956年6月，洛阳市涧西区矿山机械厂北宋墓M31出土。洛阳市文物考古研究院藏。（李惠君）

*《洛阳出土铜镜》图版181。

293. 娑罗树镜

北宋

直径11.5、缘厚0.3厘米，重150克

圆形，鼻钮。镜背主体纹饰为一株巨大的娑罗树，树干上加饰许多乳点，树下饰云纹。宽平素缘。1956年4月，洛阳市劳改砖瓦厂北宋墓M201出土。洛阳市文物考古研究院藏。（李惠君）

*《洛阳出土铜镜》图版185。

294. 双兽镜

北宋

边长9.5、缘厚0.2厘米，重115.5克

方形，小鼻钮。镜背纹饰以点珠为地，两侧浮雕二兽，张牙舞爪，其间饰两云朵。素缘。1957年1月，洛阳市劳改砖瓦厂北宋墓M532出土。洛阳市文物考古研究院藏。（李惠君）

*《洛阳出土铜镜》图版188。

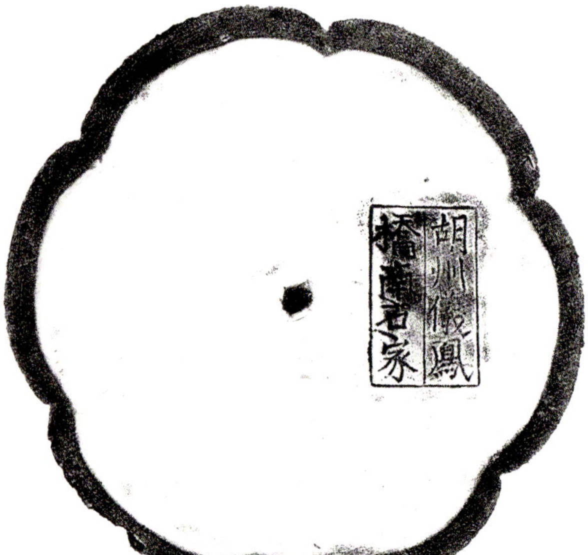

295. 湖州石家镜

北宋

直径13.3、缘厚0.2厘米，重147克

六出葵花形，小圆钮。钮一侧长方格内有楷书戳记铭文“胡州仪凤桥南石家”。素面无纹，宽平素缘。1955年4月，洛阳市北窑国营砖瓦厂北宋墓M2出土。洛阳市文物考古研究院藏。（李惠君）

*《洛阳出土铜镜》图版194。

296. 素面镜

北宋

直径17.5、缘厚0.4厘米，重722克

亚字形，小圆钮。素面，宽素缘。1977年3月，洛阳市机瓦厂北宋墓出土。洛阳市文物考古研究院藏。（刁淑琴）

297. 龟鹤齐寿镜

北宋

直径11、缘厚0.5、通长20.4厘米，重357克

圆形，有柄，圆钮。镜钮右侧有一棵松树，枝繁叶茂。树梢左侧，皓月当空。下立一童子、仙鹤，钮右侧树下坐一老者，钮下有一龟及波浪纹。镜下一长方条形柄，柄上阳刻“龟鹤齐寿”四字铭文。窄素缘。1955年8月，洛阳市涧西区矿山机械厂北宋墓M16出土。洛阳市文物考古研究院藏。（李惠君）

*《洛阳出土铜镜》图版192。

298. 双龙镜

金代

直径17.5、缘厚0.4厘米，重545克

圆形，鼻钮。镜钮两侧饰双龙纹，下饰水波纹。宽平素缘。1985年7月，洛阳市郊区红山罗湾村金墓C6M6出土。洛阳市文物考古研究院藏。（李惠君）

299. 八卦十二生肖镜

元代

直径23.6厘米，重1108克

圆形，圆钮。双线八角八瓣钮座，每瓣内饰一卦文。绕八卦平雕十二生肖纹一周。凸弦纹外有铭文一周，阳文篆书体，旋读。宽平素缘。洛阳建材厂元代延祐四年（1317年）墓出土。洛阳博物馆藏。（史家珍　张翠玲）

*《洛阳出土铜镜》图版205。

300. 正其衣冠镜

明代

直径11.5、柄长10.5厘米，重483克

圆形，长柄。镜背以减地手法雕满云气纹及圆点纹，正中有两行隶书体铭文："正其衣冠，尊其瞻视"，源自《论语·尧曰》："君子正其衣冠，尊其瞻视，俨然人望而畏之，斯不亦威而不猛乎！"下有长条形镜柄，其上亦饰云气纹及圆点纹。窄素缘。长柄上饰以凹圆点纹。宜阳县张午乡出土。宜阳县文物保护管理所藏。（张翠玲）

下编　洛阳出土铜镜资料长编

霍宏伟

1952～2012年，在长达60年的考古发掘中，洛阳地区出土铜镜2000余面，已发表的铜镜资料数量较多，需要进一步整合。铜镜出土范围广泛，包括洛阳市区及所辖的九县六区，涵盖洛阳东周王城遗址、汉魏洛阳故城遗址、隋唐洛阳城遗址及邙山墓区。

战国铜镜主要出土于东周王城遗址及北郊邙山一带的墓葬中。出土数量虽少，但珍品仍存，如镶嵌料珠琉璃珠包金箔四山镜、镶嵌琉璃珠六山镜、贴金银箔四兽透雕镜、花枝透雕镜等特种工艺镜。

两汉铜镜在汉魏洛阳故城遗址、汉河南县城遗址周边区域的墓葬中发现数量较大，田野考古资料发表较多，科学性强，具有断代标尺意义，以洛阳烧沟汉墓出土118面、洛阳西郊汉墓出土175面铜镜最具代表性。

魏晋北朝铜镜出土地点大多位于汉魏洛阳故城遗址、晋河南县城遗址周围的墓葬中。曹魏、北魏墓随葬铜镜数量极少，西晋墓发现铜镜数量相对较多，甚至出现一墓放置3至6面铜镜的现象。

隋唐五代铜镜一般见于隋唐洛阳城遗址内外，特别是在城郊一带清理了大批唐墓，积累了丰富的田野发掘资料。墓内随葬铜镜类型多样，螺钿镜、金银平脱镜、银背镜等反映了唐代较高的工艺制作水平。偃师杏园唐代纪年墓清理出的50面铜镜，为唐镜分期编年研究提供了珍贵的实物资料。

宋金元明铜镜多见于隋唐洛阳城遗址及其附近地区。所出铜镜数量较少，大多发现于北宋墓中，金、元、明时期铜镜出土寥寥无几。

一、战国铜镜

1. 洛阳烧沟战国晚期（或西汉早期）墓M623素面镜

1953年9～10月，考古工作者在洛阳烧沟南面发掘一批战国墓。其中，在战国晚期或西汉早期墓M623中清理出素面镜1面（M623∶1）。出土于棺内，人骨架头侧。镜上带布纹，当系用布帛包裹后纳入棺中，原物残缺。圆形，无纹。钮细小，无钮座。缘部略为高起。直径7.8、厚0.15厘米。同出陶壶、陶鼎、石圭等（王仲殊：《洛阳烧沟附近的战国墓葬》，《考古学报》第8册，1954年）。

2. 洛阳中州路西工段战国墓M2719羽状镜

1954～1955年，在洛阳市中州路西工段发掘一批东周墓。其中，战国早期墓M2719随葬羽状纹铜镜1面（M2719∶72）。该镜放置于人头骨上方，内椁与棺之间，锈蚀严重，纹饰不甚清晰。圆形，壁薄，中央有细鼻，周缘一周贝纹，内为羽状纹。直径10.8、厚0.15厘米（图1；图版1）。同出鼎、豆、壶等陶器，锥、锛、剑、戈等铜器（中国科学院考古研究所：《洛阳中州路［西工段］》，科学出版社，1959年，第91、104页，图六〇∶12，图版柒肆∶16）。

3. 洛阳战国粮仓62号窖铜镜残片

1976年初，在洛阳市共青路东侧、胜利路西侧，发掘一座战国粮仓62号窖。窖内遗物主要集中出土于窖内东北角谷糠上面的淤土层中。其中，有铜镜残片11面，包括绹纹镜 1 面（图2∶1），羽地山字纹镜2面（图2∶2），其他皆为素面镜。同窖出有各种质地的器物，与大量铜器、铁器在一起，

图1　中州路西工段战国墓M2719羽状镜局部

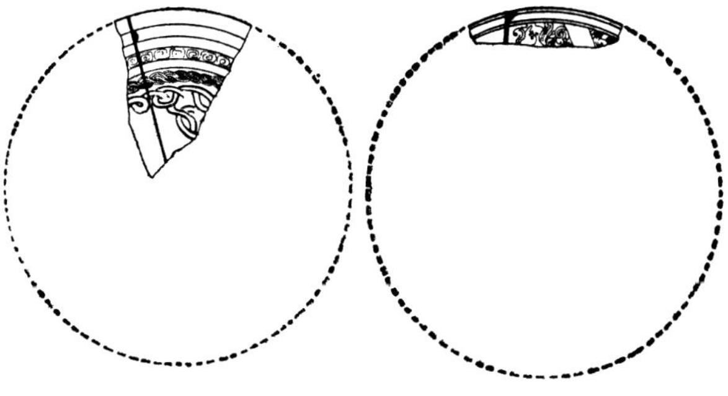

1　　2

图2　62号战国仓窖铜镜残片复原图
1. 绹纹镜　2. 羽地山字纹镜

器物大多严重锈蚀。该窖废弃年代不晚于西汉初年（洛阳博物馆：《洛阳战国粮仓试掘纪略》，《文物》1981年第11期）。

4. 洛阳市针织厂住宅楼战国晚期墓C1M3943山字镜

1992年12月，在洛阳市针织厂住宅楼工地发掘20余座东周墓。其中，战国晚期墓C1M3943保存完整，出土器物较多。在棺内西南角随葬四山、六山纹铜镜各一面（C1M3943：26），均残。六山镜为三弦钮，圆钮座。座外主纹为六山字，山字倾斜，中间竖画伸向镜缘，两侧竖画上端向内转折成尖角。间饰18枚嵌料珠或包金箔的梅花形乳丁。宽平缘。直径14.5、缘厚0.6厘米（图3：1、2；图版19）。四山镜残损严重（图3：3；图版18）。同出金银器、铜器、玉器、玻璃器、陶器等63件（组），推测墓主人为女性贵族（洛阳市文物工作队：《洛阳市西工区C1M3943战国墓》，《文物》1999年第8期；高西省、杨国庆：《洛阳出土战国特种工艺铜镜及相关问题研究》，《中原文物》2007年第5期）。

5. 洛阳铁路分局客车技术整备所战国墓HM293贴金银箔四兽透雕镜

1996年1月，为配合洛阳铁路分局客车技术整备所基建工程，于陇海铁路北侧、市木材公司南发掘一座战国墓。在棺内墓主人头南侧，随葬镶金银透雕铜镜 1 面（HM293：1）。该镜为圆形，夹层，镜面嵌于镜背之中，镜背透雕纹饰。小钮，四叶纹钮座。四条蟠龙同向绕钮，呈顺时针方向排列。龙首贴近钮座，圆眼，勾喙，龙角略弯，角尖与钮座叶尖相连。龙身由两条三角雷纹带组成，有爪、翼，尾微翘。腹上各有一组由四个卷云纹组成的纹饰。首、腹、背、尾、翼等处有五个圆圈纹，

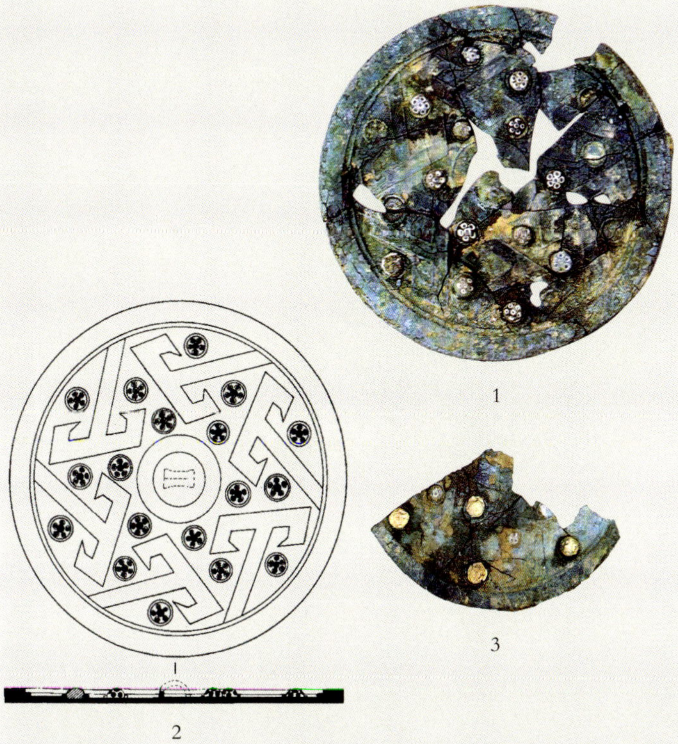

图3　洛阳市针织厂住宅楼战国墓C1M3943山字镜

1. 六山镜出土残状　2. 六山镜复原图　3. 四山镜残片

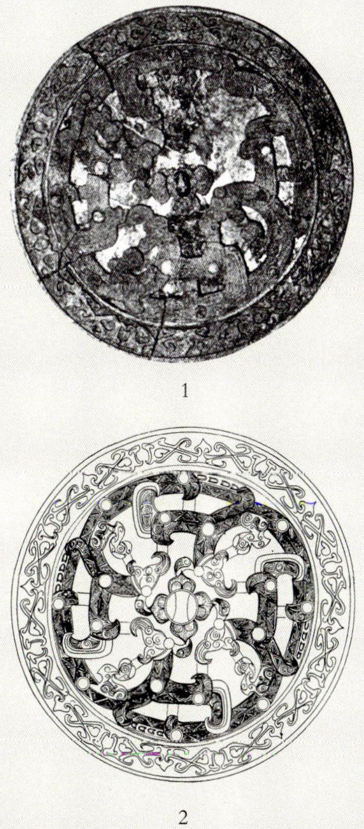

图4　洛阳道北战国墓HM293贴金银箔四兽透雕镜

1. 铜镜出土残状（HM293：1）　2. 铜镜复原图

其中，背、翼两处贴饰金箔，首、腹、尾贴饰银箔。镜缘饰以勾连纹带。锈蚀严重。直径14.8、厚0.3厘米（图4；图版26）。与此镜同出铜铃、璜、带钩及陶罐等（洛阳市第二文物工作队：《洛阳道北战国墓》，《文物》1996年第7期）。

6. 洛阳邙山史家屯战国墓铜镜

1997年5～9月，为配合洛阳市邮电局道北分局（第一期工程）和市金苑房地产开发公司300号院住宅小区的建设工程，在邙山脚下史家屯一带发掘战国至西汉墓葬210座。其中，在7座战国墓中各出土 1 面铜镜。均为圆形，残损、锈蚀严重。

素面镜，3面。素面，镜身较薄，形体较小，边缘未加工，钮为弓形或圆形，无钮座。标本IM1062：2，弓形钮，直径7、厚0.3厘米（图5：1），属于战国中期。

凤鸟镜，2面，残。均以凤鸟纹为主纹，细云雷纹衬底。IM1193∶1，环状钮，双重方钮座。钮座四角有对称的四凤纹，其外又立四鸟，与钮座各边中部相对。鸟爪下各饰一边缘向内收缩的折叠式菱形纹。卷缘。直径12、厚0.4厘米（图5：2）。IM1202∶1，残损严重，桥形钮，圆钮座，钮外四叶将镜面分为四区，每区内饰一凤纹，凤纹外有一圈半圆形涡状纹。属于战国晚期。

饕餮镜，1面（IM1152：8），残。四弦钮，圆钮座。以细云雷纹衬底，其上用均匀、凸起的

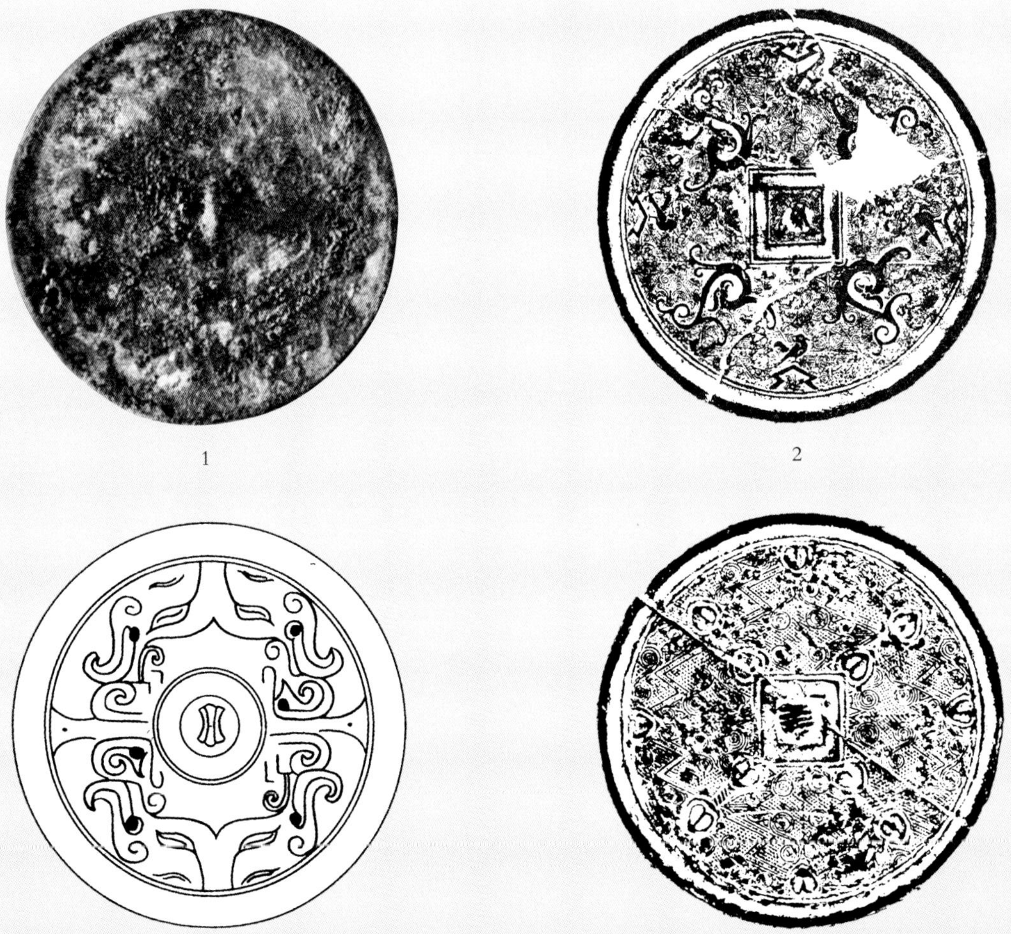

1　　2　　3　　4

图5　邙山史家屯战国墓铜镜

1. 素面镜（IM1062：2）　2. 凤鸟镜（IM1193：1）　3. 饕餮镜（IM1152：8）　4. 十二花瓣镜（IM1158：1）

线条勾勒出双目、粗眉、大鼻梁、卷尾的兽面两组，上下对称。宽平缘。直径8.2、厚0.3厘米（图5：3），属于战国晚期。

十二花瓣镜，1面（IM1158：1），四弦钮，双重方钮座。地纹是由云纹、菱形纹构成的变形云雷纹。在钮座的四角，向外伸出四组连贯式的花瓣，每组两瓣。镜缘内亦有四花瓣，共计十二花瓣。卷缘。直径9.1、厚0.3厘米（图5：4）。属于战国中晚期（洛阳市第二文物工作队：《洛阳邙山战国西汉墓发掘报告》，《中原文物》1999年第1期）。

7. 洛阳市二十六中学战国墓 C1M7602花枝透雕镜

2002年11月，在配合洛阳市二十六中学基建过程中，发掘战国中期墓C1M7602。在棺内足部放置铜镜（C1M7602：15）、玛瑙环及带钩等。铜镜出土时有织物包裹的痕迹，圆形，夹层，背为透雕纹饰镜壳，正面以铜片嵌入。兽形钮，兽背饰以圆圈纹，作爬行状。钮座近圆形，座外伸出三条较宽的花枝茎，将主体纹饰分为三区，每区内自钮座伸出一枚双叶花蕾。花枝茎末端渐宽，与镜缘相接，中部两侧各伸出一条弯卷的对称枝蔓茎，茎生卷叶，叶末与镜缘相接。枝、茎、叶中部均内凹。缘饰一周重环纹。直径12、缘宽0.8、厚0.3厘米，重196克（图6；图版30）。同出陶鼎、豆、壶，龙形玉佩、环、料珠及玉覆面等（洛阳市文物工作队：《洛阳西工区M7602的清理》，《文物》2004年第7期）。

8. 洛阳东周王城遗址东部战国墓 C1M8503素面镜

2005年1月，在洛阳东周王城遗址东部、汉河南县城东北角，发掘战国中期墓C1M8503。在棺内左腿下部，出土铜镜 1 面（C1M8503：8）。镜残，桥形钮，素面无纹。直径11、厚0.2～0.3厘米。同出铜带钩、削、环，龙形玉佩、陶拍、纺轮等（洛阳市文物工作队：《洛阳西工区C1M8503战国墓》，《文物》2006年第3期）。

图6 洛阳市二十六中学战国墓C1M7602花枝透雕镜（C1M7602：15）

二、两汉铜镜

（一）西汉

1. 洛阳烧沟汉墓铜镜与铁镜

1952～1953年，在洛阳北郊烧沟村西南发掘两汉墓葬225座。出土铜镜118面，铁镜9面，共计127面。铜镜均有纹饰，其中有铭文者，在一半以上。铁镜亦有纹饰，但因锈蚀严重，无法看出全貌。

镜放于墓中的位置是一定的，大部分放于棺内，从30个人骨痕迹较为清楚的墓葬做了如下统计：一是放于头左上方或左侧的，有16面；二是放于头右上方或头右侧的，有12面；三是放于胸前或肩上的，有12面；四是放于足旁的，有3面。由此可知，镜放于头旁的最多。镜也有放于棺外的，但距棺不远，且所出镜周围是一定有漆奁痕迹的，可见都是放于漆奁之内。

放于棺内的镜，镜外常发现很细的绢纹，可能当时用绢包裹着或是用一镜囊盛着。在少数几面镜的钮穿中，发现有纤维痕迹，可知当时还穿有一根带状的“系组”（或称组）。在M1035棺内的1面铁镜，镜外有粗细绢纹几层，将镜牢牢裹着。

从出土情况观察，合葬的两棺内往往都有镜，在几个放铁剑的棺内也都发现有镜。可知汉代男女有用镜殉葬的习俗。一般的墓，是一人一镜，但也有例外，如M38A、B，两个棺内各放一半残镜，合起来是一完整镜子。

烧沟汉墓出土铜镜分为14种类型。

第一型：蟠螭叶纹镜，1面，年代可能在武帝初年或在武帝稍前一点。另一种观点认为属于战国晚期（图版5）。

第二型：草叶镜，1面，年代晚于第一型（图版40）。

第三型：星云镜，6面，武帝至昭帝时期（图7；图版47、48）。

第四型：铭文镜，分为三式。第一式，日光镜（图9：1；图版51～53）；第二式，昭明镜（图9：2～4；图版54、60、61、64、65）；第三式，铭文连弧镜（图9：5；图版68）。日光镜与昭明镜年代，在武帝之后，一直到新莽。昭明镜的另一支，则直到东汉初年。铭文连弧镜应是西汉末所铸。

第五型：四乳四虺镜，西汉晚期（图8；图版76～78、80）。

第六型：博局镜。分为三式。第一式，四神博局镜，为西汉晚期至东汉早期（图10：1～6；图版100、103）；第二式，几何纹博局镜，为西汉晚期至东汉早期（图版110、111）；第三式，简式博局镜，约在东汉早期至晚期（图10：7；图版119）。

第七型：四乳镜。第一式，四乳八禽镜（图11：1）；第二式，家常富贵四乳镜（图11：2），第一、二式年代应在西汉晚期；第三式，四乳圆圈纹镜、四乳四禽镜（图11：3～5；图版87）；第四式，四乳四神镜（图11：6）。第三、四式为东汉初期。

第八型：连弧镜。第一式，云雷纹连弧镜，为东汉早期（图12：1、2）；第二式，长宜高官连弧镜、长宜子孙连弧镜，为东汉晚期（图12：3、4）。

第九型：夔纹镜。第一式，夔凤镜，为东汉中期（图13：1）；第二式，君宜高官双夔龙镜，为东汉中期(图13：2)。

第十型：变形四叶镜，2 面，年代约在桓帝之世（图14）。

第十一型：变形四叶四凤镜，1 面，年代与第九、十型相同（图15：1）。

第十二型：人物画像镜，1 面，为东汉灵帝前后（图15：2）。

第十三型：三兽镜，1 面，为东汉中平左右（图15：3）。

第十四型：钮镜，2 面，为西汉末至东汉早期（图15：4、5）。

铁镜共计 8 面，出土时几乎全都成了氧化铁。其形状与铜镜相似，只不过边上没有一圈隆起的缘。皆为圆钮，钮大而扁，同出的铜镜中没有这样的钮。铁镜大小不一，最大直径达21厘米，最小直径为11厘米。它在墓内的位置，是在棺内或棺外奁内。镜外包裹有几层绢。8面铁镜出于4座墓，均为第五型墓葬，其中M1037是建宁三年，在初平元年之前。可知洛阳东汉墓所出铁镜，其年代是在东汉桓帝、灵帝前后（洛阳区考古发掘队：《洛阳烧沟汉墓》，科学出版社，1959年，第160～176页，198、199页。以下部分图片采自《洛阳出土古镜》、《洛阳出土铜镜》）。

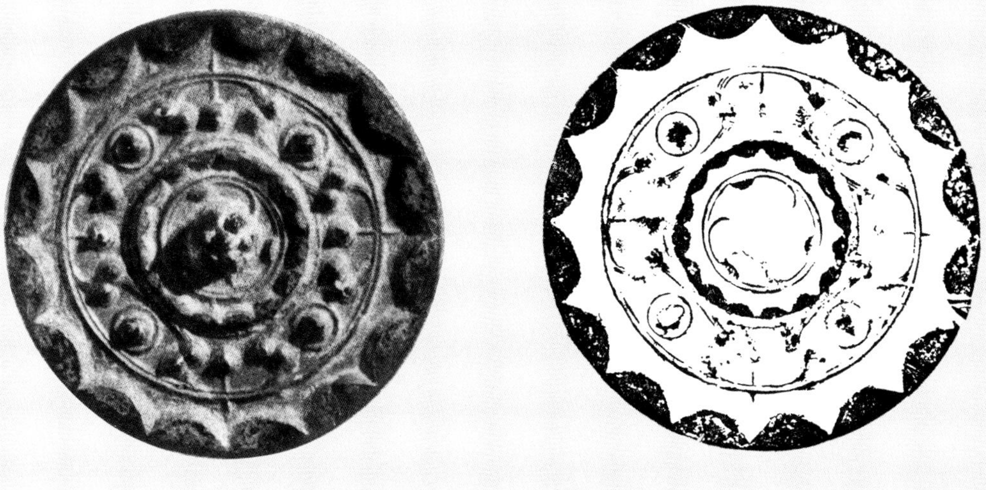

图7　烧沟汉墓第二型星云镜（西汉中期M173：5）

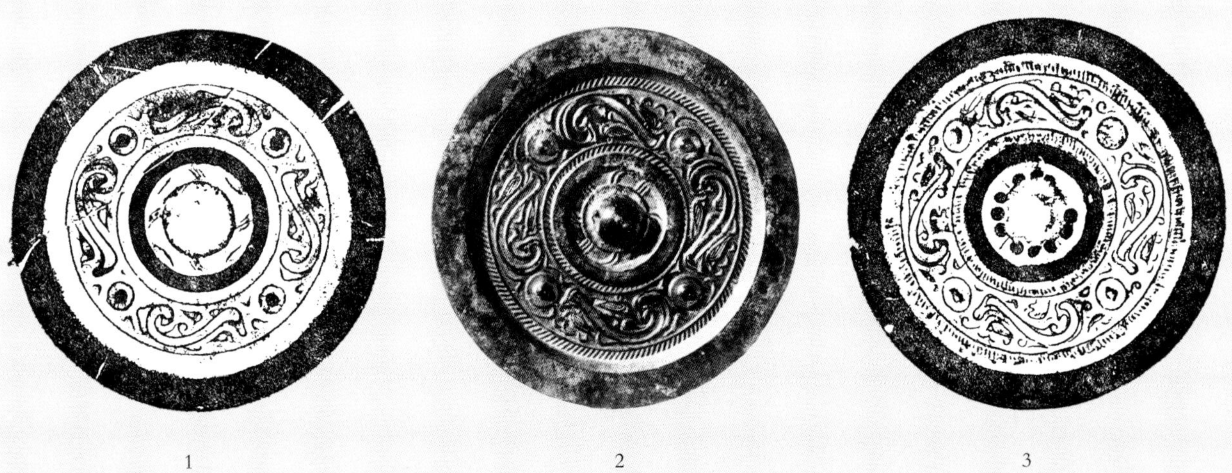

1　　2　　3

图8　烧沟汉墓第五型四乳四虺镜

1. 西汉晚期M55：7　2. 西汉晚期M82：1　3. 西汉晚期M1005：33

图9　烧沟汉墓第四型铭文镜

1. 第一式日光镜（西汉中期或稍后M7：1）　2. 第二式昭明镜（新莽或稍后M56：2）　3. 第二式昭明镜（新莽或稍后M40：61）　4. 第二式昭明镜（西汉晚期M138：9）　5. 第三式铭文连弧镜（西汉晚期M632：260）

图10　烧沟汉墓第六型博局镜

1. 第一式四神博局镜（西汉晚期M111：44）　2. 第一式四神博局镜（新莽或稍后M59B：10）　3. 第一式四神博局镜（新莽或稍后M38：29：31）　4. 第一式四神博局镜（东汉早期M21：34）　5. 第一式四神博局镜（西汉晚期M1005：34）　6. 第一式四神博局镜（新莽或稍后M59B：12）　7. 第三式简式博局镜（东汉早期M25：15）

图11 烧沟汉墓第七型四乳镜

1. 第一式四乳八禽镜（西汉晚期M80：2） 2. 第二式家常富贵镜（西汉晚期M99：18） 3. 第三式四乳四禽镜（西汉晚期M1034：13） 4. 第三式四乳圆圈纹镜（东汉早期M21：35） 5. 第三式四乳四禽镜（东汉早期M113：54） 6. 第四式四乳四神镜（西汉晚期M47：10）

1 2 3

4

图12　烧沟汉墓第八型连弧镜

1. 第一式云雷纹连弧镜（东汉中期M1009B：55）
2. 第一式云雷纹连弧镜（东汉中期M1029：30）
3. 第二式长宜高官连弧镜（东汉晚期M147：14）
4. 第二式长宜子孙连弧镜（东汉晚期M148：31）

1

2

图13　烧沟汉墓第九型夔纹镜

1. 第一式夔凤镜（东汉中期M146：33）　2. 第二式君宜高官双夔龙镜（东汉早中期M120：2）

图14　烧沟汉墓第十型变形四叶镜（东汉晚期M147：7）

1

2

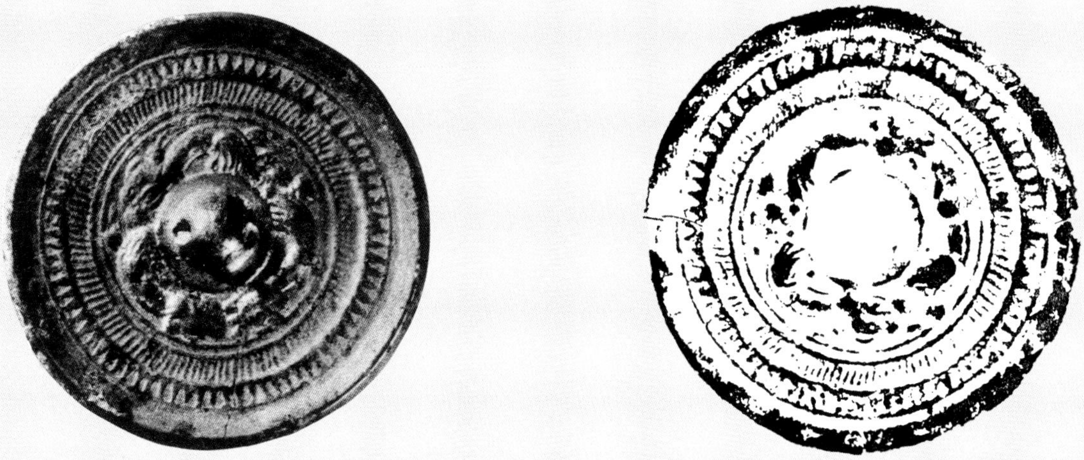

3

4

5

图15　烧沟汉墓第十一至十四型铜镜

1. 第十一型变形四叶四凤镜（东汉晚期M1036：8）　2. 第十二型人物画像镜（东汉晚期M160：11）　3. 第十三型三兽镜（东汉晚期M1035：11）　4. 第十四型钮镜（东汉早中期M1007：8）　5. 第十四型钮镜（西汉中期或稍后M9：6）

2. 新安县铁门镇西汉墓铜镜

1957年7～8月，在新安县铁门镇发掘汉墓37座。其中，在西汉初期墓出土铜镜3面，均为圆形。圈带蟠虺镜 2 面，出于M18、M37。小钮，圆钮座。外饰四个S形纹，再外为一周连弧纹。宽平缘。直径9厘米（图16：1）。草叶镜 1 面，残存一半，与圈带蟠虺镜同出自M37。小扁形钮，方形钮座。座外为一周方框，框内为铭文，残存“见日之光长毋”六字。外饰草叶纹，缘为连弧纹。直径13.5厘米（图16：3）。

在西汉晚期（或东汉初期）的4座墓内，各出土1面铜镜，宽平缘。昭明镜2面，出自M8、M24（图16：4）。其中有1面昭明镜，出自M8墓室东侧人骨架胸部。镜钮作半球状，钮座为圆形。其外饰以八向内连弧纹，再外围一周铭文带。直径9～10厘米（图16：2）。日光镜1面（M10：20），出自墓室西侧人头骨西。镜钮为小扁钮，圆钮座。外饰铭文一周：“见日之光，天下大明。”直径7.5厘米（图16：6）。四乳四虺镜1面，出自M13。圆钮，圆钮座。外饰四乳，其间饰以四虺纹。直径10厘米（图16：5）（河南省文化局文物工作队：《河南新安铁门镇西汉墓葬发掘报告》，《考古学报》1959年第2期）。

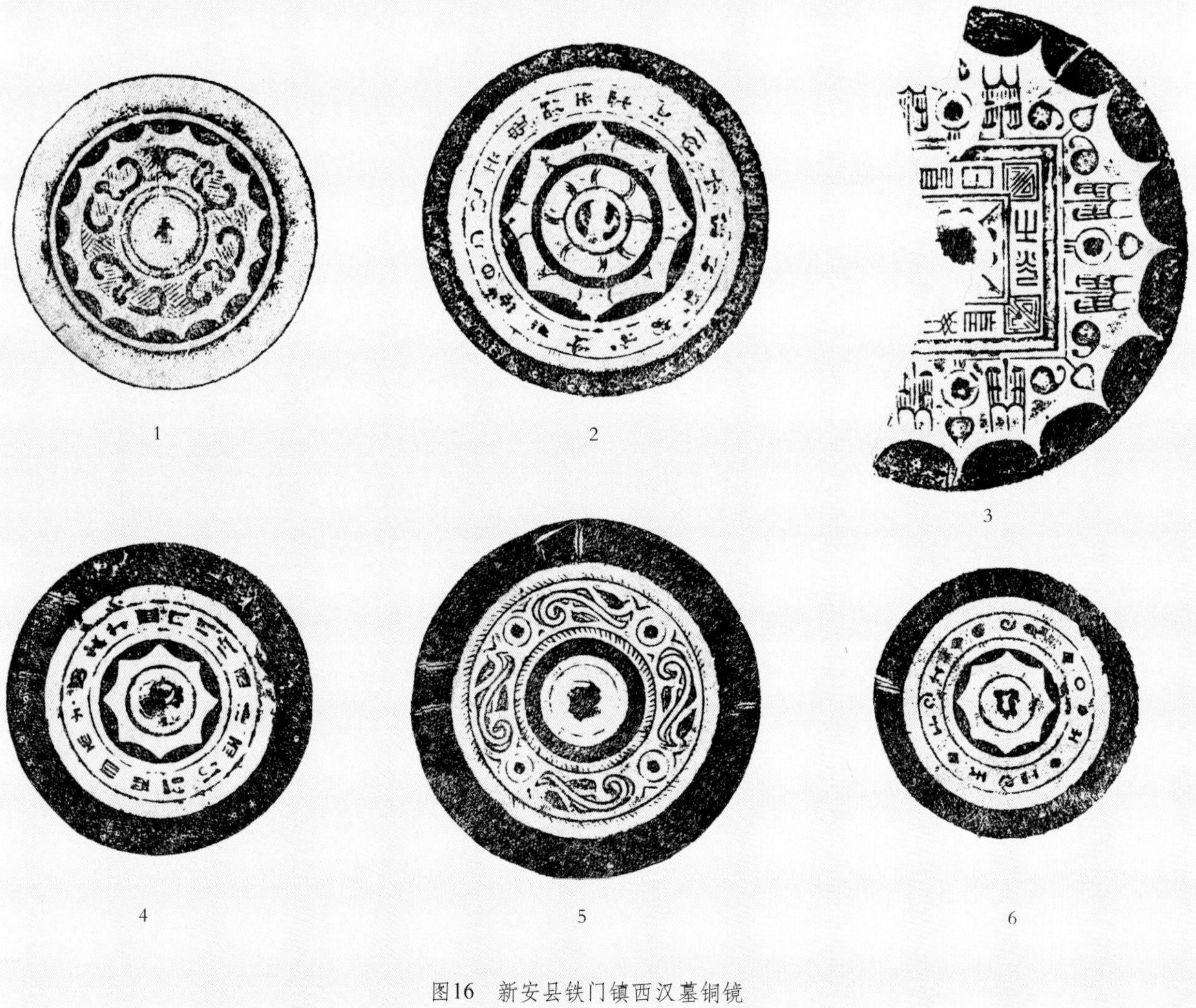

图16　新安县铁门镇西汉墓铜镜

1. 圈带蟠虺镜（M37）　2. 昭明镜（M8）　3. 草叶镜（M37）　4. 昭明镜（M24）　5. 四乳四虺镜（M13）　6. 日光镜（M10）

3. 洛阳老城西北郊西汉壁画墓M61昭明镜

1957年下半年，在洛阳老城西北郊发掘西汉壁画墓M61，年代约在元帝至成帝之间。墓室棺内人骨架头部南侧放置昭明镜1面（M61：21）。镜为圆形，圆钮，圆钮座。钮座外饰一周连弧纹，再外为一周铭文："内清质以昭明，光辉象夫日月，心忽穆而愿忠，然雍塞而不泄。"直径10、厚0.4厘米（图17）。同出陶器、铜器、铁器等456件（河南省文化局文物工作队：《洛阳西汉壁画墓发掘报告》，《考古学报》1964年第2期）。

图17　老城西北郊西汉墓M61昭明镜（M61：21）

4. 洛阳西郊汉墓铜镜

1957～1958年，在洛阳西郊金谷园村和七里河村发掘一批两汉墓葬，报道了保存较好的217座。出土铜镜175面，一般置于棺内头侧，个别放于棺外，大体归纳为14种类型。

第一型：草叶镜，1面，年代为西汉晚期（图18：1）。

第二型：星云镜，2面，年代为西汉中期（图18：2、3）。

第三型：凤鹤纹镜，1面，与星云镜伴出，当为西汉中期的一种镜型（图18：4）。较为罕见，以往洛阳汉墓中未曾见到过。

第四型：日光镜，36面，年代自西汉中期至晚期均有（图18：5～8）。

第五型：昭明镜，41面，年代自西汉晚期至新莽或稍后均有（图19：1～3）。

第六型：四乳四虺镜，22面，所选标本年代为新莽或稍后（图19：4）。

第七型：漩涡纹镜，1面，年代为西汉晚期（图19：5）。

第八型：博局镜，47面，年代自西汉晚期至东汉中期均有（图20：1～7；图版108、112）。铭文内容较为丰富，四神博局镜铸有铭文的14面。

第九型：神兽镜，2面，所选标本年代为新莽或稍后（图21：1；图版94）。

第十型：四乳镜，10面，年代自新莽至东汉中期均有（图21：2～4；图版82）。不同四乳镜之间的直径相差较大，大者14.2，小者5.5厘米。

第十一型：连弧镜，8面，年代为东汉中期（图21：5～8）。

第十二型：铜华镜，1面，年代为西汉中期（图22：1；图版66）。在洛阳汉墓中出土较少。

第十三型：位至三公镜，1面，年代为东汉晚期（图22：2）。

第十四型：圆圈纹镜，2面，年代为东汉中期（图22：3、4）（中国科学院考古研究所洛阳发掘队：《洛阳西郊汉墓发掘报告》，《考古学报》1963年第2期）。

笔者按：该报告谈到，M3177出土陶器较少，从随葬的灵帝四出五铢钱及位至三公镜等特点来看，应属于东汉晚期。笔者认为，M3177出土的位至三公夔纹镜具有西晋同类铜镜的诸多特点，所以该墓年代有可能晚至西晋。

图18　洛阳西郊汉墓第一至四型铜镜

1. 第一型草叶镜（西汉晚期M3171：8）　2. 第二型星云镜（西汉中期M3191：3）　3. 第二型星云镜（西汉中期M3165：4）　4. 第三型凤鹤镜（西汉中期M3165：1）　5. 第四型日光镜（西汉中期M3246：27）　6. 第四型日光镜（西汉中期M3163：4）　7. 第四型日光镜（西汉中期M3060：20）　8. 第四型日光镜（西汉晚期M3148：27）

图19　洛阳西郊汉墓第五至七型铜镜

1. 第五型昭明镜（西汉晚期M3050：57）　2. 第五型昭明镜（新莽或稍后M3031：6）　3. 第五型昭明镜（新莽或稍后M3144：1）　4. 第六型四乳四虺镜（新莽或稍后M3201：1）　5. 第七型漩涡纹镜（西汉晚期M3008：40）

图20　洛阳西郊汉墓第八型博局镜

1. 新莽或稍后MM3014：9　2. 新莽或稍后M9002：3　3. 东汉早期M7017：6　4. 东汉早期M7052：19
5. 东汉中期MM9014：1　6. 东汉中期M7043：1　7. 东汉中期M10025：1

图21　洛阳西郊汉墓第九至十一型铜镜

1. 第九型神兽镜（新莽或稍后M3079：5）　2. 第十型四乳镜（东汉早期M3263A：1）　3. 第十型四乳镜（东汉中期M7043：44）　4. 第十型四乳镜（东汉中期M7011：1）　5. 连弧镜（东汉中期M7049：17）　6. 连弧镜（东汉中期M9012：3）　7. 连弧镜（东汉中期M10016：18）　8. 连弧镜（东汉中期M7054：14）

1　2　3　4

图22　洛阳西郊汉墓第十二至十四型铜镜

1. 第十二型铜华镜（西汉中期M3206：3）　2. 第十三型位至三公镜（东汉晚期M3177：12）　3. 第十四型圆圈纹镜（东汉中期M7011：2）　4. 第十四型圆圈纹镜（东汉中期M10024：8）

5. 洛阳老城西北郊西汉墓M81铜镜

1957～1958年，在洛阳老城西北郊发掘出西汉墓M81，保存完整，年代约为西汉元帝至新莽年间。墓室西侧棺内头部北侧放置 1 面昭明镜（M81：83；图23：1），东棺内头部东侧有1件漆奁，内置残草叶镜 1 面（M81：80），仅存约三分之一（图23：2）（贺官保：《洛阳老城西北郊81号汉墓》，《考古》1964年第8期）。

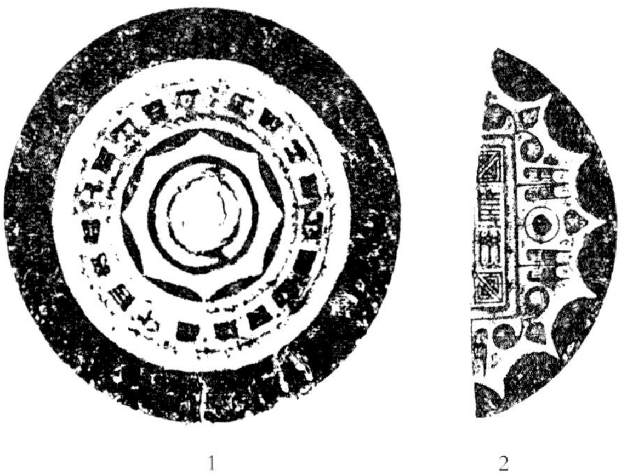

1　2

图23　老城西北郊西汉墓M81铜镜

1. 昭明镜（M81：83）　2. 草叶镜残片（M81：80）

6. 洛阳金谷园车站西汉墓M11铜镜

1972年，在洛阳金谷园车站发掘西汉晚期墓M11，年代约为武帝以后至新莽之前。

墓室有两具棺木，北棺内东端放置 1 面日光镜（M11：18），南棺内东北角有 1 面清白联珠纹镜（M11：15），棺外东南有1面日光镜（M11：10）。

铜镜 3 面，均为圆形，圆钮，宽缘。其中，日光镜 2 面（图24），M11：10钮外为连弧纹，再外为篆书铭文带“见日之光，天下大明”，字间填涡纹及菱形符号。铭文带内外，各饰栉齿纹一周。直径7.3、缘厚0.4厘米。M11：15，钮外为联珠纹、连弧纹及铭文带，铭文30字，为“洁清白而事君，志节之弇明，范（焕）玄锡之泽，恐远而日忘，慎美之见，外言可来绝”。同出陶器、铜器、骨器等200余件（洛阳市文物工作队：《洛阳金谷园车站11号汉墓发掘简报》，《文物》1983年第4期）。

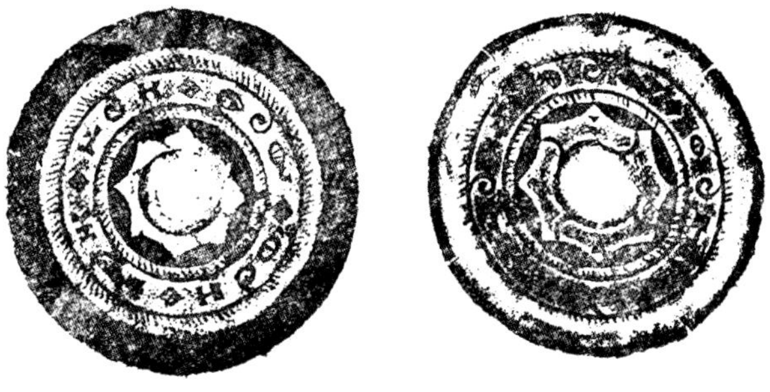

1　　2

图24　金谷园车站西汉墓M11日光镜

1. M11：10　2. M11：18

7. 洛阳地区食品购销站西汉墓C1M35日光镜

1974年12月，在洛阳地区食品购销站院内清理西汉中晚期墓C1M35。墓室东侧棺内骨架臂旁放置1面日光镜（C1M35：26）。圆形，圆钮，圆钮座。外饰一周铭文“见日之光，天下大明”。宽平缘。直径8厘米，重130克（图25）。同出陶器、五铢钱等（洛阳市文物工作队：《洛阳西汉墓发掘简报》，《考古》1983年第1期）。

图25　洛阳地区食品购销站西汉墓C1M35日光镜

（C1M35：26）

8. 洛阳面粉厂西汉卜千秋壁画墓铜镜

1976年6月，在洛阳北郊烧沟村西、邙山南麓的洛阳面粉厂，发掘出西汉卜千秋壁画墓，年代约为西汉中期稍后，保存完整。墓室内有两具棺木，北棺内的头骨东侧有一腐朽的圆形漆奁盒，盒中放置昭明镜 1 面及卜千秋铜印 1 枚。南棺内的骨架头部东南角有一已朽圆形漆奁盒，盛有四乳四虺镜 1 面。2 面铜镜均为圆形，圆钮，圆钮座，宽平缘。昭明镜，钮座外饰铭文一周：“内清以昭明，光象夫日月，心忽不汜（泄）。”直径11、厚0.6厘米（图26：1）。四乳四虺镜，在四乳之间各饰一蟠虺纹。直径10、厚0.5厘米（图26：2）。同出陶器、铜器及铁器等（洛阳博物馆：《洛阳西汉卜千秋壁画墓发掘简报》，《文物》1977年第6期）。

1　　2

图26　洛阳面粉厂西汉卜千秋墓铜镜

1. 昭明镜（卜M：2）　2. 四乳四虺镜（卜M：1）

9. 洛阳邙山西汉石椁墓日光博局镜

1981年8月，为配合铁道部隧道工程局基建工程，在位于洛阳火车站北的邙山坡上发掘一座西汉石椁墓。在墓室棺内出土日光博局镜 1 面（C8M15：9），其余随葬品皆在耳室内。镜为圆形，小圆钮，已残，方形钮座。钮座外有四乳，其间铸铭文“见日之光，天下大阳”八字。其外饰方格博局纹。十六内向连弧纹缘。直径11.4厘米（图27）。该镜集博局镜纹饰及日光镜铭文于一体，较为少见。同出鼎、敦、壶等陶器（洛阳市文物工作队：《洛阳西汉石椁墓》，《考古》1984年第9期）。

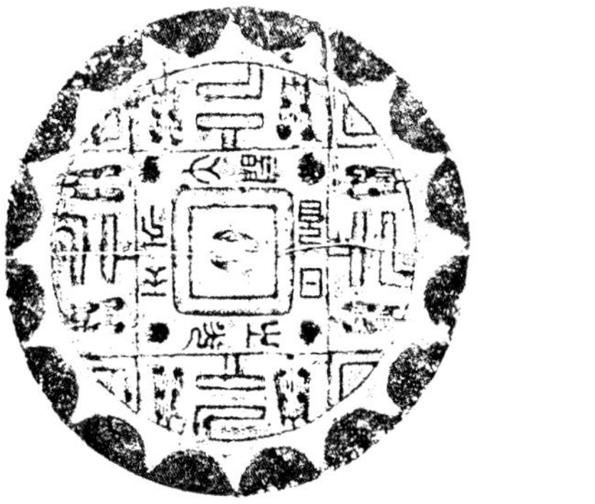

图27　邙山西汉石椁墓日光博局镜（C8M15：9）

10. 1984～1986年洛阳市区汉墓铜镜与铁镜

1984～1986年，在洛阳市老城区和西工区发掘汉墓23座，西晋墓 2 座。汉墓主要分布在邙山脚下，烧沟墓地的东部。墓葬年代自西汉中期至东汉晚期。

汉墓出土铜镜 13 面，均为圆形，分为五型。

A型　星云镜，2面。连峰式钮，圆钮座，座外一周内向连弧纹，再外为星云带，四星较大，其间以曲线相连各小星。十六内向连弧纹缘。西汉晚期墓M47：2，直径9.9厘米；西汉晚期墓M42：2，直径11厘米（图28：1）。

B型　4面，分二式。

Ⅰ式：日光镜，2面。圆钮，圆钮座。座外饰连弧纹，再外有“见日之光，天下大明”铭文。西汉晚期墓M38：16，直径6.6厘米（图28：4）。西汉中期稍后墓M46：8，直径5.7厘米。

Ⅱ式：连弧镜，2面。西汉晚期墓M36：6，圆钮，圆座。座外饰连弧纹，再外为铭文带：“日有憙，月（有）富，乐而毋（无）事，而宜酒食，居而必长，毋（无）忧患兮。”直径13厘米（图28：3）。东汉中期墓M24：12，形制较小，圆钮，圆座。座外饰连弧纹，素面宽缘。直径3.9厘米。

C型　四乳四虺镜，2面。圆钮，圆座。座外四乳之间饰虺纹，在虺的内外侧饰鸟纹，宽平素缘。新莽墓M45：9，直径8.7厘米。东汉早期墓M49：2，直径9厘米（图28：5）。

D型　博局镜，3 面。圆钮，圆钮座，座外方框外饰博局纹及四神等动物纹，外围栉齿纹、锯齿纹各一周。云气纹缘。东汉早期墓M39：74，直径11.2厘米（图28：6）。M39：67，在博局纹外有铭文一周：“作佳竟（镜）真大好，上有人不知老，渴饮玉泉饥食枣，浮游天下敖（遨）四海，寿如保。”直径14.2厘米（图28：2）。

E型　云雷连弧镜，2 面。圆钮，圆座或四叶纹座，外区有八个小括弧，括弧内有带圆心的小圆圈，或称云雷纹。东汉中期墓M50：2，直径10厘米。东汉中期墓M40：29，在四叶纹钮座之间有“长宜子孙”铭文，直径14.5厘米。

铁镜 1 面（M24：137），圆形，凸钮。从钮边至镜缘，镜背逐渐变薄，形成一坡面（镜面平）。因锈蚀严重，未见纹饰。直径14.2厘米（中国社会科学院考古研究所洛阳唐城队：《1984至1986年洛阳市区汉晋墓发掘简报》，《考古学集刊》第七集，科学出版社，1991年，第51～78页）。

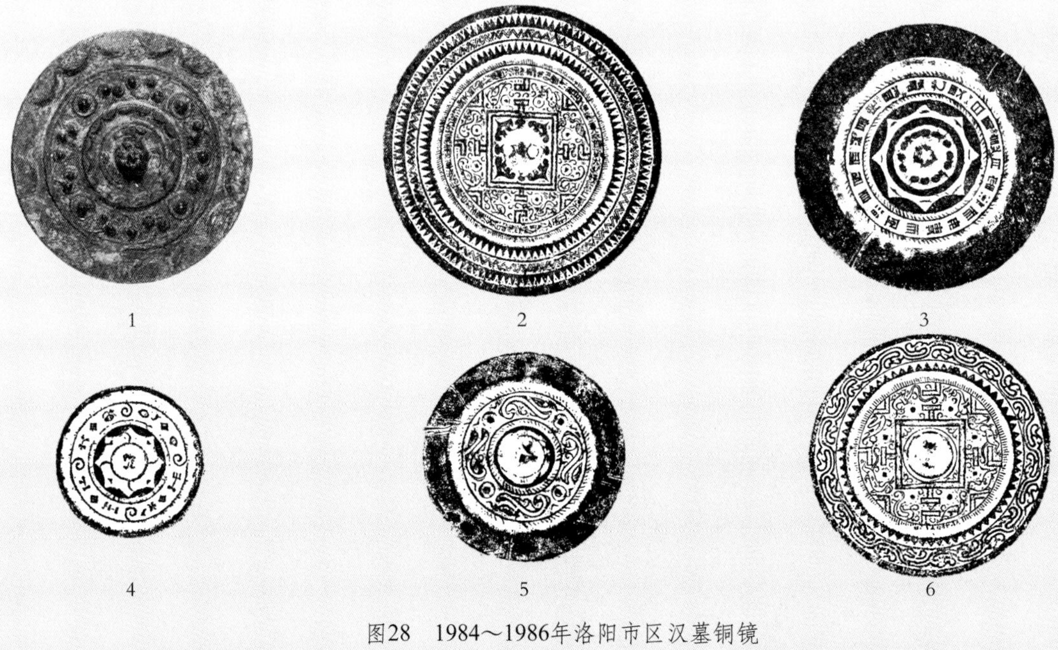

图28　1984～1986年洛阳市区汉墓铜镜

1. 星云镜（M42：2）　2. 作佳竟四神博局镜（M39：67）　3. 日有熹连弧镜（M36：6）　4. 日光镜（M38：16）　5. 四乳四虺镜（M49：2）　6. 四神博局镜（M39：74）

11. 洛阳浅井头西汉壁画墓CM1231铜镜

1992年8月，在洛阳市郊浅井头村南发掘西汉壁画墓CM1231，年代为成帝至新莽之间（公元前32～公元6年）。墓室东侧棺内南端放置1面家常富贵铜镜（CM1231：9），身上置五铢钱200余枚。棺外南侧有1面昭明镜（CM1231：12）。

2面铜镜均为圆形，圆钮，圆钮座。家常富贵镜，座外饰弦纹两周，间以四乳及“家常富贵”四字。宽平缘。镜外留有细绢残迹，钮穿中有纤维痕迹。直径7.6、厚0.3厘米（图29：1）。昭明镜，座外饰八内向连弧纹，其外弦纹两周，间以铭文一周：“内清以昭明，光象日月。”字间多加有“而”字符号。宽平缘。直径9、厚0.4厘米（图29：2）。同出陶器、铜器、铁器、玉石器等（洛阳市第二文物工作队：《洛阳浅井头西汉壁画墓发掘简报》，《文物》1993年第5期）。

1

2

图29　洛阳浅井头村西汉墓CM1231铜镜

1. 家常富贵镜（CM1231：9）

2. 昭明镜（CM1231：12）

12. 洛阳北邙飞机场西汉墓M903四乳四虺镜

1992年5月，为配合中国民航飞行学院洛阳分院基建工程，发掘西汉晚期墓M903。墓室西侧有一陶棺，棺内南端有1面四乳四虺镜（M903：29）。圆形，圆钮，圆钮座。座外饰四乳四虺纹。宽平缘。直径7.5厘米（图30）。同出釉陶俑、陶器、铜器及铁器等52件（洛阳市文物工作队：《洛阳北邙飞机场903号汉墓》，《考古与文物》1997年第5期）。

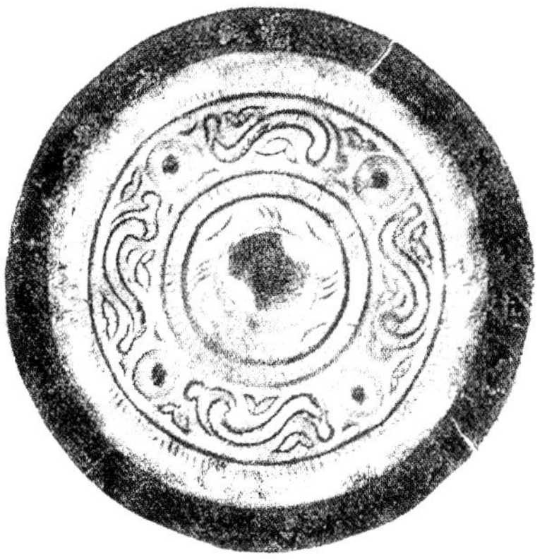

图30　北邙飞机场西汉墓M903四乳四虺镜（M903：29）

13. 洛阳邮件处理中心西汉墓M372铜镜

1992年8月，在洛阳邮电局邮件处理中心二期工程建设中，发掘一座保存完整的西汉墓M372，年代为汉成帝至新莽之间。墓室内并列两棺，两棺内南端各放置铜镜1面。镜均为圆形，圆钮，圆钮座。昭明镜（M372：2），座外饰八内向连弧纹。其外有铭文一周：“内青（清）以昭明，光象夫日月兮，心忽不世（泄）。”字间加以“而”字符号。宽平素缘。直径11、缘厚0.5厘米（图31：1）。镜面有包裹用的布帛残片。四乳四虺镜（M372：7），座外四乳，间以变形蟠虺纹和鸟纹。宽平素缘。直径10.5、缘厚0.3厘米（图31：2）。同出陶器、铜器、铁器等（洛阳市第二文物工作队：《洛阳邮电局372号西汉墓》，《文物》1994年第7期）。

1

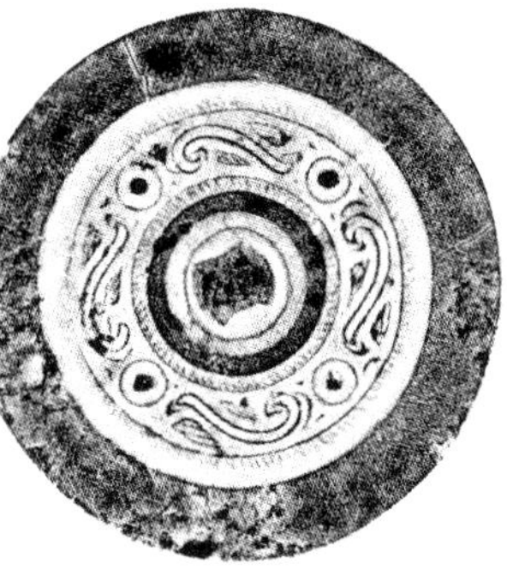

2

图31　洛阳邮件处理中心西汉墓M372铜镜

1. 昭明镜（M372：2）　2. 四乳四虺镜（M372：7）

14. 洛阳石化总厂西汉墓C9M2441四乳四虺镜

1998年8～11月，在洛阳市吉利区石化总厂发掘西汉晚期墓C9M2441。西侧墓室内出土四乳四虺镜1面（C9M2441：1）。镜残，圆钮座，座外饰四乳丁，间饰变形虺纹。直径12厘米（图32）（郑州大学历史学院、洛阳市文物工作队：《洛阳吉利区汉墓［C9M2441］发掘简报》，《文物》2008年第4期）。

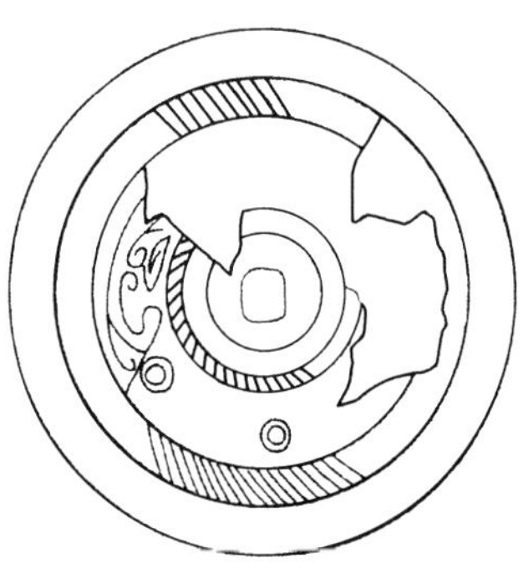

1

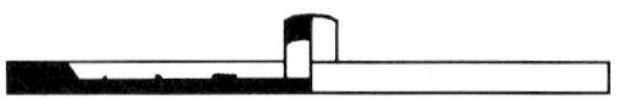

图32　洛阳石化总厂西汉墓C9M2441

四乳四虺镜（C9M2441：1）

15. 洛阳火车站西汉墓IM1779日光镜

2002年9月，在洛阳火车站售票厅改扩建工程中，发掘一座保存完整的西汉中期或稍后墓IM1779。墓室东部出土日光镜 1 面（IM1779：2）。圆形，圆钮，连弧纹座，座外有铭文一周，“见日之光，长不相忘”，字间饰两种花纹。铭文带内外饰栉齿纹各一周。宽平缘。直径8.3、缘厚1厘米（图33）。同出陶器、铜器、铁器等（洛阳市第二文物工作队：《洛阳火车站西汉墓［IM1779］发掘简报》，《文物》2004年第9期）。

图33　洛阳火车站西汉墓IM1779日光镜

（IM1779：2）

16. 洛阳春都五栋房小区西汉张就墓日光镜

2003年2月，在洛阳市春都五栋房小区发掘保存完整的西汉晚期张就墓。墓室南部放置日光镜 1 面（IM1835：53），略残。圆形，圆钮，圆钮座，座外饰内向八连弧纹。其外饰栉齿纹两周，间有铭文“见日之光，天下大明”，字间以涡纹或“田”字形符号相隔。宽平缘。直径7厘米（图34）。同出陶器、铜器及铁器，另伴出有2枚“张就之印”、“张就印信”铜印（洛阳市第二文物工作队：《洛阳西汉张就墓发掘简报》，《文物》2005年第12期）。

图34　春都五栋房小区西汉张就墓日光镜

（IM1835：53）

（二）新莽

1. 洛阳金谷园新莽壁画墓铜镜

1978年10月，在洛阳市金谷园村东发掘一座新莽壁画墓。出土铜镜 3 面，其中，昭明镜 2 面，大的直径11.5厘米，铭文为“内清以昭明，光象夫日月”，小镜直径10厘米（图35：1）。博局镜 1 面，直径14.3厘米（图35：2）。同出陶器、铜器、铁器及石器等，铜钱有契刀五百、大泉五十、小泉直一、货泉等莽钱（洛阳博物馆：《洛阳金谷园新莽时期壁画墓》，《文物资料丛刊》9，文物出版社，1985年，第163～173页）。

1

2

图35　金谷园新莽壁画墓铜镜

1. 昭明镜　2. 博局镜

2. 新安县铁塔山新莽墓M4四乳四禽镜

1984年夏，在新安县铁塔山发掘新莽时期壁画墓M4。出土四乳四禽铜镜 1 面（M4：38），圆形，圆钮，圆钮座。外饰四乳四禽纹，镜缘饰栉齿纹、波折纹。平缘。直径8.5厘米（图36）。同出釉陶器、铜器、铁器及石器等42件（洛阳市文物工作队：《洛阳新安县铁塔山汉墓发掘报告》，《文物》2002年第5期）。

图36　铁塔山新莽墓M4四乳四禽镜（M4：38）

3. 310国道孟津段新莽墓M8铜镜

1991年下半年，在310国道孟津段发掘新莽墓M8。除了1面铜华镜出土于墓室中部之外，其他如日光镜、勺形器、铁带钩及“工”字形玉器各1件皆放置于木棺内。

2 面铜镜均为圆形，圆钮，宽平缘。日光镜（M8：8），圆钮座。座外有一周铭文带：“见日之光，天下大明。”字间填涡纹或菱形符号。直径7.8厘米（图37：1）。铜华镜（M8：9），略残。四叶纹钮座，外饰一圈凸弦纹带，其外有内向连弧纹带。两周栉齿纹之间为铭文带，铭文为“湅治铜华清如明，以之为铜宜文章，延年益寿辟不羊（祥），与天毋（无）亟（极）如日月”。直径13.3厘米（图37：2）。同出陶器、铜器、铁器及玉器等（310国道孟津考古队：《洛阳孟津汉墓发掘简报》，《华夏考古》1994年第2期）。

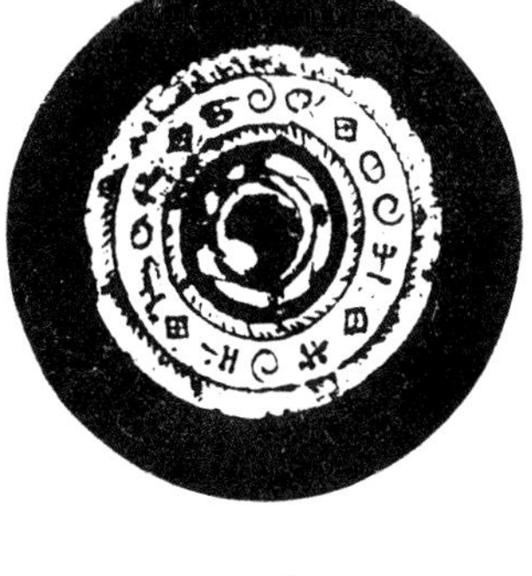

1　　2

图37　310国道孟津段新莽墓M8铜镜

1. 日光镜（M8：8）　2. 铜华镜（M8：9）

4. 洛阳五女冢新莽墓IM461铜镜

1992～1993年，在配合洛阳市西工区玻璃纤维厂宿舍楼基建中，发掘一座保存完整的新莽墓IM461，南距五女冢约500米。在后室东侧棺内南端放置1面四乳四虺镜，棺外西侧有四乳四神镜、带钩各1件及部分铜钱，并有纺织物残迹。

2面铜镜均为圆形，圆钮，圆钮座。四乳四虺镜（IM461：71），座外四乳间，饰四变形虺纹，虺上方各饰一鸟纹。素宽缘。直径9.4厘米（图38：1）。四乳四神镜（IM461：10），座外四乳间，饰四神。近缘处饰锯齿纹，窄平缘。直径10.5厘米（图38：2；图版81）。同出鼎、敦、壶、仓、罐、奁等陶器，大泉五十、小泉直一等铜钱（洛阳市第二文物工作队：《洛阳五女冢新莽墓发掘简报》，《文物》1995年第11期）。

1

2

图38　五女冢新莽墓IM461铜镜

1. 四乳四虺镜（IM461：71）　2. 四乳四神镜（IM461：10）

5. 洛阳五女冢新莽墓96HM267铜镜

1996年1月，在配合洛阳市车站公安分局宿舍楼基建中，发掘一座保存完整的新莽墓96HM267。墓室北部东侧棺内南端放置铜镜、铁剑各1件，南部祭台西北角出有1面铜镜、3件小型泥器及数枚铜钱。

2面铜镜均为圆形，圆钮，四叶纹钮座，座外方框，框外四角有四乳丁。永始二年四神博局镜（M267：9）放置于棺内，主纹为博局纹，间饰四神及卷云纹。近缘处饰栉齿纹、铭文各一周。铭文为："景公之象兮，吴娃之兑（悦）。作眛（镂）明镜兮，好如日月。长相思兮，世不绝。见珠（朱）颜，心中驩（欢）。常宜子孙。永始二年五月丙午屚（漏）上五工丰造。"直径18.5厘米（图版95）。四神博局镜（M267：12），内框间饰变形叶纹、短线纹。框外主纹为四乳丁、博局纹，间饰青龙、白虎、朱雀、玄武四神，并辅以禽兽、卷云纹。近缘处饰锯齿纹一周。直径16.3厘米（图39）。同出陶器、石器、泥器、铁器及铜器等（洛阳市第二文物工作队：《洛阳五女冢267号新莽墓发掘简报》，《文物》1996年第7期）。

图39　五女冢新莽墓96HM267四神博局镜（M267：12）

（三）东汉

1. 洛阳中州路西工段东汉墓铜镜

1954～1955年，在洛阳市中州路西工段发掘一批汉墓。其中，2座东汉晚期墓各出土1面铜镜。有一座洞室墓随葬铜镜1面（M708：75），圆钮，圆钮座，钮座外铭文“位至三公”四字，铭带外以变形四叶分为四区，每区配几何形凤纹一组。斜平素缘。直径10厘米（图40：1）。

另有一座初平二年（191年）砖棺墓出有1面铜镜（M813：1），圆钮，四蝠形叶钮座，外围以四蝠形叶，间配“长宜子孙”四字铭文为内铭带，再外为内向八连弧，弧间以四个小圆圈与“立至三公”四字铭为外铭带。斜平素缘。直径11.6厘米（图40：2）（中国科学院考古研究所：《洛阳中州路［西工段］》，科学出版社，1959年，第134～136页，图一〇四，图版捌陆：13，图版捌捌：3）。

2. 洛阳涧西小型汉墓铜镜与铁镜

1955年，在洛阳市涧西区发掘70座小型汉墓。在砖棺M38中，出土1面连弧镜，直径8.8厘米。在8座土圹墓中，各清理出1面铜镜。有四乳四虺镜（M58）、四禽镜（M62）、长宜生子镜（M55）、位至三公镜（M57）及蝙蝠形钮座镜（M69）等，直径7.5～11厘米（图41；图版85），多属小型镜。

铁镜1面，出自M66。中间带一乳状平钮，铁锈较厚，无法辨认是否有纹饰。直径13厘米。

出铜镜的墓葬有M38、M48、M55、M56、M57、M58、M62、M69、M70。其中，M48、M55、M57、M69、M70为位至三公镜或长宜生子镜，有东汉晚期的初平式陶罐伴出。M38、M56、M58、M62出有四虺、四禽及连弧镜三种，与东汉货币或陶器伴出，其时间不会早于东汉。但就铜镜及伴出陶器而论，则应较上述五墓时间为早（河南省文化局文物工作队：《一九五五年洛阳涧西区小型汉墓发掘报告》，《考古学报》1959年第2期）。

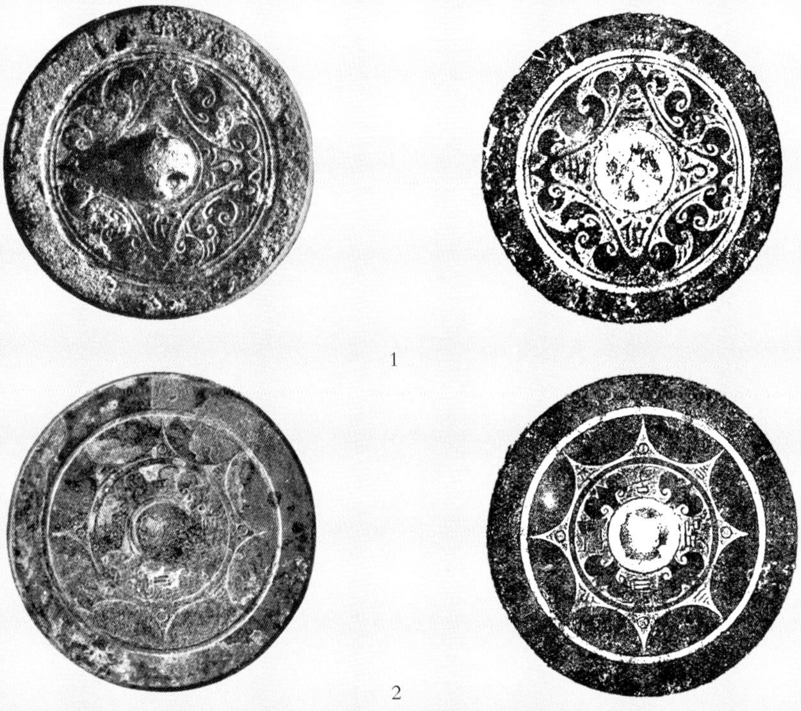

1

2

图40　中州路西工段东汉墓铜镜

1. 位至三公四叶镜（M708：75）　2. 长宜子孙连弧镜（M813：1）

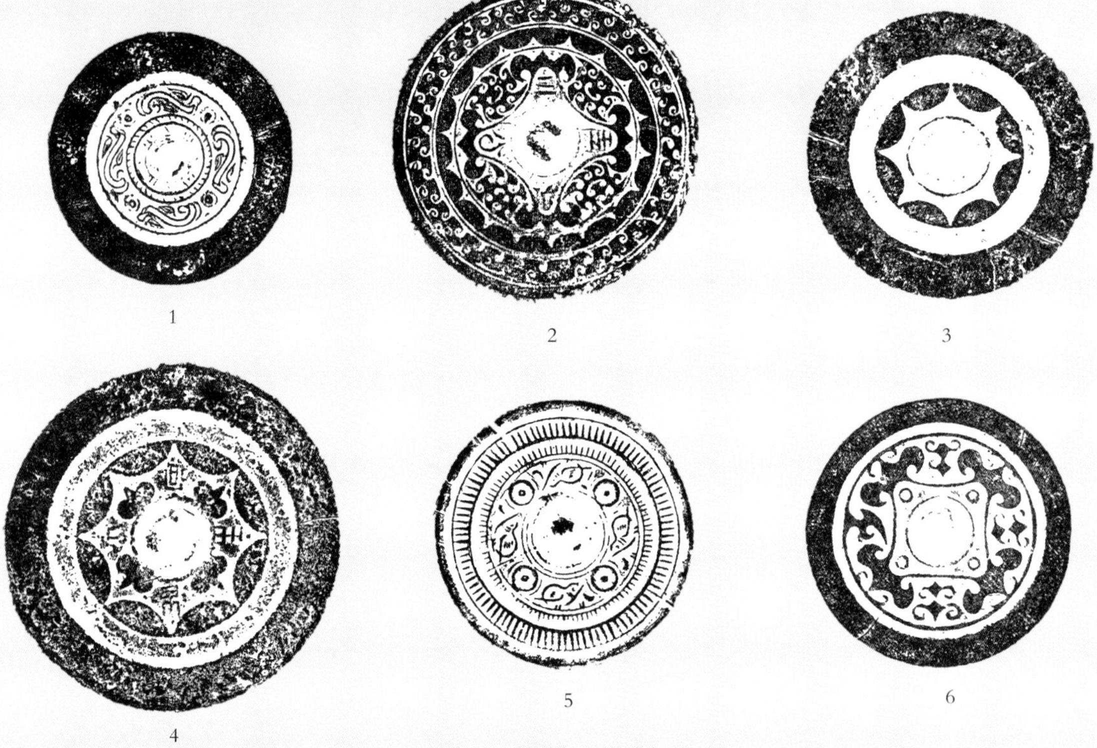

图41 涧西小型汉墓铜镜

1. 四乳四虺镜（M58） 2. 位至三公镜（M57） 3. 连弧镜（M38）
4. 长宜生子连弧镜（M55） 5. 四乳四禽镜（M62） 6. 变形四叶镜（M69）

3. 洛阳七里河东汉墓M2铁镜

1956年1月，在洛阳七里河明渠工地发掘东汉墓M2，铁镜出于墓室西南角。镜为圆形，半球形钮。已残，似无纹饰。镜面表层锈蚀严重，呈碎薄片状，铁锈已脱落。镜背表面有织物痕迹，残径9.6厘米。同出陶器、铜器及铁器等（程永建：《洛阳出土铁镜初步研究》，《华夏考古》2011年第4期）。

4. 新安县古路沟东汉墓铜镜

1964年8月，在新安县城北古路沟清理一座东汉中期墓。2 面连弧纹铜镜均为圆形，半球状圆钮，宽平缘。一面为长宜子孙镜，镜白如银，四叶纹钮座，铸有“长宜子孙”四字铭文。其外有凸弦纹一周，并饰以内连弧纹。直径16.5厘米（图42：1）。另一面钮座外饰凸弦纹两周，其外饰内连弧纹和凹线一周。直径8.9厘米（图42：2）。同出陶俑、陶器、铜器等（河南省文化局文物工作队：《河南新安古路沟汉墓》，《考古》1966年第3期）。

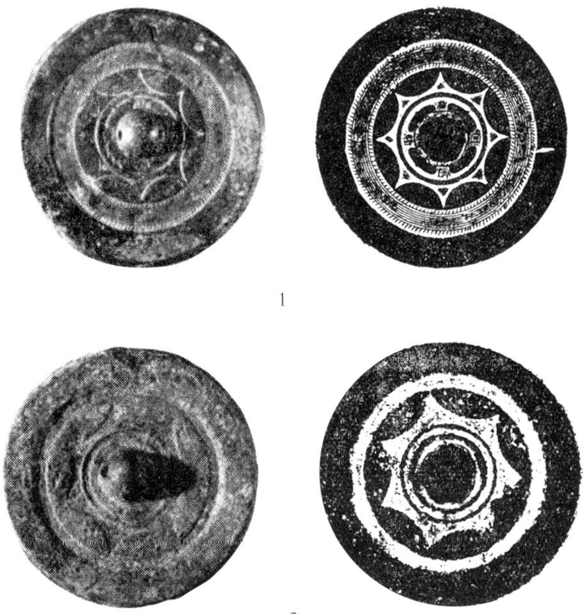

图42 新安县古路沟东汉墓铜镜

1. 长宜子孙连弧镜 2. 七连弧镜

5. 孟津送庄东汉黄肠石墓残铜镜

1964年8月，在孟津县送庄村西南清理一座东汉晚期黄肠石墓。出土残铜镜 1 面，饰海水波浪纹，边饰二方连续菱形勾云纹，残存铭文为"……不辟宜，三羊作竟（镜），自有纪……"。同出陶器、铁器、玉片等46件（郭建邦：《孟津送庄汉黄肠石墓》，《河南文博通讯》1978年第4期）。

6. 洛阳烧沟西东汉墓M14连弧镜

1965年冬，在洛阳老城西北的烧沟墓区西发掘一座保存完整的东汉早期墓M14。后室与前堂连接处，有一砖砌三层平台，放置连弧纹镜、木梳、铁刀、装饰品粉块和大堆薏苡。平台南有两具棺木，东棺内北端放置"长宜子孙"连弧纹镜、铜环及粉块等。

出土连弧纹镜3面，均为圆形，圆钮，宽平缘。依细微差别，分为两型。

A型　2面，圆钮座，内圈联珠纹及连弧纹，外圈饰细弦纹加双括圆圈纹，再外为栉齿纹。标本M14：48，直径10.8、缘厚0.4厘米（图43：1）。

B型　1 面（M14：51），四叶纹钮座。四叶之间，分别饰以"长"、"宜"、"子""孙"四字篆书铭文。自内向外，分别饰以连弧纹、栉齿纹、三角划线间云纹及栉齿纹。直径14.8、缘厚0.4厘米（图43：2）。同出大量陶器、少量铁器、装饰品及铜钱等100余件（洛阳市文物工作队：《洛阳烧沟西14号汉墓发掘简报》，《文物》1983年第4期）。

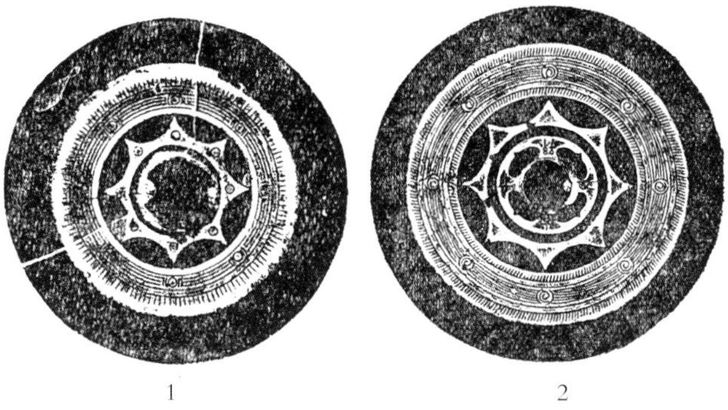

1　　　　2

图43　烧沟西东汉墓连弧镜

1. 连弧镜（M14：48）　2. 长宜子孙连弧镜（M14：51）

7. 洛阳唐寺门东汉墓铜镜与铁镜

1970年8～9月，在洛阳唐寺门发掘两座东汉晚期墓，据M1出土筒瓦文字，可知该墓纪年为东汉桓帝永康元年（167年），两墓为同一时期。其中，在M1前后室共计出土铁镜3面，在M2前室西部放置2面铜镜。铜镜均为圆形，圆钮，圆钮座，宽平缘。M2：4，边缘略残。钮座外饰四叶纹和云纹，其间有"位至三公"四字。外圈饰变形云纹和斜菱形。直径9.2厘米（图44：2）。M2：3，钮座外饰八连弧纹和四叶纹，四叶纹之间有篆体"长宜高官"四字，连弧纹外有凹弦纹一周。直径10.8、厚0.2厘米（图44：1）。

铁镜 3 面，圆钮，面背锈蚀。M1：44，直径13、厚0.5厘米。M1：69和M1：34两镜同大，直径21.5、厚0.5厘米。两墓同出陶器、铜器及其他器物共计168件（洛阳市文物工作队：《洛阳唐寺门两座汉墓发掘简报》，《中原文物》1984年第3期）。

1

2

图44　唐寺门东汉墓四叶镜

1. 长宜高官四叶镜（M2：3）　2. 位至三公四叶镜（M2：4）

8. 汉魏洛阳故城辟雍遗址东汉铁镜

1972年10～12月，发掘汉魏洛阳故城南郊辟雍中心大型夯土建筑基址，在其西南部出土东汉铁镜1面（72HNBAT25②：05）。镜面圆形，扁圆形钮。因锈蚀严重，镜背纹饰不清，似为柿蒂纹。直径16.5厘米（中国社会科学院考古研究所：《汉魏洛阳故城南郊礼制建筑遗址》，文物出版社，2010年，第166、167页，图126：1，图版一〇七：6）。

9. 汉魏洛阳故城太学遗址铜镜残片

1973年10～12月，第二次发掘汉魏洛阳故城太学遗址，位置在洛河南堤南侧，太学晚期院落的东南部内外，主要发掘了早晚不同时期太学的墙垣、房基和道路遗迹，出土汉魏时期铜镜残片两小块。73HNTT108②：03，镜面平整，背面作缓坡状，沿内有一周阴弦纹。边缘稍厚，中心较薄，厚0.25～0.4厘米。

73HNTT104③：19，镜为圆形，周边较厚，镜背仅残存两个圆弧及花草图案。复原直径约15、厚0.15～0.4厘米。

1980年10～12月，第六次发掘太学遗址，对春季发掘出土石经的地点重新扩大发掘，清理一处东西向排房建筑基址。出土铜镜镜缘残片一块（80HNTT402②：21），残呈等腰三角形，厚0.25～0.3厘米（中国社会科学院考古研究所：《汉魏洛阳故城南郊礼制建筑遗址》，文物出版社，2010年，第273、275页，图219：1、2、3）。

10. 洛阳石化公司实验厂百货楼东汉元嘉二年墓铜镜与铁镜

1974年3月，为配合洛阳石化公司实验厂百货楼基建工程，在洛阳郊区李屯乡发掘一座东汉元嘉二年（152年）墓。墓室内放置两具棺木，西侧男棺内有1面连弧纹铜镜（李屯M1：47），东侧女棺内头部东随葬1面铁镜（李屯M1：37）。连弧纹铜镜，圆形，半球形钮，圆钮座。座外饰八向内连弧纹。宽平缘。直径9.1厘米（图45：1）。铁镜为圆形，半球形钮，形

1

2

图45　李屯东汉墓铜镜与铁镜

1. 连弧铜镜（M1：47）　2. 铁镜（M1：37）

制较小，且已缺失。镜形基本完整，双面锈蚀，镜面大部、镜背部分锈蚀层离。经X射线照相，镜背纹饰隐约可见，为线状四连弧纹镜缘，主体纹饰似为变形夔凤纹。直径7、钮径1.7厘米（图45：2）。同出陶器、铜器及铁器等60余件（洛阳市文物工作队：《洛阳李屯东汉元嘉二年墓发掘简报》，《考古与文物》1997年第2期；程永建：《洛阳出土铁镜初步研究》，《华夏考古》2011年第4期）。

11. 洛阳石化公司实验厂百货楼东汉墓C7M3铁镜

1974年3月，在位于洛阳郊区李屯乡的石化公司实验厂百货楼基建工地，发掘东汉墓C7M3。41号铁镜出土于后室棺内中部，42号铁镜放置于后室棺木东部。两面铁镜均为圆形，半球形钮，锈

1

2

图46　洛阳石化公司实验厂百货楼东汉墓C7M3铁镜
1. C7M3：41　2. C7M3：42

蚀严重。41号镜部分残缺，镜缘突起。镜面表层已锈成碎片状，镜背有裂缝。残径10.8、钮径2厘米，厚0.4～0.5厘米（图46：1）。42号镜保存基本完整，镜面大部分锈蚀起层，镜背有多处裂痕，镜钮呈龟裂状。直径16.3、钮径3.6、厚0.7厘米（图46：2）。同出陶器、铜器及铁器等（程永建：《洛阳出土铁镜初步研究》，《华夏考古》2011年第4期）。

12. 洛阳涧西七里河东汉墓蟠螭纹镜

1974年7月，在洛阳涧西七里河西北发掘一座东汉晚期墓，保存完整。后室中部一具棺木内，头部放置 1 面蟠螭纹铜镜。同出陶器、铁器等（洛阳博物馆：《洛阳涧西七里河东汉墓发掘简报》，《考古》1975年第2期）。

13. 洛阳东方红拖拉机厂东汉光和二年王当墓铜镜与铁镜

1974年7月，在洛阳市涧西区东方红拖拉机厂发掘东汉光和二年（179年）王当墓。出土铜镜2面（M1：71、M1：72）。残，桥形钮，饰草叶纹，镜铭为“位至三公”，直径9.7厘米。另有铁镜。同出陶器、铜器、铁器、银饰、铜钱及铅买地券等（洛阳博物馆：《洛阳东汉光和二年王当墓发掘简报》，《文物》1980年第6期）。

14. 洛宁黄沟湾村东汉墓铜镜

1981年，在洛宁县故县乡黄沟湾村南水库淹没区内，清理一座东汉中晚期墓。墓室内骨架附近有铜镜2 面，铁剑 1 面以及大量五铢钱。南耳室骨架旁边有铜镜面、小铁刀 1 件。铜镜 3 面，均为圆形，圆钮。其中，四叶四凤镜 1 面，钮座外饰对称变形四叶，四叶纹外饰四凤。镜缘内沿饰一周连弧纹。直径16、缘厚0.4厘米。三兽纹镜 2 面，钮座外饰三兽，镜缘内沿饰一周锯齿纹。直径9、缘厚0.3厘米。同出陶器、铜车马饰、铜钱及铁剑等（洛阳地区文化局文物工作队：《河南洛宁东汉墓清理简报》，《文物》1987年第1期）。

15. 洛阳西工塘沽路东汉壁画墓铁镜

1981年，在洛阳市西工区塘沽路南侧发掘两座东汉晚期壁画墓。其中，在一座墓中出土铁镜2面（C1M120：3、C1M120：4）。半球形钮，严重锈蚀。同出陶器、铜器、铁器、铅器、骨器等277件（洛阳市文物工作队：《洛阳西工东汉壁画墓》，《中原文物》1982年第3期）。

16. 偃师杏园村东汉壁画墓铁镜

1984年春季，在偃师杏园村附近发掘一座东汉晚期壁画墓。前堂中部棺内人头骨之前放置铁镜、木盒、铜发饰等。铁镜（M17：2），圆形，大圆钮，锈蚀严重。直径16.5厘米。同出陶器、铜钱及玉石猪等（中国社会科学院考古研究所河南第二工作队：《河南偃师杏园村东汉壁画墓》，《考古》1985年第1期）。

17. 洛阳市南昌路东汉墓BM3变形四叶镜

1986年10～12月，在洛阳市涧西区南昌路南侧发掘一座东汉晚期墓BM3。出土铜镜2面，均为圆形，圆钮，圆钮座，边缘略残。变形四叶夔纹镜（BM3：77），以涡纹似的图案象征夔纹，四叶纹的内四角铭文为“位至三公”。外区为内向十六连弧纹一周以及涡纹带（图47：1）。变形四叶八凤纹镜（BM3：15），四叶内角的铭文为“长宜子孙”、“位至三公”。外区为一周连弧纹、铭文带及菱形带纹（图47：2）。铁镜1面（BM3：16），半球形钮，锈蚀严重，纹饰不清。直径17.2厘米。同出陶器、铁器及铜钱等（洛阳市第二文物工作队：《洛阳市南昌路东汉墓发掘简报》，《中原文物》1987年第3期）。

18. 洛阳北郊石油站家属院东汉壁画墓M689八乳博局镜

1987年6月，在洛阳市北郊石油站家属院发掘一座东汉初期壁画墓M689。后室内置两具棺木，东侧棺内人头骨西侧放置博局镜、铁刀及石砚板等，西侧棺内人头骨西侧亦有1面博局镜。2面博局镜均为圆形，半球形钮。东侧棺内的铜镜（M689：7），钮外围以方框，框外博局纹间以八枚乳丁及四神等禽兽。其外饰以栉齿纹、锯齿纹及连续云纹等三周。直径14厘米（图48：1）。

西侧棺内的铜镜（M689：4），柿蒂纹钮座，外围方框，框外博局纹间以八枚乳丁及云气纹，外饰栉齿纹、锯齿纹及连续三角纹等三周。直径11.5厘米（图48：2）。同出陶器、石器、铜器、铁器等（洛阳市文物工作队：《河南洛阳北郊东汉壁画墓》，《考古》1991年第8期）。

图47　洛阳南昌路东汉墓BM3变形四叶镜
1. 位至三公变形四叶夔纹镜（BM3：77）
2. 长宜子孙变形四叶八凤镜（BM3：15）

图48　洛阳北郊石油站家属院东汉墓M689八乳博局镜
1. M689：7　2. M689：4

19. 洛阳机车工厂职工医院东汉晚期墓C5M346铁镜

1988年1月，在洛阳机车工厂职工医院发掘东汉晚期墓C5M346，于后甬道、后室东南角出土铁镜3面（C5M346：1、M346：3）。形制相同，大小有别。圆形，半球形钮，镜面微凸。其中，2面锈蚀严重，1面保存基本完整。后者边缘略有残缺，正、背两面已锈蚀起层，镜背残存有少许错金纹饰。经X射线照相可知，该镜纹饰为蝙蝠形四叶纹钮座，间饰四字铭文，似为"长宜子孙"。外饰内连弧云气纹一周。铁镜表面残留有丝织物痕迹。直径13.1、钮径2.8厘米（图49）。同出陶器、铜器、铁器、铅器、银器及玉石器等（洛阳市文物工作队：《洛阳发掘的四座东汉玉衣墓》，《考古与文物》1999年第1期；程永建：《洛阳出土铁镜初步研究》，《华夏考古》2011年第4期）。

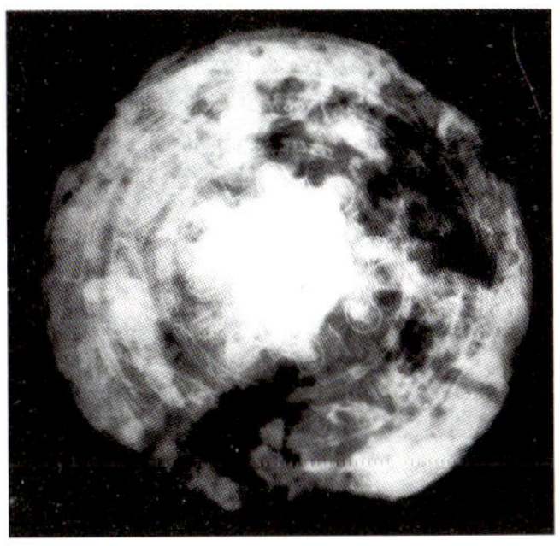

图49 洛阳机车工厂职工医院东汉墓C5M346铁镜及X射线片

20. 洛阳机车工厂东汉晚期壁画墓M483铁镜

1990～1991年，在洛阳机车工厂发掘一座东汉晚期壁画墓M483。出土铁镜1面（M483：6），已残。圆形，圆钮，素面。直径20.4厘米。同出陶器、铜器、铁器等（洛阳市文物工作队：《洛阳机车工厂东汉壁画墓》，《文物》1992年第3期）。

21. 洛阳吉利区东汉墓C9M445八乳八禽博局镜

1991年4月，在洛阳黄河北岸吉利区炼油厂配合基建，发掘一座东汉中期晚段墓C9M445。墓室东北耳室内放置铜镜1面（C9M445：59）。圆形，钮略残，四叶纹钮座，外围方框。主纹为八乳、八禽、博局纹，外饰栉齿纹、锯齿纹及曲折纹各一周。直径10.5厘米（图50）。同出陶器、石器、铜器及铁器等60余件，铜钱729枚（洛阳市文物工作队：《洛阳吉利区东汉墓发掘简报》，《文物》2001年第10期）。

图50 吉利区东汉墓C9M445八乳八禽博局镜（M445：59）

22. 洛阳南昌路东汉墓M1151连弧镜

1992年1月，在洛阳市涧西区南昌路小区发掘一座东汉晚期墓，出土连弧镜1面（92GM1151：37）。圆形，圆钮，圆钮座。座外为七内向连弧纹。宽平缘。直径13.5厘米（图51）。同出陶器、铜器及铁器等146件，铜钱44枚（洛阳市第二文物工作队：《洛阳市南昌路东汉墓发掘简报》，《文物》1995第4期）。

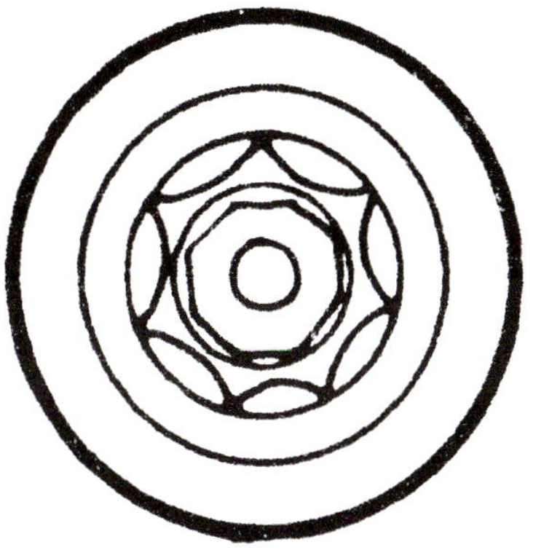

图51 南昌路东汉墓M1151七连弧镜（M1151：37）

23. 洛阳金谷园东汉墓IM337铜镜

1992年3月，在配合洛阳市饮食服务公司住宅楼基建工程中，发掘一座东汉中晚期墓（IM337）。出土2面残铜镜，同出陶器、铜器及铁器等（洛阳市第二文物工作队：《洛阳金谷园东汉墓（IM337）发掘简报》，《文物》1992年第12期）。

24. 洛阳三乐食品总厂住宅楼东汉墓C3M226铁镜

1992年8月，在配合洛阳市三乐食品总厂住宅楼基建工程中，发掘一座东汉晚期墓C3M226，墓室西侧出土铁镜1面（C3M226：13）。圆形，半球形钮。直径15厘米。同出陶器、瓦当、刻铭砖及铜钱等（洛阳市文物工作队：《河南洛阳市东汉孝女黄晨、黄芍合葬墓》，《考古》1997年第7期）。

25. 洛阳烧沟东北东汉墓C5M860铜镜

1992年12月，在洛阳烧沟东北发掘一座东汉中期墓。后室内东西两侧各置一棺，头骨西侧各出铜镜1面。东棺内为几何纹博局镜（C5M860：53），直径12.7厘米（图52：2）。西棺内为云雷连弧镜（C5M860：54），直径8.8厘米（图52：1）。同出陶俑、陶器及铜钱等（洛阳市文物工作队：《洛阳东北郊东汉墓发掘简报》，《文物》2000年第8期）。

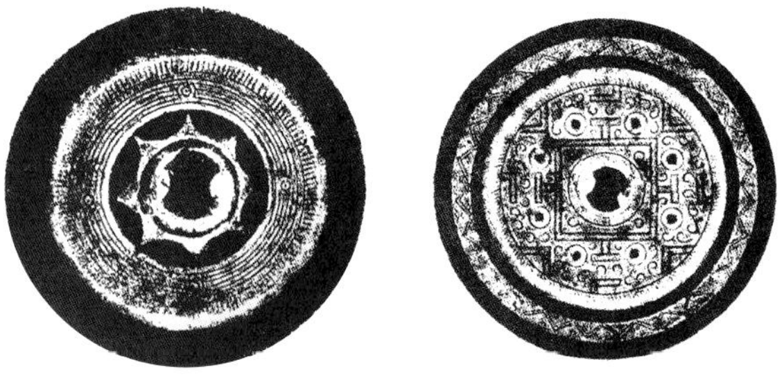

1　　2

图52　烧沟东北东汉墓C5M860铜镜

1. 云雷连弧镜（C5M860：54）

2. 几何纹博局镜（C5M860：53）

26. 洛阳苗南新村东汉墓IM528四乳八禽镜

1993年3月，为配合洛阳苗南新村基建工程，发掘一座东汉中期墓。墓室东北角与西南角各有一生土棺床台，台上各放置1面铜镜（IM528：59、IM528：61）。IM528：59，圆形，圆钮，圆钮座。座外方框，主区饰四乳八禽纹。近缘处分别饰栉齿纹、锯齿纹及弦纹各一周。窄缘。直径8.7厘米（图53）。同出陶俑、陶器等（洛阳市第二文物工作队：《洛阳苗南新村528号汉墓发掘简报》，《文物》1994年第7期）。

图53　苗南新村东汉墓IM528四乳八禽镜（IM528：59）

27. 洛阳西南郊东汉墓GM241八乳四神博局镜

1994年8月，为配合洛阳市高新技术开发区二期基建工程，发掘一座东汉中期墓，保存完整。在后室东部放置1面四神博局镜（GM241：64）。圆形，圆钮，圆钮座。座外方框，外饰八乳。乳间饰青龙、白虎、朱雀、玄武等四神及博局纹。镜缘饰栉齿纹、锯齿纹、变形云纹等三周。直径14厘米（图54）。同出陶器、铜器、铁器及玉石器等（洛阳市第二文物工作队：《洛阳西南郊东汉墓发掘简报》，《中原文物》1995第4期）。

图54　洛阳西南郊东汉墓GM241八乳四神博局镜（GM241：64）

28. 洛阳王城公园东汉墓C1M8567铜镜

2004年12月，在洛阳市王城公园发掘一座东汉初期墓，墓被盗扰。墓室东北角出土2面铜镜，均为圆形，圆钮，窄缘。昭明镜（C1M8567：39），钮座外为内向八连弧纹，在两周栉齿纹之间为一铭文带，“内清以昭明，光日月王”，字间以“而”相隔。外饰锯齿纹、重三角纹各一周。直径11.3、厚0.4厘米（图55：1）。

尚方四神博局镜（C1M8567：36），略残。四叶纹钮座，外围方框。框外饰以博局纹、八乳、四神及鸟兽纹。其外为一周铭文带“尚方圭（佳）竟（镜）真大巧，上有山（仙）人不知老，渴饮玉泉饥食”。外饰一周栉齿纹、两周锯齿纹及一周曲折纹。直径15.3、厚0.4厘米（图55：2）。同出陶器、石器、铜器及铁器等（洛阳市文物工作队：《洛阳王城公园东汉墓》，《文物》2006年第3期）。

1

2

图55 王城公园东汉墓C1M8567铜镜

1. 昭明镜（C1M8567：39）

2. 尚方四神博局镜（C1M8567：36）

29. 偃师吴家湾东汉封土墓铜镜

2006年7至9月，在偃师顾县镇吴家湾村西发掘一座东汉晚期封土墓。在前甬道靠近前室处，出土 1 面残铜镜（M3：5）。圆形，仅存少于二分之一部分。镜背中部内切方格一角残存铭文“公”字。方格外为变形四叶纹，叶间饰凤鸟纹，外围饰十六连弧纹。直径13.5、厚0.3厘米（图56）。同出陶器、铜器、铁器及石器等（洛阳市第二文物工作队、偃师市文物局：《河南偃师市吴家湾东汉封土墓》，《考古》2010年第9期）。

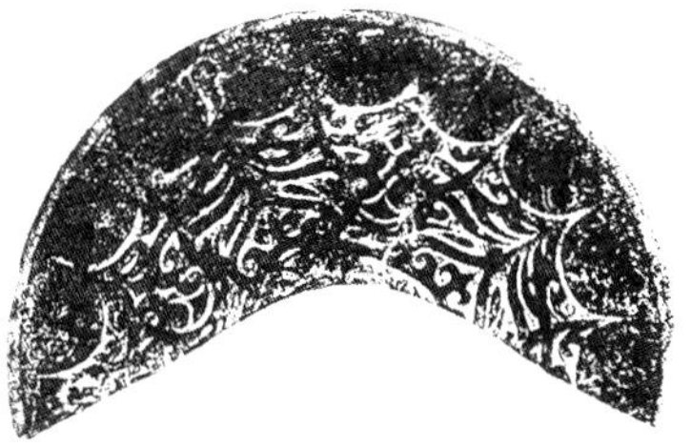

图56 偃师吴家湾东汉墓变形四叶凤鸟残镜（M3：5）

30. 洛阳市财经学校综合教学楼东汉墓铜镜

2007年2～5月，在洛阳市瀍河区夹马营路西侧的财经学校综合教学楼工地发掘东汉早中期墓M4、M20、M21。于M4前室清理出铜镜 1 面（M4：20），后室有铜镜 2 面（M20：1、2），均为圆形，锈蚀较严重。其中1面直径11.9厘米，另 1 面直径12.3厘米。同出陶器、五铢钱等。在M20墓室南部棺内南端出土铜镜 1 面（M20：4），圆形，圆钮，锈蚀严重，直径9.9厘米。同出陶器、铜弩机、铁刀等。在M21墓室中部偏西发现铜镜 1 面（M21：1），圆形，圆钮，锈蚀严重，直径9.1厘米，同出陶器、铜器等。（洛阳市文物工作队：《洛阳市财经学校综合教学楼工地发掘简报》，洛阳市文物工作队编：《洛阳考古发现［2007］》，中州古籍出版社，2009年，第56～83页）。

31. 河南省第二荣康医院新院址东汉墓铜镜与铁镜

2007年3～5月，为配合河南省第二荣康医院新院址建设，在洛阳310国道与洛常路交叉口东北侧、陈村西侧，发掘4座东汉晚期墓，清理出铜镜与铁镜。C3M681墓室中部偏东出土铁镜 1 面（C3M681：5），圆形，半球形钮，宽缘，锈蚀严重。直径21、厚0.2厘米。C3M695墓室南端放置器物较多，其中有铜镜 1 面（C3M695：16），圆形，半球形钮，钮外饰凸弦纹两周，宽缘。直径9厘米。在C3M697墓室与甬道交接处，清理出连弧纹铜镜 1 面（C3M697：19），圆形，半球形钮。直径11.1、厚0.2厘米。在C3M687墓室东北角出土铁镜 1 面（C3M687：5），圆形，半球形钮，锈蚀严重。直径20.8、厚0.3厘米。墓中同出陶器、铜器等（洛阳市文物工作队：《河南省第二荣康医院新院址工地陶窑和汉唐墓葬发掘简报》，《洛阳考古发现［2007］》，第361～390页）。

32. 洛阳瞿家屯上阳华府东汉墓铜镜

2007年4～10月，在洛阳瞿家屯上阳华府工地发掘东汉墓，其中 3 座墓出土铜镜 5 面。在东汉早中期墓C1M9818前堂中部偏南，出土简化博局镜 1 面（C1M9818：44）。圆形，圆钮，圆钮座。座外有一方框，框外四面各饰两乳，乳间饰以T形纹。外围栉齿纹、锯齿纹各一周。素缘。直径9.1、厚0.4厘米（图59：2）。同出陶器、五铢钱等。

在东汉中期墓C1M9817墓室西侧棺木南端，出土铜镜2面（图57），均为圆形，圆钮。长宜子孙云雷镜（C1M9817：28），四叶纹钮座，叶间有铭文“长宜子孙”。钮座与连弧纹之间有铭文“寿如金石，佳且好兮”。外围云雷纹一周。宽平素缘。直径18.4、厚0.6厘米（图59：1；图版120）。四乳四禽镜（C1M9817：29），圆钮座。座外有四乳，两乳之间各饰一鸟纹。外围凸弦纹两周、栉齿纹、锯齿纹各一周。素缘。直径7.2、厚0.3厘米（图版86）。同出陶器、铜器等。

在东汉晚期墓C1M9815后室两具棺木南端，各放置铜镜 1 面（图58），均为圆形，圆钮。长宜子孙连弧镜（C1M9815：1），四叶纹钮座，叶间有铭文“长宜子孙”。外围八内向连弧纹、凹弦纹圈

图57 瞿家屯上阳华府东汉中期墓C1M9817发掘现场

图58 瞿家屯上阳华府东汉晚期墓C1M9815发掘现场

1　2　3

图59　瞿家屯上阳华府东汉墓铜镜

1. 长宜子孙云雷镜（C1M9817：28）出土现状　2. 简化博局镜（C1M9818：44）　3. 三兽镜（C1M9815：2）

带各一周。宽平素缘。直径23.8、厚0.5厘米（图版127）。三兽镜（C1M9815：2），圆钮座。绕钮饰以三兽纹，略残。外围凸弦纹两周，栉齿纹、锯齿纹、双线波折纹各一周。直径9.1、厚0.35厘米（图59：3）（洛阳市文物工作队：《洛阳市瞿家屯上阳华府发掘简报》，《洛阳考古发现［2007］》，第224～262页）。

33. 洛阳岳家村唐墓M30号东汉王公王母神像镜

1955年，在洛阳老城北郊邙山脚下岳家村发掘唐墓M30。墓室中央有死者骨架两具，西侧一具头南足北，随葬器物26件，均放在西侧人骨架头部，计有铜镜 1 面，瓷罐 1 件，陶、瓷、铜小盒各 1 件，瓷胭脂盒 1 件，蚌壳 5 件，波斯萨珊朝银币17枚。铜镜为东汉神像镜，圆形，有钮。钮与铭文之间有王公、王母、车马、龙虎纹四组。其外分别为一圈铭文、锯齿纹两周、云纹。三角缘。直径

图60　岳家村唐墓M30东汉王公王母神像镜

19.6厘米，重965克（图60；图版143）（赵国壁：《洛阳发现的波斯萨珊王朝银币》，《文物》1960年第8、9期；《洛阳出土铜镜》图版57；朱亮：《洛阳30号墓出土的三角缘画像镜》，《华夏考古》1994年第3期）。

三、魏晋北朝铜镜

（一）曹魏

1. 偃师杏园村曹魏墓M6七连弧镜

1984年夏季，为配合河南首阳山电厂建设，在偃师县杏园村发掘一座曹魏墓。后室西部放置连弧铜镜 1 面（M6：5），尺寸较小，制作粗糙。圆形，圆钮，圆钮座。七内向连弧纹，宽平缘。直径9厘米（图61）。同出陶器、铜器、石器及铜钱等（中国社会科学院考古研究所河南第二工作队：《河南偃师杏园村的两座魏晋墓》，《考古》1985年第8期）。

图61　偃师杏园村曹魏墓M6七连弧镜（M6：5）

2. 孟津县三十里铺村曹魏曹休墓铁镜

2009～2010年，在孟津县送庄乡三十里铺村东南发掘曹魏贵族曹休墓。在前室与北侧室交接处出土残铁镜 1 面（ZM44：30），仅存大半。圆形，扁圆形钮。直径约15、钮径3.6、厚0.4厘米（图62）。同出陶器、铜器、铁器等（洛阳市第二文物工作队：《洛阳孟津大汉冢曹魏贵族墓》，《文物》2011年第9期）。

图62　孟津县三十里铺村曹魏曹休墓铁镜（ZM44：30）

（二）西晋

1. 1953～1955年洛阳西晋墓铜镜与铁镜

1953～1955年，洛阳发掘西晋墓54座。M4墓室中部棺木内人骨架脚北端放置铜镜 1 面，M52墓室东北角葬铜镜 1 面。出土铜镜共计24面，其中，日光镜、昭明镜、博局镜、连弧镜、云雷镜、S纹镜、神兽镜各 1 面；六禽镜、长宜子孙镜各 2 面；位至三公镜 8 面，数量最多（图63）。另有素面小镜 1 面，残缺过甚、纹饰不明者 2 面。出土铁镜共计 7 面，镜面制作与铜镜相同，因氧化过甚，纹饰不清（河南省文化局文物工作队第二队：《洛阳晋墓的发掘》，《考古学报》1957年第1期）。

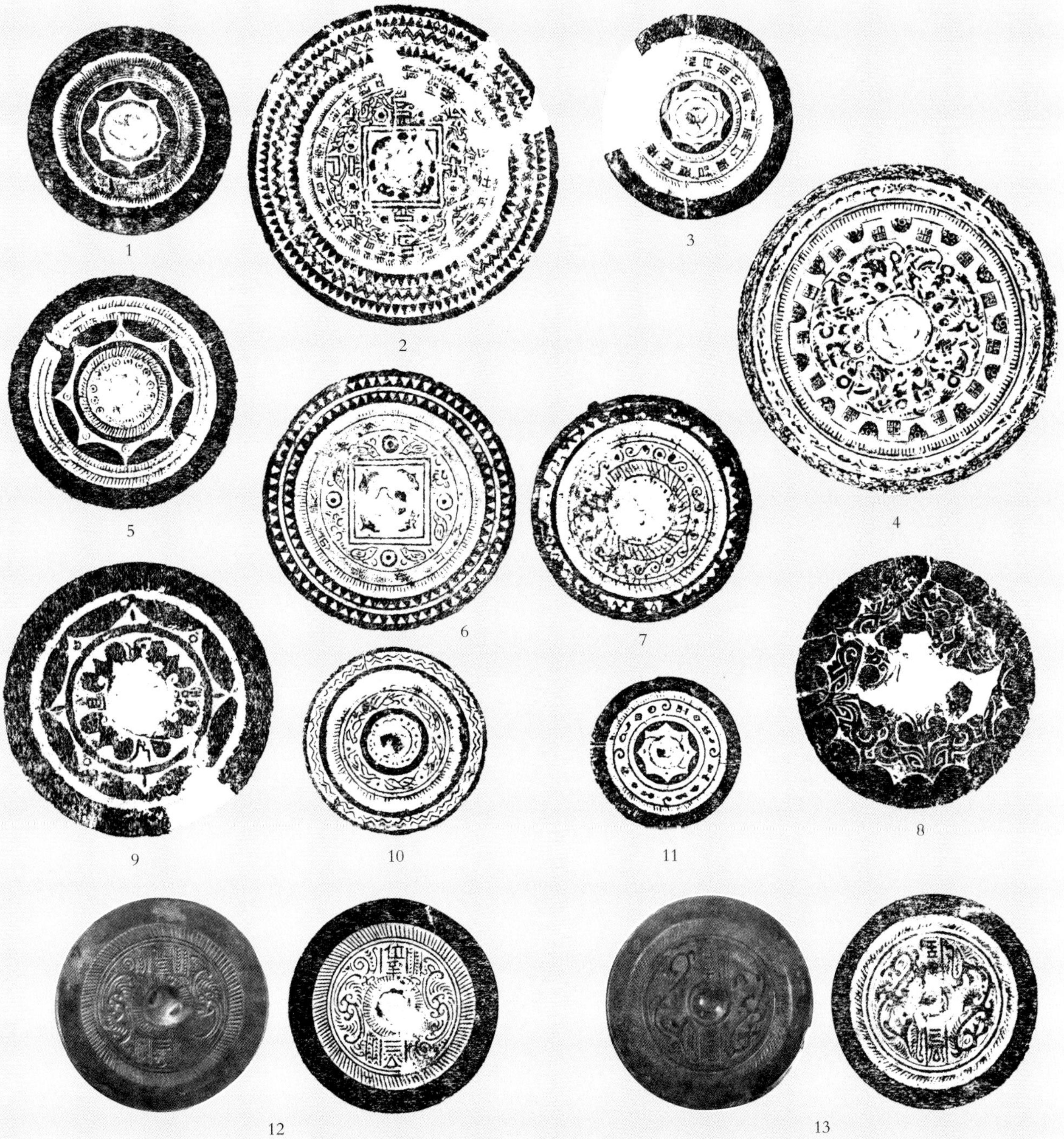

图63　1953～1955年洛阳西晋墓铜镜

1. 连弧镜　2. 铭文博局镜　3. 昭明镜　4. 神兽镜　5. 连弧镜

6. 四乳八禽简化博局镜　7. S纹镜　8. 长宜子孙变形凤纹镜

9. 长宜子孙变形四叶连弧镜　10. 六禽镜　11. 日光镜　12. 位至三公夔凤镜　13. 位至三公夔龙镜

2. 洛阳拖拉机厂宿舍西晋墓C4M7铁镜

1954年9月，在洛阳拖拉机厂宿舍工地发掘西晋墓C4M7，于耳室死者头右侧出土 1 面铁镜。圆形，半球形钮，钮顶部较平。器形保存较好，仅边缘缺一小块。镜面表层略有锈层脱落，纹饰不详。直径11.3、钮径2.2厘米（图64）。同出陶器、铁器等（程永建：《洛阳出土铁镜初步研究》，《华夏考古》2011年第 4 期）。

图64　洛阳拖拉机厂宿舍西晋墓C4M7铁镜

3. 洛阳食品公司仓库西晋墓M2铁镜

1955年11月，在洛阳食品公司仓库工地发掘西晋墓M2，于墓室人头骨左上侧出土 1 面铁镜。圆形，半球形钮，钮径较大。器形基本完整。正、背面锈蚀呈龟裂状，起层严重，镜面锈蚀起层多已脱落，纹饰不详。直径17、钮径3.7厘米（图65）。同出陶器、铜器、金银饰件等（程永建：《洛阳出土铁镜初步研究》，《华夏考古》2011年第4期）。

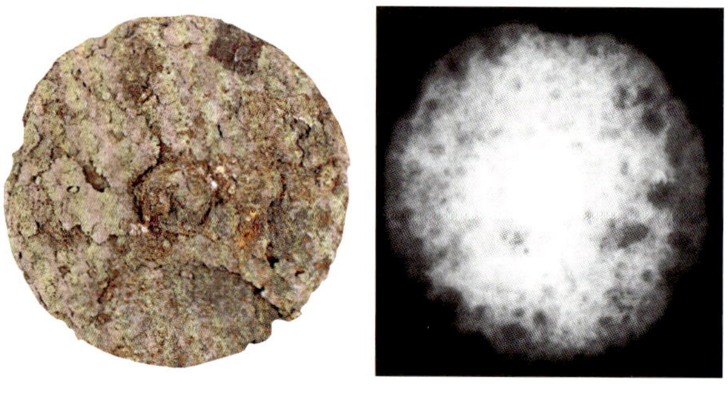

图65　洛阳食品公司仓库西晋墓M2铁镜及X射线片

4. 洛阳西郊西晋墓铜镜与铁镜

1957～1959年，在洛阳西郊西小屯北和涧河两岸发掘8座西晋墓。出土铜镜有日光镜、位至三公镜、龙虎镜，另外还有铁镜（考古研究所洛阳发掘队：《洛阳西郊晋墓的发掘》，《考古》1959年第11期）。

5. 洛阳王湾西晋墓四乳神兽镜

1960年夏，在洛阳王湾遗址东部发掘一座西晋砖室墓M360。在死者腹部，出土铜镜1面。圆形，圆钮，圆钮座，饰以四乳四兽纹。直径12、厚0.3厘米（图版149）。同出陶器、漆器、铜器、银器、铁器等共计115件（北京大学考古文博学院：《洛阳王湾——考古发掘报告》，北京大学出版社，2002年，第165页，图版六一：1）。

6. 洛阳市起重机厂西晋墓M88铜镜

1984～1986年，在洛阳市起重机厂发掘西晋墓M88，在墓室内棺的西北出土铜镜 1 面（M88：1）。圆形，圆钮，圆座。座周纹饰已腐蚀不清，外圈为一周竖纹线、两周锯齿纹。直径9.8厘米。同出陶器、五铢钱及铁剑等（中国社会科学院考古研究所洛阳唐城队：《1984至1986年洛阳市区汉晋墓发掘简报》，《考古学集刊》第七集，科学出版社，1991年，第73～75页）。

7. 孟津县三十里铺村西晋墓铜镜

1985年秋，在孟津县邙山乡三十里铺村东北发掘两座西晋墓。其中，M20墓室西北放置位至三公铜镜 1 面（M20：10），M21东耳室东端葬昭明镜 1 面（M21：10）。2面铜镜均为圆形，圆钮，圆钮座，宽平缘。位至三公镜，钮座上下各有两条平行纵线将镜背分为三区，中区为竖行铭文“位至三公”，左右两侧各饰一夔凤纹。外饰两周弦纹、一周栉齿纹。直径10.5厘米（图66：1）。昭明镜内区饰八内向连弧纹，外区为一周铭文带，字间以“而”相隔，铭文为“内清质以昭明，光象夫日月□□□”。直径9.8厘米

（图66：2）。两座墓同出陶器、铁器等（洛阳市文物工作队：《洛阳孟津晋墓、北魏墓发掘简报》，《文物》1991年第8期）。

1

2

图66　孟津县三十里铺村西晋墓铜镜

1. 位至三公夔凤镜（M20：10）　2. 昭明镜（M21：10）

8. 嵩县果酒厂西晋墓M2铜镜与铁镜

1987年4月，在嵩县果酒厂发掘西晋中晚期墓M2。墓室内出土铜镜与铁镜各1面。均为圆形，圆钮。铜镜（M2：47），圆钮座外为八内向连弧纹。宽平缘。直径8.5厘米（图67）。铁镜（M2：1），残甚，残径14厘米。同出陶俑、陶器、金银器、铁器及铜钱等（洛阳市第二文物工作队：《嵩县果酒厂晋墓发掘简报》，《中原文物》2005年第6期）。

图67　嵩县果酒厂西晋墓M2连弧镜（M2：47）

9. 洛阳市商业供销学校西晋墓M178位至三公夔凤镜

1989年冬，在洛阳市商业供销学校发掘曹魏晚期至西晋早期墓M178，墓被盗扰。在墓室西侧放置2面铜镜，东耳室有铜镜1面。3面均为位至三公夔凤镜，形制相同，大小相近。墓室西侧的1面铜镜（M178：26），圆形，圆钮，钮上、下直线连成一竖格，格内铸有“位至三公”四字铭文，左右饰夔凤纹，外饰一周栉齿纹。宽平缘。直径11厘米（图68）。同出陶器、铜器等30余件（洛阳市文物工作队：《洛阳市东郊两座魏晋墓的发掘》，《考古与文物》1993年第1期）。

图68　洛阳市商业供销学校西晋墓M178

位至三公夔凤镜（M178：26）

10. 洛阳北郊西晋墓C8M868铁镜

1990年6月，为配合洛阳市公路总段重油库基建工程，在洛阳市郊苗沟村苗沟北路发掘西晋墓C8M868。墓室中央放置铁镜1面（C8M868：29）。圆形，锈蚀严重。直径12.5厘米。同出陶俑、陶器、铁片、石片及铜钱等86件（洛阳市文物工作队：《洛阳北郊西晋墓》，《文物》1992年第3期）。

11. 孟津县东山头村南西晋墓M99位至三公镜

1991年8月，在310国道孟津段的送庄乡东山头村南清理西晋墓M99。墓室西南角放置铜镜1面（M99：15），南侧室西北角葬铜镜1面（M99：22）。2面均为位至三公镜，圆形，圆钮，

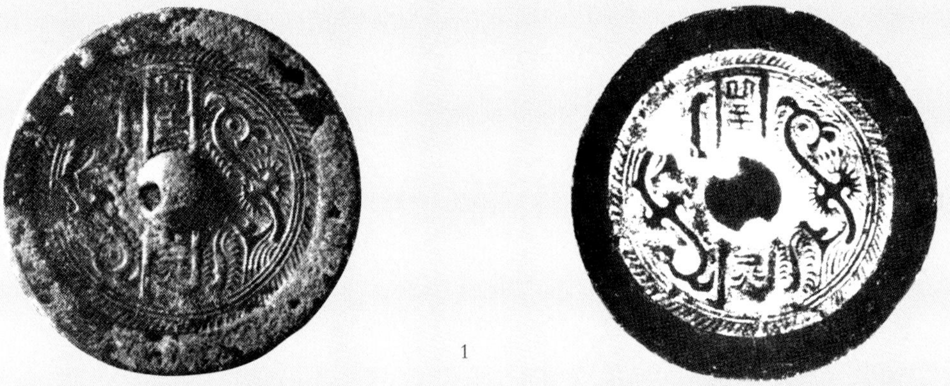

1

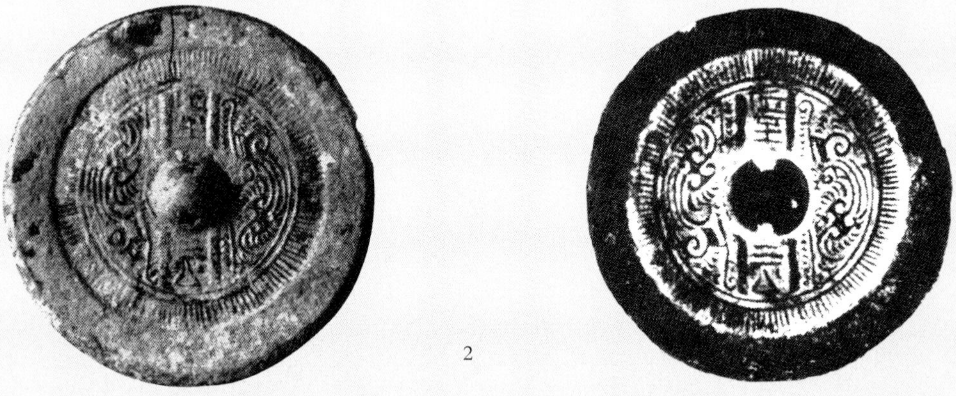

2

图69　孟津县东山头村西晋墓M99位至三公镜

1. 夔龙镜（M99：15）　2. 夔凤镜（M99：22）

宽平缘。M99∶15，钮座上下各有两条纵线将镜背分为三区，中区为竖行“位至三公”铭文，两侧各饰一夔龙纹，外饰三周弦纹和一周栉齿纹。直径10.4厘米（图69∶1）。M99∶22与M99∶15形式相同，夔凤纹线条纤细，弦纹仅有两周。直径7.7厘米（图69∶2）。同出陶俑、陶器及铜饰等30余件（310国道孟津考古队：《洛阳孟津邙山西晋北魏墓发掘报告》，《华夏考古》1993年第1期）。

12. 新安县政府招待所西晋墓M27铁镜

1992年秋，在新安县政府招待所工地发掘西晋中晚期墓M27。墓室西南部放置铁镜 1 面（M27：18）。圆形，圆钮，锈蚀严重。直径16厘米。同出陶器、铜器及铁器等20余件（洛阳市文物工作队：《河南新安县晋墓发掘简报》，《华夏考古》1998年第1期）。

13. 洛阳谷水养殖场西晋墓FM5铜镜

1996年11月，在洛阳市涧西区谷水养殖场发掘西晋晚期墓FM5，保存完整。墓室西侧男棺人骨架右臂上放置 1 面位至三公夔凤纹镜（FM5：35），东侧女棺骨架腰部处随葬神兽镜 1 面（FM5：43）。

2 面铜镜均为圆形，圆钮，圆钮座。位至三公夔凤纹镜，以镜钮为中心，分别向两端伸出两条平行纵线。纵线之间为“位至三公”四字铭文，两侧分别饰以夔凤纹。外饰弦纹两周、栉齿纹一周。宽平缘。直径8.87、缘厚0.3厘米（图70：1）。神兽镜，座外以钮穿孔为轴线，饰对称的神兽纹。其外饰弦纹两周，其间为联珠纹，凸棱缘。直径9.1、缘厚0.25厘米（图70：2）。同出陶器、铜器、铁器、银器、漆器等50余件（组）（洛阳市第二文物工

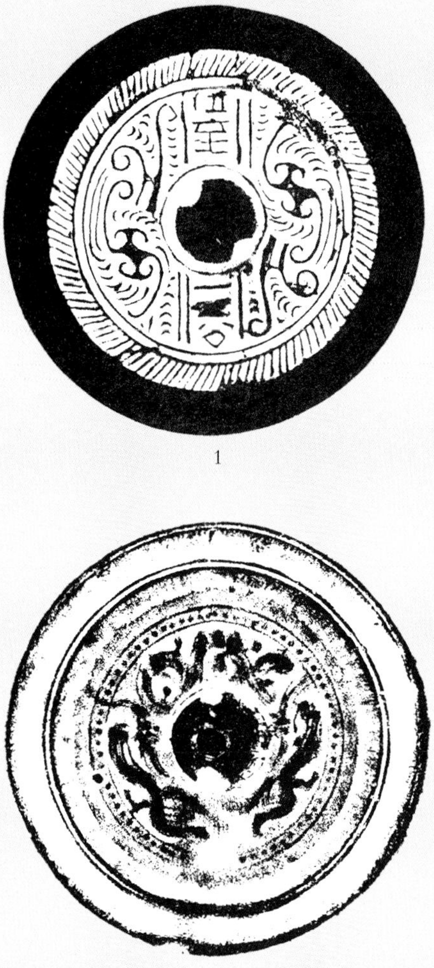

1

2

图70　谷水养殖场西晋墓FM5铜镜

1. 位至三公夔凤镜（FM5：35）

2. 神兽镜（FM5：43）

作队：《洛阳谷水晋墓［FM5］发掘简报》，《文物》1997年第9期）。

14. 洛阳市公交公司一公司综合楼西晋墓FM6君宜高官夔凤镜

1997年4月，在洛阳市涧西区谷水洛阳公交公司一公司综合楼工地，发掘西晋中晚期墓FM6。墓室西侧放置君宜高官夔凤纹铜镜 1 面（FM6：19）。圆形，圆钮，圆钮座。以镜钮为中心，分别向两端伸出两条平行纵线。纵线之间为“君宜高官”四

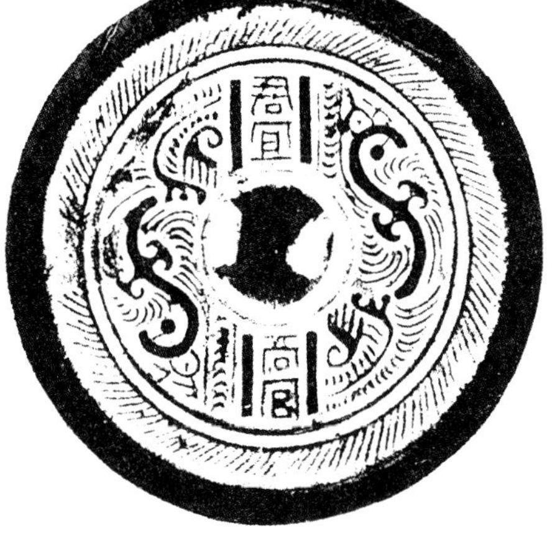

图71　谷水西晋墓FM6君宜高官夔凤镜（FM6：19）

字铭文，两侧分别饰变形夔凤纹。外饰弦纹两周、栉齿纹一周。宽平缘。直径7.7、缘厚0.7厘米（图71）。同出陶器、铁器及铜钱等（洛阳市第二文物工作队：《洛阳谷水晋墓［FM6］发掘简报》，《文物》1997年第9期）。

15. 洛阳涧西南村2座西晋墓铜镜

1997年7月，为配合洛阳市安居工程建设，在洛阳市涧西区南村发掘西晋中晚期墓4座。其中，在EM264墓室中部、南部出土铜镜各一面（EM264：12、EM265：13），在EM268南部出土八乳博局镜 1 面（EM268：6），其周围有方形木朽痕。

铜镜均为圆形。残博局镜（EM264：12），钮及钮座残，仅存一半。博局纹外饰栉齿纹一周、锯齿纹两周。直径12.8厘米（图72：3）。简化博局镜（EM264：13），圆钮座。座外饰四乳及博局纹，外围栉齿纹、锯齿纹各一周。直径7.2厘米（图72：2）。八乳博局镜 1 面（EM268：6），圆钮，四叶纹钮座。座外饰方格、八乳、博局纹及四神纹。外饰栉齿纹一周，锯齿纹两周之间饰以单线波折纹。直径11.6厘米（图72：1）。同出陶器、铜器、铁器、石器及漆器等（西南民族大学民族研究院、洛阳市文物考古研究院：《洛阳涧西南村西晋墓》，《文物》2012年第12期）。

1

2

3

图72　涧西南村西晋墓EM268铜镜

1.八乳博局镜（EM268：6）　2.简化博局镜（EM264：13）　3.残博局镜（EM264：12）

16. 洛阳春都路西晋墓IM1568铁镜

1999年5月，在洛阳市春都路西段北侧发掘西晋中晚期墓IM1568。墓室西侧棺内西端放置铁镜1面（IM1568：31）。锈蚀严重，纹饰不清。直径11.8、厚0.8厘米。同出陶器、铜器及银器等（洛阳市第二文物工作队：《洛阳春都路西晋墓发掘简报》，《文物》2000年第10期）。

17. 洛阳公交总公司谷水一公司西晋墓FM38连弧星点镜

2001年8月，在洛阳市涧西区洛阳公交总公司谷水一公司工地发掘西晋晚期墓FM38，保存较为完整。墓室后棺西端放置铜镜1面（FM38：15）。圆形，圆钮，圆钮座。座外饰宽弦纹、栉齿纹各一周，其间饰以八内向连弧纹，连弧纹间饰星点纹。宽平缘。直径9.4、缘厚0.23厘米（图73）。同出陶器、铜钱等（洛阳市第二文物工作队：《洛阳谷水晋墓［FM38］发掘简报》，《文物》2002年第9期）。

图73　谷水西晋墓FM38连弧星点镜（FM38：15）

18. 伊川县槐庄墓地西晋墓M6位至三公夔凤镜

2003年4～7月，对伊川县槐庄墓地进行发掘。其中，在属于西晋中晚期的槐庄M6后室西侧棺床上出土位至三公铜镜1面（M6：14）。圆形，圆钮，圆钮座。钮上下各有两条平行的短粗线，将镜背分为左、中、右三区。中区双线格内为直行铭文，上为“位至”，下为“三公”。左右各有一夔凤纹，作S形卷曲。头尾结构不明，身躯中间有蝙蝠形图案，周围放射出的长短曲线形似羽毛。两周凸起弦纹外为一周栉齿纹。宽平缘。直径9.7、厚0.4厘米（图74；图版171）。同出陶俑、陶器、银器及铜钱等（河南省文物考古研究所、伊川县文物管理委员会：《河南伊川县槐庄墓地晋唐墓发掘简报》，《华夏考古》2005年第3期）。

图74　伊川县槐庄西晋墓M6位至三公夔凤镜（FM6：14）

19. 洛阳衡山路4座西晋墓铜镜

2004年6月，在洛阳市衡山路北段东侧发掘4座西晋墓。西晋早期墓DM115墓室北侧棺内西端放置位至三公铜镜1面（DM115：18）。圆形，圆钮，四叶纹钮座，间饰以“位至三公”铭文。外为宽弦纹及八内向连弧纹各一周，间饰乳丁纹。其外为栉齿纹、弦纹各两周，间以双圈乳丁纹一周。宽平缘。直径15.5、缘厚0.4厘米（图75：1）。同出陶器、银镯及铜环等。

西晋早期偏晚墓有两座。DM117墓室西北角出有六乳六禽镜1面（DM117：7）。圆形，圆钮，钮外饰小乳丁一周及弦纹两周，圆钮座。座外为六乳丁纹，其间饰六飞鸟纹。近缘处饰栉齿纹。宽平缘。直径7.7、缘厚0.15厘米（图75：3）。同出陶器、铜器及铁器等。

DM118墓室西北角、东北角及东耳室内各放置铜镜1面。均为圆形，圆钮，圆钮座。葬于墓室西北角的铭文镜（DM118：10），座外饰四叶纹，叶间有铭文“长宜子孙”。其外饰宽弦纹及八内向连弧纹各一周，弧间有铭文“位至三公”。宽平缘。直径12.9、缘厚0.3厘米（图75：2）。

发现于墓室东北角的位至三公夔凤镜（DM118：13），座外饰联珠纹一周。中区为竖行铭文“位至三公”，两侧饰以夔凤纹。外饰以弦纹两周、栉齿纹一周。宽平缘。直径8.8、缘厚0.25厘米（图75：5）。

出土于东耳室内的四乳四禽镜（DM118：15），钮座外饰四乳丁纹，间饰四飞鸟纹。其外有弦纹两周、栉齿纹一周。近缘处饰弦纹两周、三角及S形纹一周。窄平缘。直径10.7、缘厚0.3厘米（图75：4）。同出陶器、铜器、银器及铜钱等（洛阳市第二文物工作队：《洛阳衡山路西晋墓发掘简报》，《文物》2005年第7期）。

图75　洛阳衡山路西晋墓铜镜

1. 位至三公连弧镜（DM115：18）　2. 长宜子孙变形四叶连弧镜（DM118：10）
3. 六乳六禽镜（DM117：7）　4. 四乳四禽镜（DM118：15）　5. 位至三公夔凤镜（DM118：13）

20. 洛阳华山路西晋墓CM2349铁镜

2004年12月，在洛阳市涧西区华山路以东，配合中侨绿城三期工程建设时发掘2座西晋墓。其中，在中期墓CM2349中清理出2面铁镜，形制相同，大小有别，均锈蚀严重。圆形，圆钮。大铁镜（CM2349：26），直径14.9、厚0.6厘米；小铁镜（CM2349：19），直径9.9、厚0.9厘米。同出陶器、铜器、铁器、玉器等（洛阳市第二文物工作队：《洛阳华山路西晋墓发掘简报》，《文物》2006年第12期）。

21. 洛阳关林皂角树村西晋墓C7M1874铜镜

2005年6～7月，在洛阳市洛龙区关林镇皂角树村西侧发掘13座西晋墓。其中，在西晋中晚期墓C7M1874墓室东部南北向并排放置两具棺木，已朽。东侧女性棺内南部有一方形漆盒，内置大铜镜、铜环、银簪。西侧男性棺内南端随葬小铜镜1面。2面铜镜均为圆形，圆钮，圆钮座，宽平缘。大铜镜（C7M1874：44），钮座外浮雕变形鸟纹。其外饰一周内向连弧纹及铭文带，铭文因铸造原因不清晰，无法辨认。直径14.8、缘厚0.4厘米（图76：1）。小铜镜（C7M1874：42），座外饰八内向连弧纹，钮座与连弧纹之间以三短线相连。两周斜线纹间，为“见日之光，天下大明”铭文带。直径7.6、缘厚0.2厘米（图76：2）。同出罐、碗、盘、杯、灯、灶、井等陶器，环、簪、戒指等铜器及银器、骨器（洛阳市文物工作队：《洛阳关林皂角树西晋墓》，《文物》2007年第9期）。

22. 洛阳定鼎门街西晋墓铜镜

2005年12月～2006年3月，为配合洛阳市洛南新区建设，在关林定鼎门街皂角树村与练庄村段，发掘西晋墓10余座。这批墓葬分布较为密集，虽然被盗严重，但出土了一批精美的铜器、瓷器及玉器

1

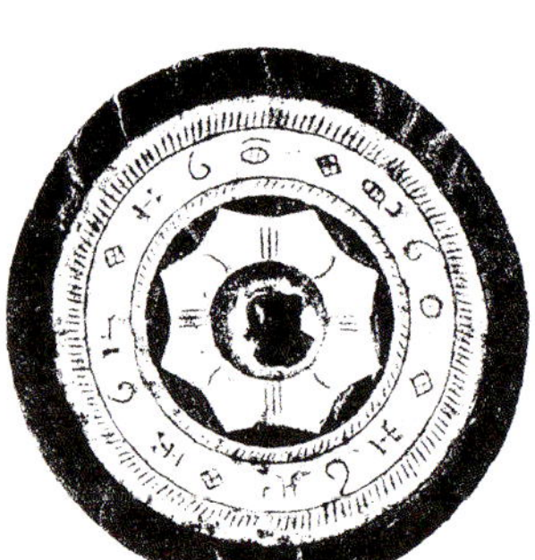

2

图76　关林皂角树村西晋墓C7M1874铜镜

1. 变形鸟纹镜（C7M1874：44）

2. 日光镜（C7M1874：42）

1

2

图77　洛阳定鼎门街西晋墓铜镜

1. 位至三公夔纹镜　2. 连弧镜

等随葬器物。例如，位至三公夔凤铜镜 1 面，圆形，圆钮，圆钮座。钮座上下各有两字铭文，合读为“位至三公”，铭文两侧饰以线条纤细的夔凤纹。外饰短斜线纹一周。宽平缘（图77∶1）。连弧镜 1 面，圆形，圆钮，圆钮座。内区平整，素面，缘部饰以十六内向连弧纹（图77∶2）（洛阳市文物工作队：《定鼎门街西晋墓》，《洛阳市文物工作队考古年报［2006］》，2007年，第11页）。

23. 洛阳厚载门街西晋墓铜镜与铁镜

2006年8月，在洛阳市洛南新区厚载门街东侧，发掘 3 座西晋墓。其中，在西晋中期墓C7M3032墓室西南清理出1面残铜镜（C7M3032：13），仅存上半部，呈扇面形。钮上侧竖排“位至”两字阳铭，钮外饰夔凤纹，外饰两周弦纹及一周栉齿纹。宽平缘。残径9、厚0.2厘米（图78：3）。同出多子盒、空柱盘、碗、帐座、耳杯等陶器，小瓷罐及铜钱60枚。

在西晋晚期墓C7M3033墓室西南放置2面铜镜。C7M3033：4，残，圆形，半球形钮，圆钮座，座外饰宽弦纹。其外为一周连弧纹，间饰乳丁纹。再外有两周栉齿纹。宽平缘。直径10.5、缘厚0.3厘米（图78：1）。C7M3033：5，圆形，半球形钮，圆钮座。钮外饰一周弦纹，外为瑞兽和斧形纹饰，间饰乳丁纹。其外为两周锯齿纹和一周波折纹，三角缘。直径10.2、缘厚0.5厘米（图78：2；图版148）。同出武士俑、男女侍俑、牛车、空柱盘、四系罐、多子盒、耳杯、灯、仓、灶、磨、井等陶器，刀、戟、剑、灯等铁器及铜带钩。

在西晋中期墓CM3034内出土1面铁镜（C7M3034∶13），锈蚀严重。圆形，圆钮。直径5、厚2 厘米。同出多子盒、空柱盘、碗、杯、帐座等陶器及五铢钱32枚（洛阳市文物工作队：《洛阳厚载门街西晋墓发掘简报》，《文物》2009年第11期）。

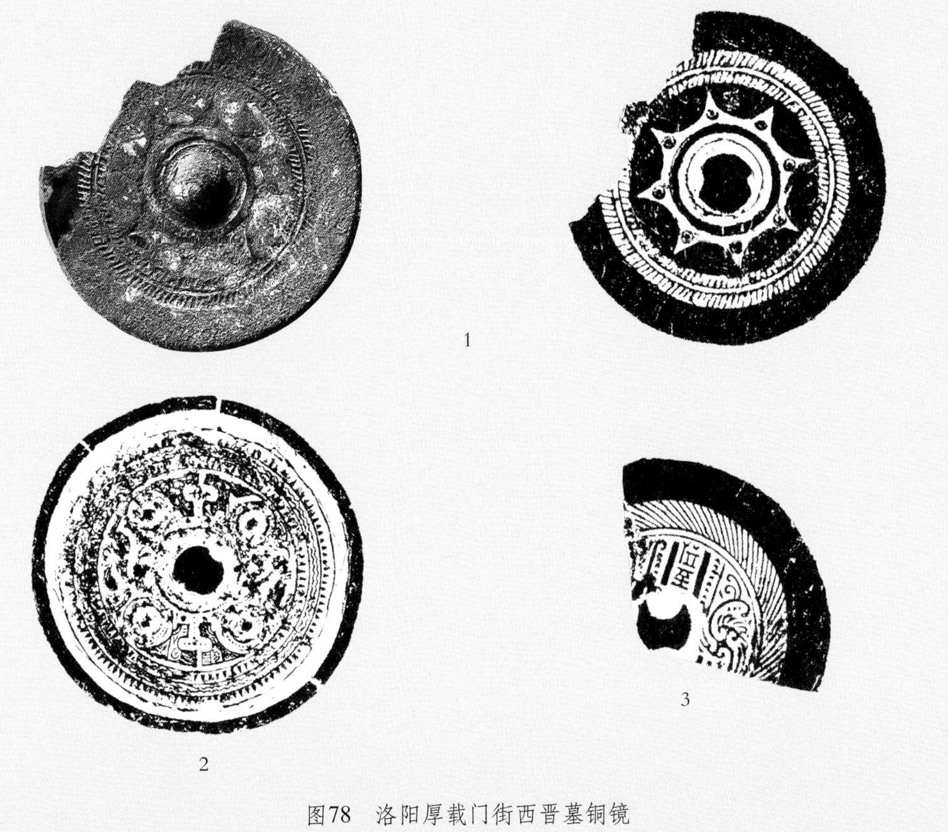

图78　洛阳厚载门街西晋墓铜镜

1. 连弧镜（C7M3033：4）　2. 四乳神兽镜（C7M3033：5）　3. 残夔纹镜（C7M3032：13）

24. 洛阳吉利河阳家园西晋墓铜镜与铁镜

2006年10月，在配合洛阳市吉利区河阳家园住宅区建设过程中，发掘3座西晋中晚期墓。在C9M2490前室北部有一人骨架，其头部北侧随葬铁镜 1 面（C9M2490：44）。圆形，圆钮。直径18.4、缘厚0.4厘米。后室南部的人骨架右臂南侧，放置铜镜 1 面（C9M2490：45）。圆形，圆钮，钮座外主纹饰为夔凤纹，间有竖写铭文“位至三公”。主纹饰外有弦纹两周，近缘外饰栉齿纹一周。宽平缘。直径10.5、缘厚0.4厘米（图79：3；图版163）。

在C9M2491侧室北壁下有一人头骨，其西侧有一铜镜（C9M2491：2），略残。圆形，圆钮，钮座外主纹饰为夔凤纹，间有竖写铭文“位至三公”。主纹饰外有弦纹两周，近缘外饰栉齿纹一周。宽平缘。直径10.3、缘厚0.3厘米（图79：1、2）。在C9M2492墓室中央有一人骨架，头骨附近随葬铜镜、铁镜各 1 面。铜镜（C9M2492：2），圆形，圆钮，钮座外周饰四叶纹，其内各有一字，合读为“君宜高官”。四叶外间配兽首各一，兽首呈正视状，大口，凤眼，毛发卷曲，形象凶猛。其外有弦纹两周，中间饰16个内向连弧纹带。近缘饰规整的几何菱纹带图案。窄素缘。直径15.2、缘厚0.5厘米（图版159）。铁镜（C9M2492：1），圆形，圆钮。直径16、缘厚0.3厘米。3座西晋墓同出陶器、铜器、银器、铁器、钱币等共计174件（组）（洛阳市文物工作队：《洛阳吉利区西晋墓发掘简报》，《文物》2010年第8期）。

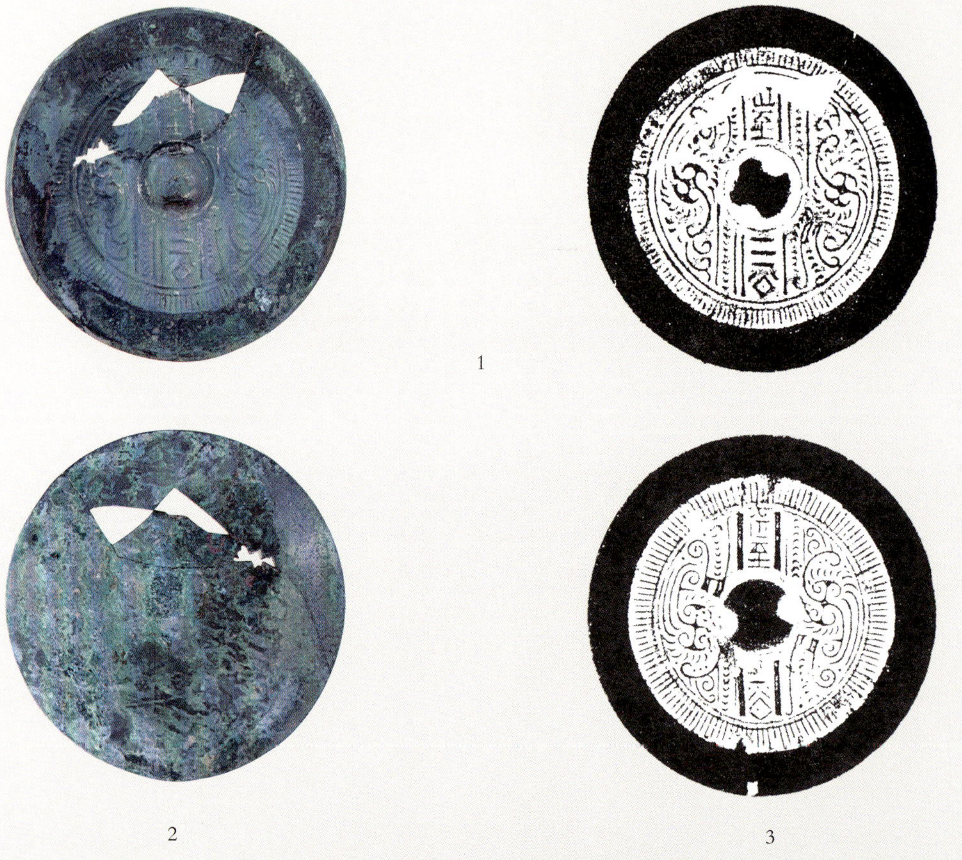

图79　吉利区河阳家园西晋墓位至三公夔凤镜

1. C9M2491：2　2. C9M2491：2正面　3. C9M2490：45

25. 洛阳市财经学校综合教学楼西晋墓M14铜镜

2007年2～5月，在洛阳市瀍河区夹马营路西侧的财经学校综合教学楼工地，发掘西晋中晚期墓M14，于墓室中部偏东处清理出铜镜2面，均为圆形，叠压放于一处。位至三公夔凤镜（M14：22）1面，圆钮，钮座上、下各有两字铭文，合读为“位至三公”。铭文左侧纹饰模糊不清，右侧为清晰的凤纹。外围凸弦纹两周、短斜线纹一周，宽平素缘，直径9.6厘米（图80）。另有一面铜镜（M14：23），扁圆形钮，锈蚀严重，纹饰不明，直径15.3厘米。同出陶器、石圭、铜簪、铜钱等（洛阳市文物工作队：《洛阳市财经学校综合教学楼工地发掘简报》，《洛阳考古发现［2007］》第56～83页）。

图80　洛阳市财经学校综合教学楼西晋墓M14位至三公夔凤镜（M14：22）

26. 洛阳丽新路西晋墓BM123位至三公夔纹镜

2007年9月，在洛阳市涧西区辽宁路与丽新路交叉路口的东南角发掘3座西晋墓。其中，在西晋中晚期墓BM123墓室西侧棺内南端清理出1面铜镜（BM123：1）。圆形，桥形钮，钮座上下为竖行阳铭“位至三公”，其两侧分别饰以夔凤纹。宽平缘。直径9厘米（图81）。同出武士俑、男女侍俑、镇墓兽、马、狗、鸡、牛车、帐座、罐、盘、盆等陶器43件，五铢、货泉等铜钱33枚（洛阳市第二文物工作队：《洛阳新发现的两座西晋墓发掘简报》，《文物》2009年第3期）。

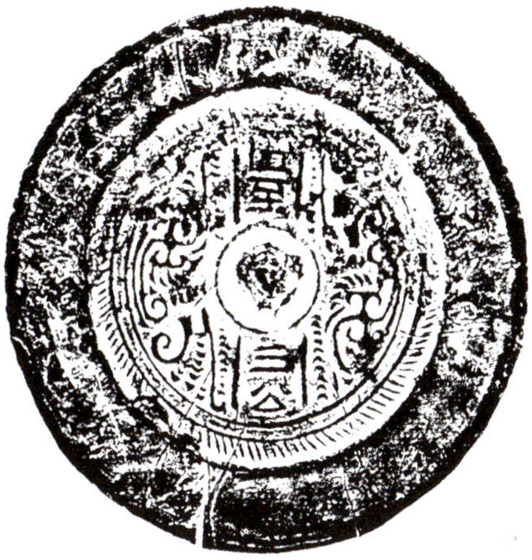

图81　洛阳丽新路西晋墓BM123位至三公夔凤镜（BM123：1）

27. 洛阳唐城御府小区西晋墓铜镜

2007年年底，为配合方诚置业唐城御府小区建设，在洛南新区关林大道与永泰路交叉路口西北角，发掘一批古墓葬。其中有西晋墓2座，各出土铜镜1面。有一座墓的随葬品均在两具骨架处，主要有位至三公夔凤镜（图82：1）、铜簪、铜弩机、五铢钱及陶帐座等。另外一座墓清理出夔龙镜（图82：2）、陶罐、陶帐座及铜钱等（洛阳市文物工作队：《唐城御府小区战国至西晋墓葬群》，《洛阳市文物工作队考古年报［2007］》，2008年，第8页）。

1

2

图82　唐城御府小区西晋墓铜镜

1. 夔凤镜　2. 夔龙镜

28. 612所地下车库西晋墓M9884夔凤镜

2007年12月～2008年1月，在洛阳市西工区凯旋西路以南、解放路以西的612所地下车库工地，即汉河南县城遗址北墙外，发掘出西晋墓M9884。在墓室西南角头骨西侧，出土位至三公夔凤镜1面（M9884：14）。在墓室北侧的耳室内，清理出君宜夔凤镜1面（M9884：15）。两镜均为圆形，圆钮，圆钮座。钮上、下各有两条平行短线将主体纹饰分为左、中、右三部分。外围凸弦纹两周、短斜线纹一周。左右两侧各饰一凤纹，中央双线格内为直行铭文。M9884：14，钮上为“位至”，下为“三公”。直径9.4、厚0.3厘米（图版170）；M9884：15，钮上为“君”，下为“宜”。直径8.3、厚0.25厘米（图83；图版173）。同出陶器、石灶、铜簪等（洛阳市文物工作队：《612所地下车库工地发掘简报》，《洛阳考古发现［2007］》第98～137页）。

2

图83　612地下车库西晋墓M9884夔凤镜（M9884：15）

29. 洛阳瀍河区利民南街西晋墓C3M723铜镜

2008年4月，在洛阳市瀍河区利民南街西侧发掘西晋中晚期墓C3M723，出土铜镜 6 面。其中，在墓室西壁下清理出 2 面，墓室与北耳室交接处有 2 面，南耳室内有 2 面。四叶连弧镜（C3M723：37），扁球形圆形钮，穿孔为长方形。蝙蝠形四叶纹圆形钮座，叶纹外饰四个椭圆形兽面纹。其外为一圈十九个内向连弧纹，弧纹间有珠纹。最外为一周涡纹加横线纹。窄素缘。镜面稍凸。直径14.1、钮径3.6、钮高0.9、缘厚0.3、肉厚0.2厘米（图84：1）。

连弧镜，2面。形制、纹饰相近，大小不同。半球形圆钮，穿孔为圆形。圆形钮座，外饰一周凸弦纹，其外为八个内向连弧纹。其外为一周凹面圈带。宽平素缘。标本C3M723：8，直径8.8、钮径1.4、钮高0.7、缘厚0.3、肉厚0.2厘米（图84：3；图版156）。标本C3M723：13，直径9.4、钮径1.7、钮高0.9、缘厚0.3、肉厚0.2厘米（图版157）。

铭文连弧镜（C3M723：38），半球形圆钮，穿孔为长方形。圆钮座，外饰柿蒂形四叶纹，叶间篆书体铭文4字，外饰一周凸弦纹。其外饰八个连弧纹，外为一周凹面圈带。宽平素缘。镜面稍凸。直径11.6、钮径2.1、钮高0.8、缘厚0.35、肉厚0.18厘米（图84：2；图版158）。

四乳四禽镜（C3M723：36），残。半球形钮，穿孔为圆形。圆钮座，外饰四乳四禽纹，再向外饰栉齿纹、锯齿纹各一周。外缘凸起。镜面微凸。直径8、钮径1.2、钮高0.7、缘厚0.4、肉厚0.2

厘米（图84：4；图版145）。

四兽镜（C3M723：14），残。半球形钮，穿孔为圆形。圆钮座，外饰双线方框。其外饰四禽兽，再外饰两周凸弦纹，宽缘内饰一周锯齿纹。直径7.8、钮径1.2、钮高0.7、缘厚0.3、肉厚0.25厘米（图84：5）。同出陶器、铜器、银器、铁器等（洛阳市文物工作队：《洛阳瀍河区利民南街西晋墓发掘简报》，《文物》2011年第8期）。

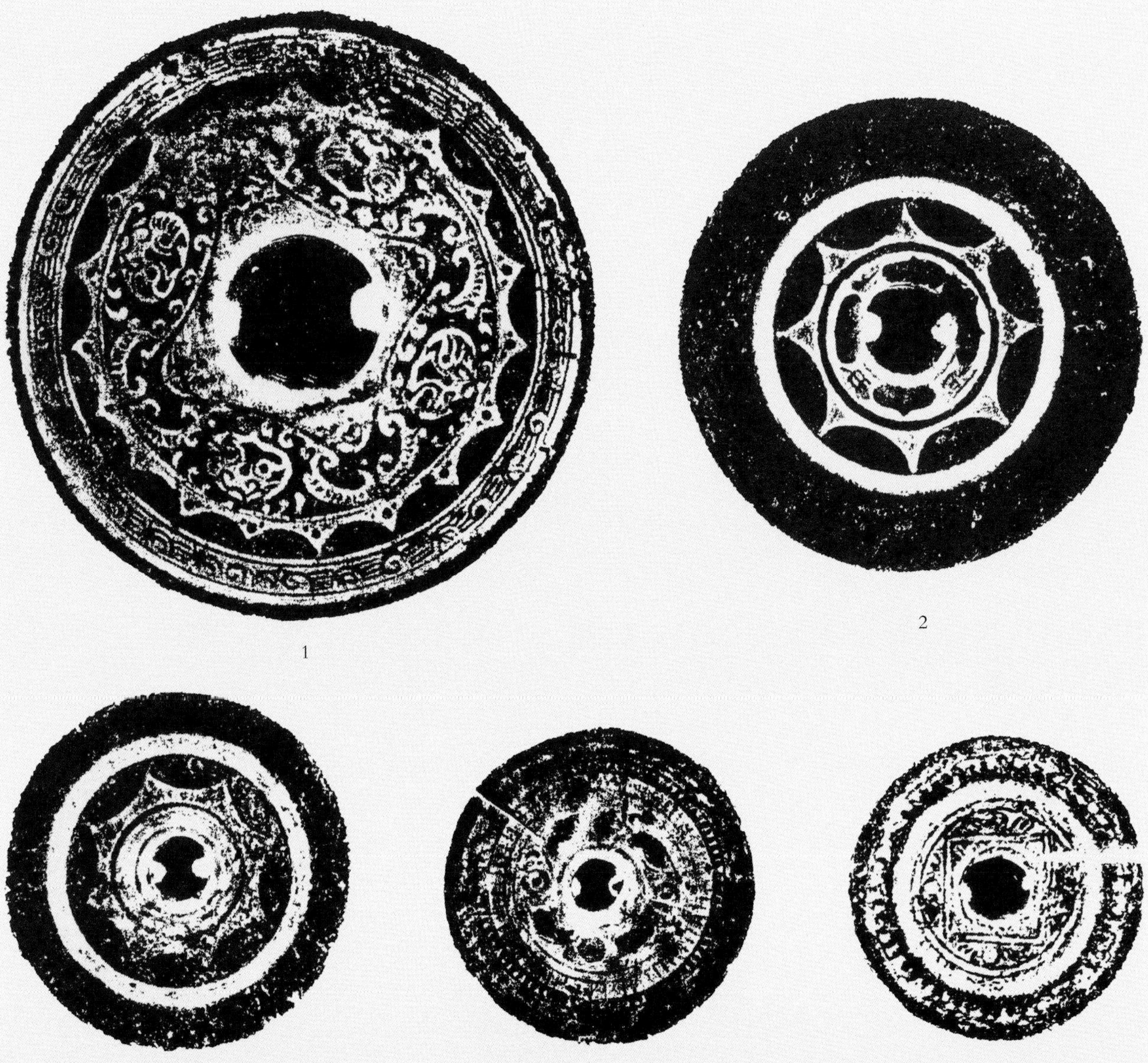

图84　洛阳利民南街西晋墓C3M723铜镜

1. 四叶连弧镜（C3M723：37）　2. 铭文连弧镜（C3M723：38）　3. 连弧镜（C3M723：8）
4. 四乳四禽镜（C3M723：36）　5. 四兽镜（C3M723：14）

30. 洛阳中国石油一建安置小区西晋墓C7M3741铜镜

2008年10月，为配合洛阳中国石油一建郑西铁路拆迁安置小区的基建工作，在洛阳洛南新区关林路南侧、长兴街东侧，发掘西晋中晚期墓C7M3741。后室中部出土铜镜 2 面，均为圆形。标本C7M3741：2，锈蚀严重，纹饰不可辨认。C7M3741：3，圆钮，圆钮座，内区为神人神兽纹，外侧饰半圆方枚一周，外缘有一圈凸弦纹，镜缘有铭文一周，仅可辨识“君宜高官，三公九卿”等字，其余因锈蚀无法辨识。直径11.6、镜厚0.4、缘厚0.3厘米（图版155）。同出陶器、青瓷器、铜管、铜钱及铁剪等（洛阳市文物工作队：《洛南新区两座西晋墓》，《中国国家博物馆馆刊》2011年第8期）。

31. 孟津大汉冢西晋围沟墓M57铁镜

2009年7～9月，在孟津县送庄乡三十里铺村西南发掘一处西晋围沟墓M57。在M57墓室中部偏北出土残铁镜 1 面（M57：3）。仅存大半，圆形，圆钮。直径12厘米（图85）。同出陶器、铁器及铜器等（洛阳市第二文物工作队：《洛阳孟津大汉冢西晋围沟墓发掘简报》，《文物》2011年第9期）。

图85　孟津大汉冢西晋墓M57残铁镜（M57：3）

32. 焦柳铁路洛阳枢纽工程西晋墓四乳神兽镜

2010年5～9月，为配合焦柳铁路洛阳至张家界段电气化改造洛阳枢纽工程建设，在洛龙区白马寺镇白王村及孟津县平乐镇马村交界处发掘古墓葬69座。其中，在一座西晋墓中出土四乳神兽镜 1 面，略残（图86），同出陶器、铜器等（黄吉博：《焦柳铁路洛阳枢纽工程工地汉晋唐宋墓葬》，《洛阳市文物工作队考古年报［2010］》，2011年，第17页）。

图86　焦柳铁路洛阳枢纽工程西晋墓四乳神兽镜

（三）东晋

偃师县寺里碑村东晋丛葬墓T6M4连弧镜

1988年5月，在偃师县南蔡庄乡寺里碑村东高地上发掘两处东晋丛葬墓地。其中，于T6M4墓棺内骨架头端漆器中出土连弧纹铜镜 1 面（T6M4：3）。圆形，圆钮，四叶纹钮座。四叶之间有“长宜子生”铭文，外饰八内向连弧纹。宽平缘。直径9.7、缘宽1.5、厚0.3、镜厚0.1、钮高1.2厘米（图87）。同出漆器、铜顶针及无文钱等（中国社会科学院考古研究所洛阳汉魏城队：《洛阳汉魏故城北魏外郭城内丛葬墓发掘》，《考古》1992年第1期）。

图87　偃师寺里碑村东晋墓T6M4连弧镜
（T6M4：3）

（四）北魏

1. 汉魏洛阳故城金墉城M1铜镜残片

1997年，在汉魏洛阳故城金墉城西墙试掘中，北魏灰坑H1打破一座小墓M1。该墓仅存少量白灰底，出土残铜镜 3 面，铜器器底与铜洗残片各 1 面。日光镜（97JY甲T5M1：2），残存镜缘及附连铭文带一小部分。直径11、厚0.2、缘宽1、缘厚0.6厘米（图88：1）。连弧镜（M1：3），残存镜缘及附连一小部分。直径16、厚0.15、缘宽1.7、缘厚0.3厘米（图88：2）。神兽镜（M1：1），镜缘残，仅存部分镜心。背面中心为半球形，有直径2厘米的穿孔。围绕镜钮有三组相同的兽形图案。残径7.3、厚0.1～0.15、钮厚0.7厘米（图88：3）（中国社会科学院考古研究所洛阳汉魏故城队：《汉魏洛阳故城金墉城址发掘简报》，《考古》1999年第3期）。

2. 偃师杏园村北魏墓铜镜

1983～1991年，在配合洛阳首阳山电厂建设过程中，于偃师杏园村南发掘4座北魏墓。其中，在YDM4031墓室中部放置瑞兽镜残片1面（M4031：3）。仅存一角，内区残存一瑞兽腿爪，外饰栉齿纹、三角纹、波浪纹，缘部呈三角状隆起。复原直径约10厘米（图89：1）。同出瓶、碗、长颈罐、小口罐等陶器。

在YDIIM926墓室西侧有一棺木，内置神兽镜 1 面（M926：1）。圆形，圆钮，圆钮座。内区以四乳将镜背分隔成四个部分，图案均为跪坐仙人，两胁下飘带飞舞，另有盘卧瑞兽，兽面呈狮虎状。内外区之间分布十二个半圆形涡纹，涡纹之间均有一方枚，每方枚内四字，多为缺笔字。外区为几何纹画文

1　2　3

图88　金墉城M1铜镜残片

1. 日光镜（97JY甲T5M1：2）　2. 连弧镜（97JY甲T5M1：3）　3. 神兽镜（97JY甲T5M1：1）

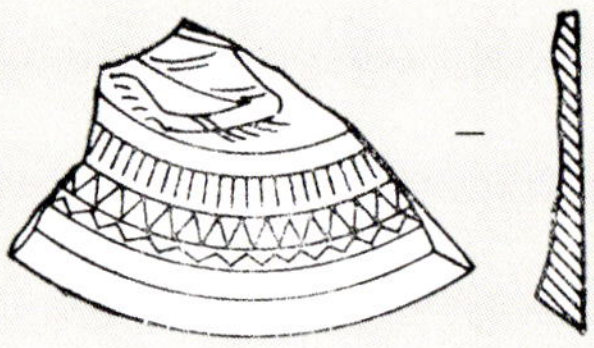

1

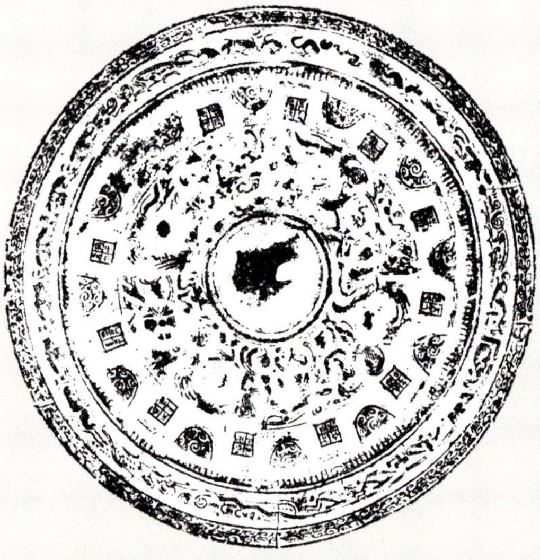

2

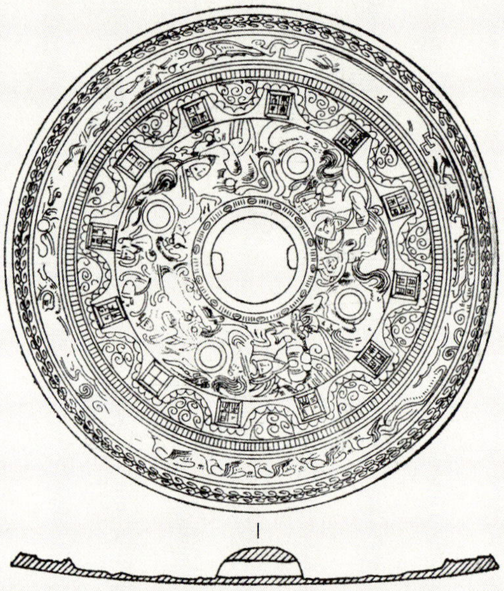

3

图89　偃师杏园村北魏墓铜镜

1. 瑞兽镜残片（M4031：3）

2、3. 神兽镜（M926：1）

带。镜面略外弧。直径15.1厘米（图89：2、3；图版176）。同出陶瓷器、铜器等（中国社会科学院考古研究所河南二队：《河南偃师县杏园村的四座北魏墓》，《考古》1991年第9期）。

3. 洛阳炼油厂北魏吕达墓铁镜

1987年8月，在洛阳市黄河北岸的吉利区配合洛阳炼油厂三联合装置车间的基建工程，发掘北魏正光五年（524年）吕达墓。在墓室中部出土铁镜2面，其中一面（C9M315：54），圆形，半球形钮，有缘。保存完整，镜背锈蚀局部有起层现象，镜面锈蚀层大部分已脱落。经X射线照相可知，镜背纹饰为柿蒂形钮座，主体纹饰似为简化夔凤纹，外侧饰内连弧纹，宽平缘。直径21、钮径4.6厘米（图90）。另一面（C9M315：57），残甚，已碎。同出陶器、瓷器、金属器、墓志等近60件（洛阳市文物工作队：《河南洛阳市吉利区两座北魏墓的发掘》，《考古》2011年第9期；程永建：《洛阳出土铁镜初步研究》，《华夏考古》2011年第4期）。

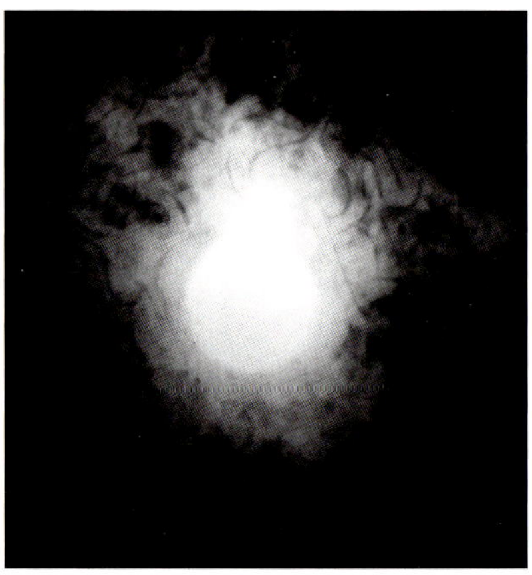

图90　洛阳炼油厂北魏吕达墓铁镜（C9M315：54）及X射线片

四、隋唐五代铜镜

（一）隋代

洛阳安装公司郑开明二年裴氏墓三角缘四神镜

1975年10月，在洛阳市凯旋路东段南侧约30米处的安装公司基建工地，清理一座隋末唐初王世充割据政权郑开明二年（620年）裴氏墓，墓室未被盗扰。在封门内放置带盖方砖墓志一合，墓志北放白垩土一块及铜镜1面。三角缘四神镜，半圆形钮座，中为四神，外区有一圈铭文，字迹已锈蚀难辨。直径15厘米。同出陶罐、瓷钵、瓷唾壶、金饼、墓志等（曾意丹：《洛阳发现郑开明二年墓》，《文物》1978年第3期）。

（二）唐代

1. 洛阳金家沟唐墓M8铁镜

1952年，在洛阳金家沟西南邙山南麓发掘唐墓M8，未经盗扰，随葬品保持原状。墓主人头部左右，放置有漆匣、铁镜、铁板、开元通宝、铁剪。铁镜（M8：47），圆钮，平缘，锈蚀严重，纹饰无法辨认。直径16.5、厚0.45厘米。同出陶俑45件（郭宝钧、林寿晋：《一九五二年秋季洛阳东郊发掘报告》，《考古学报》第9册，1955年）。

2. 洛阳16工区唐兴元元年夫妻合葬墓铜镜

1955年7～10月，在洛阳市涧西16工区（矿山机械厂）发掘90座古墓。其中，76号唐兴元元年（758年）夫妻合葬墓，器物大部分保存完好。在墓室西侧并排放置木棺两具。东棺内清理出镶嵌螺钿人物花鸟镜、铜洗、开元通宝铜钱等；西棺内随葬双鸾衔绶镜、铁剪、铜灯、洗、开元通宝铜钱，银筷、勺、簪等。

镶嵌螺钿人物花鸟镜，圆形，圆钮。钮上方为一棵枝繁叶茂、花瓣盛开的花树。树梢一轮明月，树下蹲立一猫，树两侧各有一振翅欲飞的鹦鹉。钮左侧端坐一人，手弹阮咸。右侧坐有一人，手持酒盅，面前一鼎一壶，背立一侍女，双手捧盒。钮下有仙鹤、水池，池内和池边均有嬉戏的小鸟。在整个画面的空白处，零星点缀着花瓣。素平缘。直径24厘米（图版265）。

双鸾月宫海龙镜，八出葵花形，圆钮。钮两侧各饰一飞鹊衔绶，钮上两朵浮云托月。一轮圆月中有玉兔杵臼、蟾蜍。钮下一龙跃出海面，飞腾于两朵云之间，素缘。直径17厘米，重669克（图91；图版222）。墓内同出陶俑、陶瓷器、两合墓志等（河南省文化局文物工作队第二队：《洛阳16工区76号唐墓清理简报》，《文物参考资料》1956年第5期）。

图91　洛阳16工区唐兴元元年墓双鸾月宫海龙镜

3. 洛阳16工区唐墓铜镜

1955年7～10月，在洛阳市涧西16工区发掘90座古墓。其中，唐墓4、8、28、34号共计出土铜镜5面（河南省文物工作第二队：《洛阳涧西16工区发掘简报》，《考古通讯》1957年第3期）。

4. 洛阳矿山机械厂唐墓M93铁镜

1955年11月，在洛阳矿山机械厂发掘唐墓M93，于墓室西棺内人头骨左侧出土铁镜 1 面。圆形，半球形钮。锈蚀严重，面、背锈层脱落，局部锈蚀穿孔。纹饰不详。直径18.5、钮径2.9厘米（图92）。同出陶器8件（程永建：《洛阳出土铁镜初步研究》，《华夏考古》2011年第4期）。

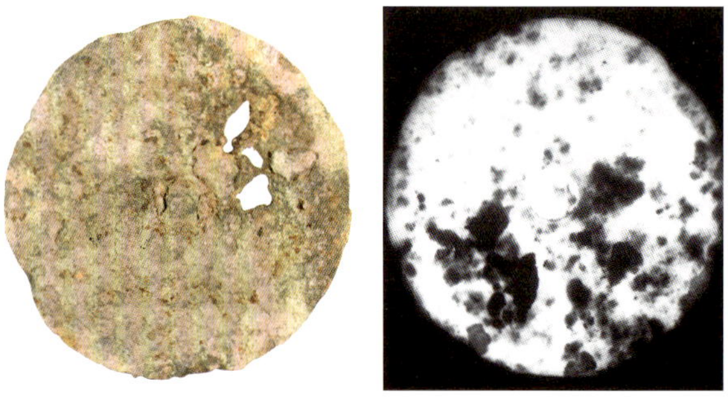

图92　洛阳矿山机械厂唐墓M93铁镜及X射线片

5. 洛阳劳改窑厂唐墓M132铁镜

1956年5月，在洛阳北郊劳改窑厂（29工区）发掘唐墓M132，于人头骨右侧出土 1 面铁镜。圆形，半球形钮。锈蚀严重，面、背锈蚀层已脱落，且有多处锈蚀穿孔。纹饰不详。直径19.6、钮径4厘米（图93）（程永建：《洛阳出土铁镜初步研究》，《华夏考古》2011年第4期）。

图93　洛阳劳改窑厂唐墓M132铁镜

6. 偃师唐神龙二年崔沈墓铜镜

1957年2月，在偃师邙山之阳新庄村发掘出唐神龙二年（706年）崔沈墓，保存完整。墓室西侧有一棺木，棺内头骨左侧放置铜镜和铁片各1件。铜镜直径14厘米。同出陶器、釉陶器及墓志一合（河南省文化局文物工作队：《河南偃师唐崔沈墓发掘简报》，《文物》1958年第8期）。

7. 洛阳关林唐天宝九载卢氏墓金银平脱鸾凤花鸟镜

1970年，在洛阳关林发掘唐天宝九载（750年）卢氏墓，保存完整。墓室西侧有一土台棺床，棺床中央有一棺木。棺内北端放置铜镜、铜洗、铜下颚托、玉柱、陶狗各1件，另有开元通宝140枚。金银平脱鸾凤花鸟镜（70IIIM109：10），八出葵花形，圆钮，重瓣八出葵花形钮座。外饰八个莲瓣及八只展翅蝴蝶纹，形成内区。环形圈带之外，有四只鸾凤呈顺时针方向排列，同向环绕。鸾凤口衔长绶带，绶带大小环相套，轻柔飘逸。凤鸟之间饰以枝叶纹，枝繁叶茂。直径30.5厘米，重2740克（图94；图版267）。同出十二时陶俑、陶瓷罐、

图94 关林唐卢氏墓金银平脱鸾凤花鸟镜（M109：10）

铜洗、墓志等（洛阳博物馆：《洛阳关林唐墓》，《考古》1980年第4期）。

8. 洛阳矿山机械厂唐墓M6素面镜

1972年3月，在洛阳市涧西区矿山机械厂清理盛唐墓M6，已被盗掘。墓室西侧有一生土棺床，其上棺内南端放置 1 面铜镜（M6：37）。圆形，边缘高起，圆凸钮，钮缘之间有凸弦纹一周。直径10.4、缘厚1.2厘米。同出三彩器、瓷器、银器、铜器等（洛阳市文物工作队：《河南洛阳涧西谷水唐墓清理简报》，《考古》1983年第5期）。

9. 洛阳龙门唐安菩夫妇墓瑞兽葡萄镜

1981年4月，在洛阳龙门东山北麓，发掘出唐景龙三年（709年）定远将军安菩夫妇合葬墓。墓室西侧棺床棺外东部放置 1 面铜镜（C7M27：13）。圆形，呈银白色。镜缘高起，内饰瑞禽瑞兽葡萄纹，纹饰由中部一周凸棱分为两区。内区正中为一蟾蜍形钮，外有瑞禽、瑞兽各四只相间环绕，其外饰成串的葡萄及枝叶。外区饰葡萄、瑞禽等。边缘饰桃形纹一周。直径11.45厘米。墓内同出三彩器50件，单釉器61件，瓷器、钱币及墓志一合（洛阳市文物工作队：《洛阳龙门唐安菩夫妇墓》，《中原文物》1982年第3期）。

10. 洛阳南郊供电局南流变电站唐墓C7M19铁镜

1981年12月，在洛阳南郊供电局南流变电站发掘唐墓C7M19，于墓室人头骨东侧出土铁镜 1 面。圆形，半球形钮。器形完整，面、背锈层已脱落。纹饰不详。直径16.7、钮径3.1厘米（图95）。同出陶器、铁器（程永建：《洛阳出土铁镜初步研究》，《华夏考古》2011年第4期）。

图95 洛阳南郊供电局南流变电站唐墓C7M19铁镜及X射线片

11. 偃师杏园村南三座唐墓铜镜

1984～1992年，在配合洛阳首阳山电厂建设过程中，于偃师杏园村南发掘一批唐墓。其中，在YD1902号墓墓室棺内，人头骨东北侧放置铜镜1面。鸿雁花枝镜（M1902：48），八瓣菱花形，内切圆形，伏兽钮，形似蟾蜍。内区四雁展翅翻飞，间以灵芝，外区饰流云花枝。锈蚀较甚。最大径13.3厘米（图版211）。同出陶俑、三彩俑、金银器、铜器、漆器等60余件。

大历十三年（778年）郑洵夫妻合葬墓随葬铜镜4面。金银平脱对鸟镜放置于墓室东侧棺内人头骨北端，金银平脱蝶花镜与双鸾衔绶镜出于该棺外东侧，团花镜出于棺外东南角（图96）。金银平脱对鸟镜（M5036：1），圆形，圆钮。镜背用平脱工艺将银箔修剪成相互追逐飞舞的对鸟，嘴中衔一枝花叶；另用金箔修剪四只石榴果实，填补于对鸟之间，用大漆黏合。镜缘内侧有一周联珠纹。金箔与银箔厚度在0.2～0.3毫米。工艺娴熟，构图巧妙，黄白两色交相闪烁。直径21厘米（图版268）。金银平脱蝶花镜（M5036：5），圆形，圆钮。镜背用平脱工艺将银箔修剪成蝶花图形，周围饰一圈联珠纹。保存状况较差。直径15.3厘米。双鸾衔绶镜（M5036：4），六出葵花形，圆钮，不分内外区。双鸾展翅相背飞舞，口衔花节绶带。直径13.5厘米（图版223）。团花镜（M5036：12），六出葵花形，圆钮，钮周一朵葵形团花。周围六朵，三朵尖瓣莲花与三朵圆瓣莲花相间布置。工艺制作较为粗糙，锈蚀较严重。最大径18.8厘米。同出陶瓷器、铜器及石墓志两合等。

会昌三年（843年）李郁夫妻合葬墓墓室北部，出土1面铜镜，原置于一圆形漆盒内，漆盒已大部腐朽。铭文瑞兽镜（M1921：15），圆形，圆钮。内区瑞兽八只，两两相对成组，包括雄狮、奔鹿等写实图案。外区为一周铭文带："照心宝镜，圆明难拟，影入四邻，形超七子，菱花不落，回风讵起，何处金波，飞来匣里。"镜身厚重，表面光亮如初。直径19.5厘米（图版184）。同出陶瓷器、银盒、铜盘、铁器、石器及墓志两合等（中国社会科学院考古研究所河南二队：《河南偃师市杏园村唐墓的发掘》，《考古》1996年第12期）。

图96　偃师杏园村唐郑洵墓发掘现场

12. 伊川县杜河东岸盛唐墓鸾鸟瑞兽镜

1984年4月，在伊川县白元乡杜河东岸发现一座盛唐墓，墓的一端已被河水冲走，表土下陷，墓内遗物位置已乱。出土八瓣菱花形铜镜1面，内切圆形，圆钮。各有两只鸾鸟伫立，瑞兽前奔，绕钮呈顺时针方向排列。禽兽之间饰以花草，边缘饰一周飞禽、蜂蝶及花枝。直径26厘米（图97；图版207）。同出双柄盘口壶、碗、马、骆驼等三彩器（伊川县文化馆：《河南伊川发现一座唐墓》，《考古》1985年第5期）。

图97　伊川县杜河东岸盛唐墓鸾鸟瑞兽镜

13. 偃师杏园村南六座纪年唐墓铜镜

1984～1985年，在偃师县杏园村南发掘6座有墓志纪年的唐墓，均保存完整。其中，长寿三年（694年）李守一夫妻合葬墓墓室西侧棺床北端，放置1面瑞兽葡萄镜（85YDM1366：12）于圆形漆盒内（图98）。镜为圆形，镜背中区低，外缘高，以一圈凸棱将内外区分隔。钮呈海兽状，周围有瑞兽四只，同向排列，瑞兽之间填充葡萄花枝。外区有十只飞鸟同向排列一周。缘内为十二串葡萄，并用枝叶间隔。直径13.1、缘高1.3厘米（图版186）。同出三彩男女侍俑、陶罐、银钗、铜洗及墓志砖等。

图98　偃师杏园村唐李守一夫妻合葬墓瑞兽葡萄镜出土现状

神龙二年（706年）宋祯夫妻合葬墓出土3面铜镜，分置于3件漆盒内。墓室西壁下有一漆盒，原放置有瑞兽鸾鸟镜、铜箸、银钗等，后散落于漆盒附近的淤土中。此镜（84YDM1008：21）为八瓣菱花形，内切圆形，圆钮。绕钮有鸾鸟和瑞兽各一对，鸾、兽相间，同向排列，以花枝相隔。四只蝴蝶和四朵流云相间，分置于菱花瓣内。直径12、厚0.7厘米（图版203）。第2面铜镜（M1008：5）为银背鸟兽镜，六瓣菱花形，钮为拱腰蟾蜍。四周同向排列二兽二鸟，以枝蔓相隔。最大径6.2厘米（图版276）。此镜工艺考究，镜背边缘高起而中部下凹，再将菱花形银箔嵌入下凹处，银箔以鱼子纹为地，錾出鸟兽图案，至今保存完整。之前所见最早的菱花形瑞兽鸾鸟镜，出土于陕西西安唐中宗神龙三年（707年）纪年墓中，而宋祯墓为神龙二年（706年），一次出土2面此类铜镜，说明菱花形瑞兽鸾鸟镜的始铸年代还应当提前。第3面铜镜（M1008：3）为圆形素面镜，圆钮，缘周向上隆起，中区与外区以凸弦纹相间。镜体银白色，似经抛光处理，制作工整。直径9.8、厚1.1厘米（图版198）。同出三彩龙柄壶、陶砚、铜灯、铜壶、玉柱、玉蝉、乾封泉宝铜钱及石墓志一合。

景龙三年（709年）李嗣本夫妻合葬墓，2面铜镜发现于头骨附近，当时可能摆放在棺内。瑞兽鸾鸟镜（84YDM1928：1），为八瓣菱花形，内切圆形，圆钮。钮周有鸾鸟与瑞兽各一对，鸾、兽相间，同向排列，其间饰以花枝。四只蝴蝶和四朵流云相间，分置于菱花瓣内。镜面银白色，工艺精美。直径10.4、厚0.4厘米（图版202）。菱花形素面镜（M1928：2），内外区用凸弦纹分隔，打磨光亮。直径9.6、厚0.8厘米（图版200）。同出镇墓兽、陶俑、陶器、三彩器及石墓志一合等。

开元二十六年（738年）李景由夫妻合葬墓随葬品主要集中于墓室西半部，出土铜镜3面。在男主人头部，放置1面银箔平脱方漆盒，盒内下层有银背鸟兽镜1面。云龙镜出于男主人头部西北，素面镜置于女主人头部北侧。银背鸟兽镜（84YDM2603：38），钮为拱腰蟾蜍，内区同向排列二兽二鸟，以枝蔓相隔。此镜工艺复杂，镜背边缘高起，中部下凹，嵌入菱花形银箔后，錾花鎏金。最大径6.5厘米（图版271）。云龙镜（M2603：5），八出葵花形，圆钮。与一般云龙镜不同，此镜龙首靠近镜缘，曲颈回首，张口吐舌，四腿下有三趾利爪，周身饰鳞片，尾向上卷曲，龙体上下衬有五朵如意祥云。特别是后肢一直伸、一曲伸，不与龙尾相纠结，为该镜独特之处。器表呈银白色，直径24厘米（图版233），不仅是杏园唐墓中出土铜镜直径最大的一面，也是了解云龙镜流行年代的重要资料。素面镜（M2603：24），圆形，圆钮，器表银白色，两面抛光，均可照人。

直径17.8厘米。同出塔式罐、金钗饰面、银器、铜器、玉器、漆盒及石墓志一合等。

元和九年（814年）郑绍方墓随葬品有漂浮、移动现象。2 面铜镜均为圆形素面，大型镜、瓷唾壶、瓷碗、银盒、蚌盒等位于头骨附近，小型镜出于墓室南部。大型镜（84YDM2544：18），边缘隆起，通体经抛光处理。直径19.5厘米。小型镜两面均平整，工艺粗糙。直径9.2厘米。同出陶俑、陶瓷器、银盒、铜器及石墓志一合等。

咸通十年（869年）李棁墓随葬器物多分布于墓室东北部，东中部有小铜镜 1 面。四兽镜（85YDM4537：13），圆形，小圆钮。有四兽绕钮同向飞奔。制作粗糙，图案模糊。直径7.2厘米（图版185）。同出陶塔形罐、陶砚、瓷罐、铜刀及石墓志一合（中国社会科学院考古研究所河南第二工作队：《河南偃师杏园村的六座纪年唐墓》，《考古》1986年第5期）。

14. 偃师杏园唐墓铜镜

1984～1993年，为配合洛阳首阳山电厂选址建厂，在偃师县城西2.5千米的杏园村南发掘唐墓69座，其中有纪年墓37座，共计出土铜镜59面。墓葬埋葬方向均为坐北朝南，墓道位于墓室南部。绝大多数保存完整，未被盗掘。这些墓分为初唐、盛唐、中唐、晚唐等四个时期。纪年墓的墓主人官品不甚高，有 3 人为四至五品。下级官吏较多，品级为六至九品。

初唐墓2座，未见铜镜。盛唐墓22座，其中纪年墓12座。出土铜镜19面，依其形制不同，分为三型。A型11面，为圆形，分为 4 式。B 型 7 面，菱花形，分为4式。C型1面，葵花形。

中唐墓16座，其中纪年墓11座。出土铜镜20面，分为四型。A型 7 面，为圆形，分为 3 式。B型 3 面，菱花形，分为 2 式。C 型 8 面，葵花形，分为7式。D 型 2 面，四方委角形。在中唐期20面铜镜中，圆形镜 7 面，占总数的35%；葵花形镜 9 面，占总数45%。显然这两种镜形是中唐期最流行的镜形。菱花镜 2 面，占比例10%，只是盛唐流行镜的延续，在中唐期已不属于主要镜形。四方委角镜 2 面，占总数的10%，这种镜后来成为晚唐镜中的主流之一。在圆形镜中，有金银平脱镜、螺钿镜等两种新型工艺镜，说明中唐期的制镜工艺在不断寻求新的突破。

晚唐墓29座，其中纪年墓14座。出土铜镜20面，分为四型。A型14面，圆形，分为 9 式。C 型 1 面，葵花形，鸾鸟瑞兽镜。D型 3 面，四方委角形。Ⅱ 式 2 面，金银平脱镜；Ⅲ式 1 面，素面抛光镜。E型 2 面，方形镜，均为Ⅰ式，划纹镜。

在杏园唐墓中，初唐期两座墓内未出土铜镜。被判定为初唐时期的铭文瑞兽镜，出土于晚唐李郁墓之内，应是经过人们世代珍藏的结果。

盛唐时期以圆形瑞兽葡萄镜最为流行。菱花形鸾鸟瑞兽镜次之，花枝镜及素面镜均有发现。在19

图99 偃师杏园村唐卢氏墓发掘现场

面铜镜中，有16面出土于纪年墓，对于铜镜分期研究十分重要。开元十年（722年）卢氏墓（图99）出土葵花形双雁系绶荷花镜引人注目，它是葵花镜和和双雁纹镜两个镜类中最早的标本。此前资料均认为葵花镜约出现于玄宗天宝初年。

中唐时期仍以菱花形鸾鸟瑞兽镜和菱花形雀绕花枝镜最为流行。葵花形双鸾镜和对鸟镜次之，圆形金银平脱镜又次之。新出现的镜形为四方委角镜，约出现于德宗贞元十年（794年），即公元8世纪末。新出现的纹样有云龙、团花、仙人和四夔龙等，在中唐期铜镜中占有一定地位。

晚唐时期，团花镜、对鸟镜占有重要位置。新出现的镜形有方形划纹镜。但是，以圆形镜为主体，20面铜镜中，圆形镜14面，约占70%。新出现的纹样有八卦星文镜、八卦十二生肖镜及划纹镜等，可作为晚唐铜镜的代表（中国社会科学院考古研究所：《偃师杏园唐墓》，科学出版社，2001年）。

15. 偃师瑶头砖厂唐张思忠墓瑞兽葡萄镜

1985年秋季，在偃师县瑶头砖厂清理唐长安三年（703年）张思忠墓，已被破坏。墓室棺内放置瑞兽葡萄镜1面、银钗1件，开元通宝数枚。瑞兽葡萄镜（85YYM1：16），圆形，钮为一拱腰瑞兽，四周为四只瑞兽，外区饰飞禽及葡萄。镜缘高起，锈蚀严重。直径10、缘厚 1 厘米。同出三彩俑、陶砚、瓷龙柄壶、瓷罐及墓志砖一合（偃师县文物管理委员会：《河南偃师县隋唐墓发掘简报》，《考古》1986年第11期）。

16. 偃师沟口头砖厂唐墓M1铁镜

1990年春季，偃师沟口头砖厂发掘初唐墓M1。随葬器物分别放置于甬道内东西两龛和墓室之内，部分器物漂浮移位。东龛内有镇墓兽、陶牛、铁剪、铁镜、蚌壳、陶井模型各1件。铁镜（M1：40），圆形，圆钮，锈蚀严重，边缘已残。直径10.8厘米。同出61件陶器（偃师商城博物馆：《偃师县沟口头砖厂唐墓发掘》，《考古与文物》1999年第5期）。

17. 伊川县杜沟村唐齐国太夫人墓铜镜残片

1991年4～8月，在伊川县鸦岭乡杜沟村抢救性发掘唐齐国太夫人墓，墓已被盗掘。铜镜残片（M1：190），饰浮雕禽鸟、葡萄纹。残长6.7、宽5厘米（图100）。同出金银器、金银饰品、玉石器、铜器、铁器、陶瓷器及墓志等（洛阳市第二文物工作队：《伊川鸦岭唐齐国太夫人墓》，《文物》1995年第11期）。

图100　伊川县杜沟村唐齐国太夫人墓铜镜残片（M1：190）

18. 偃师寨后村砖厂唐墓铁镜

1991年，在偃师南蔡庄乡寨后村砖厂发掘初唐墓91YNZCM1。墓室东侧南端放置铁镜1面（91YNZCM1：22）。圆形，锈蚀严重，纹饰无法辨认。直径17.8厘米。同出陶器22件，铁剪 1 件（偃师商城博物馆：《河南偃师唐墓发掘报告》，《华夏考古》1995年第1期）。

19. 偃师深井水泵厂唐会昌五年徐氏季女墓双凤镜

1992年，在偃师县深井水泵厂工地发掘唐会昌五年（845年）徐氏季女墓。墓室西侧棺床上仅发现头骨一具，其东放置铜镜、瓷唾盂、铁剪等。双凤镜（M6：3），圆形，圆钮，器表呈银白色。两只凤鸟首尾相接，呈逆时针方向绕钮排列。其外饰一周联珠纹。素平缘。直径8.8厘米（图101；图版224）。同出陶瓷器、银簪、铜饰、铁剪、石墓志一合（偃师商城博物馆：《河南偃师唐墓发掘报告》，《华夏考古》1995年第1期）。

图101　偃师深井水泵厂唐徐氏墓双凤镜（M6：3）

图103　洛阳北郊唐墓C8M949白瓷执镜女俑线图

20. 洛阳市劳动教养所餐厅楼唐墓 C8M949云龙镜与白瓷执镜女俑

1992年5月，在洛阳北郊市劳动教养所餐厅楼工地发掘晚唐墓C8M949，墓室内一棺木内墓主头侧随葬铜镜 1 面。葵花形，圆钮，弦带纹钮座，座外依次饰平素纹、斜线纹、七乳云龙纹。窄平素缘。直径12.4厘米。另有白瓷执镜女俑 1 件，作梳妆状。头上发型复杂，腰束长带，上着宽袖衫，下穿曳地长裙。头向左侧微偏，右手弯曲执镜于面前，作照镜状；左手拿发笄，作绾发状。胎质细腻，釉色洁白。通高7.5厘米（图102、103）。同出陶罐、瓷盂、铜钱50枚（洛阳市文物工作队：《洛阳北郊清理的一座晚唐墓》，《考古与文物》1998年第6期）。

1　2　3

图102　洛阳北郊唐墓C8M949白瓷执镜女俑

1.正面　2.前侧面　3.侧面

21. 洛阳市劳动教养所餐厅楼唐陈氏墓素面镜

1992年5月，在洛阳北郊市劳动教养所餐厅楼工地发掘中唐时期陈氏墓。墓室西南放置一棺木，棺内墓主头部左右随葬铜镜、银平脱漆盒、铁刀及铜钱等。素面镜（C8M937：23），圆形，圆钮，无纹饰，窄缘。直径9.6厘米。同出陶俑、漆盒、墓志等（洛阳市文物工作队：《洛阳北郊唐颍川陈氏墓发掘简报》，《文物》1999年第2期）。

22. 洛阳市劳动教养所餐厅楼唐墓 C8M932四禽花枝镜

1992年5月，在洛阳北郊市劳动教养所餐厅楼工地发掘一座中唐墓。于棺内墓主人头部东侧，放置有铜镜、铜笄各1面。四禽花枝镜（C8M932：4），八瓣菱花形，圆钮，以凸棱分为内、外两区。内区饰四禽与花枝相间。外区菱花瓣内，蝴蝶与云朵相间。窄平素缘。最大径10、外缘宽1厘米（图104）。同出瓷器、铜器、铁器、水晶玉石串饰、钱币等（四川大学历史文化学院考古学系、洛阳市文物工作队：《洛阳北郊唐墓》，《文物》2006年第3期）。

23. 洛阳东郊热电厂唐墓 C7M622五岳真形镜

1992年5月，在洛阳东郊热电厂发掘唐墓

图104　洛阳北郊唐墓C8M932四禽花枝镜（C8M932：4）

C7M622，出土 1 面五岳真形图镜。圆形，圆钮。其外环列四座层峦叠嶂的山岳，其间又有四座三山相连的山峰，山坡上有树木。天空上饰以祥云，禽鸟飞翔。山脚下草木茂盛，有虎、鹿、猴、兔出没其间。宽平素缘。直径24.8厘米（图版254）。同出陶瓷器、银器、铁器及骨器等（侯秀敏：《洛阳发现的一件唐代山水禽兽纹铜镜》，《文物》2008年第10期）。

24. 偃师两座砖厂唐墓铜镜

1998～2001年，在偃师两座砖厂抢救性发掘两座唐墓。在该市城关镇前杜楼村砖厂生产用土区北部，清理唐贞观二十一年（647年）崔大义及妻李夫人合葬墓。铜镜 1 面（M1：69），放置于墓室棺床之上，出土时已断为三块。圆形，圆钮，四叶形钮座，弦纹带将镜背分为三区。内区饰青龙、白虎、朱雀、玄武等四象环钮排列，流云纹及花草纹衬间。中区铭文为“魏宫知本姓，秦楼识旧名。凤从台上出，龙就匣中生。无波菱自动，不夜月恒明。非唯照佳丽，复用厌山精”。外区由变形四叶纹分为十二格，每格内分置鼠、牛、虎、兔、龙、蛇、马、羊、猴、鸡、猪等十二生肖各一。卷云纹缘。直径24.4厘米（图版179）。同出陶瓷器、铜剪刀、铁锁、墓志等。

在偃师市首阳山镇羊二庄村北池跃恩砖厂，发掘唐长庆三年（823年）薛丹及妻李氏合葬墓。其中，随葬 1 面四叶连弧镜（M3：9）。圆形，圆钮座，座外围以四叶纹。其外饰以变形四叶纹，十六内向连弧纹。宽平缘。直径11厘米（图105）。同出陶瓷器、铜器、铁器、墓志等（赵会军、郭宏涛：《河南偃师三座唐墓发掘简报》，《中原文物》2009年第5期）。

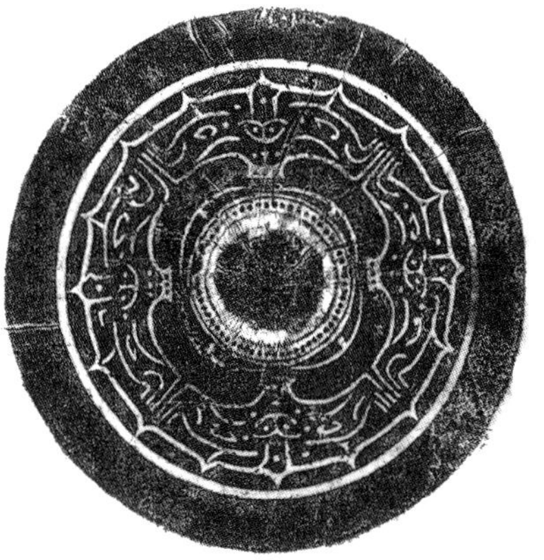

图105　偃师池跃恩砖厂唐薛丹夫妻墓四叶连弧镜（M3：9）

25. 洛阳十里铺村唐太和三年高秀峰夫妻合葬墓铜镜

2000年7～9月，为配合洛阳市第一开发公司东明小区基建工程，于洛阳东郊十里铺村发掘了唐太和三年（829年）高秀峰夫妻合葬墓。在墓内西侧的生土台棺床上，随葬 2 面铜镜，另有 1 面素面铜镜放置于东部偏北。银平脱凤鸟牡丹镜（C5M1542：6），圆形，圆钮，钮外饰以四朵花瓣。其外饰以鸾鸟嬉戏，对舞于牡丹丛中。直径18厘米（图106：2）。此镜出土时保存状况不佳，器物复原时纹饰可能有所错位。银背鸟兽镜（C5M1542：13），菱花形。银箔上錾刻纹饰并鎏金。蟾蜍形钮，钮外以鱼子纹为地，饰二鸟二兽，其间以花枝蔓相隔。宽平缘，缘内嵌入菱花形银箔。最大径 6 厘米（图106：1；图版272）。素面镜（C5M1542：13），圆形，圆钮。器表呈银白色，两面抛光。直径16厘米（图106：3）。同出金、银、铜、铁、铅等金属器，玉、石、木、陶器等。另有墓志一合，记载了墓主人生平及该墓的确切纪年（洛阳市文物工作队：《洛阳市东明小区C5M1542唐墓》，《文物》2004年第7期）。

1

2

3

图106　洛阳十里铺村唐高秀峰夫妻合葬墓铜镜
1. 银背鸟兽镜（C5M1542：13）　2. 银平脱凤鸟牡丹镜（C5M1542：6）　3. 素面镜（C5M1542：13）

26. 洛阳龙门张沟唐墓素面镜

2002年5月，在洛阳市洛龙区张沟村西快速通道东侧施工过程中，发掘出唐代开元二十三年（735年）商州刺史萧府君墓。在墓室中部的石棺床西南角，放置1面素面铜镜（C7M2669：142）。圆形，半球形钮。无纹饰。直径16.2厘米。同出陶器、瓷器、石器等154件，其中有墓志一合。（洛阳市文物工作队：《洛阳龙门张沟唐墓发掘简报》，《文物》2008年第4期）

27. 洛阳关林唐墓铜镜与铁镜

2002年11月至2004年1月，在洛阳市关林镇四处考古工地发掘唐墓61座。共计出土铜镜4面，铁镜3面。

盛唐墓C7M1327出土六瑞兽葡萄铜镜1面（C7M1327：2），光亮照人。圆形，瑞兽形钮，似蟾蜍趴伏，有尾。镜背中部有一周凸棱，将其分为内、外两区。内区有瑞兽六只，绕钮同向排列，间饰以禽鸟、葡萄蔓枝果叶。外区饰以葡萄、花鸟图案。镜缘高起，镜体厚重。直径14.8、缘厚1.3厘米（图版192）。同出陶俑、陶瓷器具、银罐、银合页、银锁鼻、砖墓志等。

盛唐墓C7M1266、M1270、M1279随葬有素面铜镜各1面。其中，M1279：3，圆形，圆钮，无纹饰，内外区以凸棱分界，镜缘隆起。直径15.8厘米。同出陶罐2件。

在初唐合葬墓C7M1267墓室棺床上木棺南侧骨架头部，放置铁镜1面（C7M1267：35）。圆形，圆钮。因锈蚀，无法辨认其有无纹饰。直径12.2厘米。同出陶瓷器、铜钗、银戒指、铁剪等。初唐墓C7M1269、盛唐墓C7M1289各出铁镜1面（洛阳市文物工作队：《洛阳关林镇唐墓发掘报告》，《考古学报》2008年第4期）。

28. 伊川县大庄唐墓M3打马球镜

2003年9～12月，在对伊川县城关镇大庄史前遗址进行抢救性发掘时，清理一座中唐墓。在墓室西南隅放置有铜镜、铜釜各1件。打马球镜

（M3：9），八瓣，菱花形。圆钮。主纹为浅浮雕打马球场景，四人骑马，手持鞠杖，姿态各异。其间饰以花枝、远山等。外饰葵花形凸棱一周，近缘处饰花枝、蜂虫。窄平缘。直径18.8厘米（图107；图版228）。同出陶罐、陶俑、金簪、铜钱等（洛阳市第二文物工作队：《洛阳伊川大庄唐墓［M3］发掘简报》，《文物》2005年第8期）。

图107　伊川县大庄唐墓M3打马球镜（M3：9）

29. 洛阳龙康小区唐墓C7M2151团花镜

2005年4月，在洛阳市龙康小区发掘一批唐宋墓葬。其中，在晚唐墓C7M2151墓室西北角出土1面团花镜（C7M2151：3），上置白色粉状物及蚌壳1枚。镜为圆形，圆钮，花瓣纹钮座，座外饰联珠纹。其外饰六朵团花，为三朵莲花与三朵蝶恋花相间排列。素平缘。直径16.5、厚0.3～0.4厘米（图108）。同出塔式陶罐、鎏金银器29件、铁剪、骨尺、木梳，开元通宝15枚、乾元重宝1枚（洛阳市文物工作队：《洛阳龙康小区唐墓［C7M2151］发掘简报》，《文物》2007年第4期）。

图108　洛阳龙康小区唐墓C7M2151团花镜（C7M2151：3）

30. 洛阳关林大道徐屯东段唐墓LNGM29素面镜

2005年7月，在洛阳关林大道徐屯东段发掘唐墓86座。其中，在中唐墓LNGM29墓室东南角清理1面素面铜镜（LNGM29：4）。圆形，圆钮，无纹饰。直径18厘米。同出罐、盘、碗等瓷器，三彩罐，牵马俑、女侍俑、马等陶器（洛阳市第二文物工作队：《洛阳关林大道徐屯东段唐墓发掘简报》，《文物》2006年第11期）。

31. 洛阳定鼎门街唐墓铜镜

2005年12月～2006年3月，为配合洛阳市洛南新区建设，在关林定鼎门街皂角树村与练庄村段，发掘中晚唐时期的墓葬100余座。大部分墓葬虽被盗严重，但仍清理出一批铜器、瓷器及玉器等随葬品。其中有团花镜、金银平脱镜。团花镜1面，圆形，圆钮，花瓣形钮座，主纹为六朵相同的团花，素缘（图109）（洛阳市文物工作队：《定鼎门街唐墓》，《洛阳市文物工作队考古年报［2006］》，2007年，第12页）。

图109　洛阳定鼎门街唐墓团花镜

32. 洛阳红山工业园唐墓HM598博局镜

2006年10月，在洛阳红山工业园发掘中唐墓HM598，墓室中部出土铜镜1面（HM598：16）。镜为圆形，圆钮，方座，主纹为博局纹，间以乳丁纹和动物纹。其外为弦纹两周和栉齿纹一周。镜缘为卷云纹。直径10.6、缘宽1.4、厚0.4厘米（图110）（洛阳市第二文物工作队：《洛阳红山工业园唐墓发掘简报》，《文物》2011年第1期）。

图110　洛阳红山工业园唐墓HM598博局镜（HM598：16）

33. 洛阳南郊辛庄村唐墓花鸟镜

2006年7～11月，为配合郑州至西安高速铁路建设，对位于洛阳市洛龙区关林镇辛庄村的铁路引线段进行了发掘。清理唐墓40座，出土铜镜2面，另有三彩器、陶瓷罐、金银器等。

花鸟镜两面，均为菱花形，圆钮。一面主纹为四鹊立于枝头，其间饰花枝、蜜蜂纹。镜缘相间环绕花枝、蜜蜂纹（图111：1）。

另一面分内、外两区。内区为四只飞禽与花枝相间环绕镜钮，内外区之间以凸面圈带相隔。外区为四只飞鸟与缠枝花叶相间排列。镜缘饰变形卷云纹（图111：2）（洛阳市文物工作队：《郑州至西安铁路工程唐宋墓》，《洛阳市文物工作队考古年报［2006］》，2007年，第13、14页）。

1　　2

图111　洛阳南郊辛庄村唐墓花鸟镜

1. 花鸟镜之一　2. 花鸟镜之二

34. 河南省第二荣康医院新院址唐墓C3M690三禽镜

2007年3～5月，为配合河南省第二荣康医院新院址建设，在洛阳310国道与洛常路交叉口东北侧发掘中唐墓C3M690，于墓室西北角清理出三禽铜镜1面（C3M690：10）。六瓣菱花形，小桥形钮，钮外饰三鸟纹，鸟纹间饰涡纹，每个花瓣内饰一云纹。直径5.8厘米（图112）。同出陶瓷器、铜器、滑石器等（洛阳市文物工作队：《河南省第二荣康医院新院址工地陶窑和汉唐墓葬发掘简报》，《洛阳考古发现［2007］》第361～390页）。

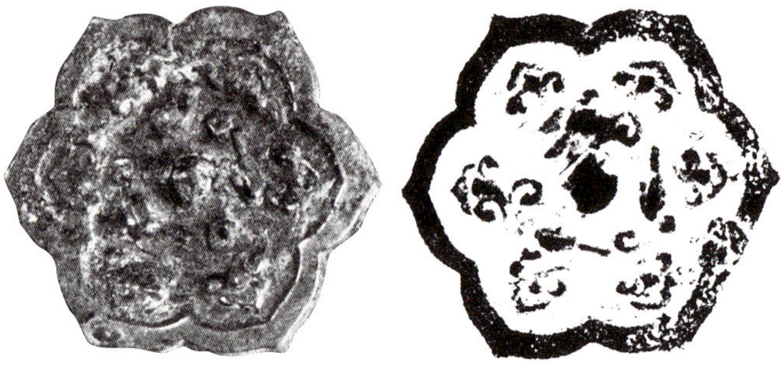

图112　河南省第二荣康医院新院址唐墓C3M690三禽镜（C3M690：10）

35. 洛阳吉利坡底村商住楼工地唐墓C9M2502铜镜

2007年5月，在洛阳市吉利区坡底村商住楼工地发掘唐墓C9M2502，于墓室东北隅、人骨架足端出土铜镜两面。四瑞兽葡萄镜（C9M2502：5），圆形，蛙钮。钮外分为内、外两区，均以缠枝葡萄纹为地纹。内区饰以四只形态各异的瑞兽，外区有八只飞鸟相间环绕。外缘突起。直径10.7、缘厚1.1厘米（图113：3；图版191）。四叶镜（C9M2502：6），八边形，圆钮，中部饰变形四叶纹。直径3、缘厚0.3厘米（图113：1、2）。同出陶器、银钗、铜钱等（洛阳市文物工作队：《洛阳市吉利区坡底村商住楼工地发掘简报》，《洛阳考古发现［2007］》第335～339页）。

36. 洛阳洛龙区计划生育服务站综合楼唐墓M2素面镜

2007年10月，在位于洛阳市关林路南侧的洛龙区计划生育服务站综合楼工地，发掘盛唐墓M2，在墓室西北角清理 1 面素面铜镜（M2：2）。圆形，桥形钮，直径6.5厘米。同出陶器、三彩俑、铁剪、银簪等（洛阳市文物工作队：《洛龙区计生委计划生育服务站综合楼工地唐代墓葬清理简报》，《洛阳考古发现［2007］》第349～354页）。

37. 洛阳中信重机公司唐墓铜镜

2008年12月，在洛阳市涧西区中信重机公司发掘两座盛唐墓。在EM722墓室中部，出土铜镜2面。一面（EM722：4）为菱花形，圆钮，分内、外两区。内区四鹊立于枝头，两鸟之间饰花枝、蜜蜂。外区饰鸿雁展翅，相间饰花枝、蜜蜂。直径11厘米（图版213）。另一面（EM722：5）为菱花形，圆钮，钮外饰花草。直径3.6厘米（图版237）。同出陶器、铜器及银器等14件（组）。

在EM723墓室中部，出土铜镜 1 面（EM723：11）。葵花形，圆钮，分为内、外两区。内区双鸾衔绶，足踏花枝，鸾鸟之间饰两对喜鹊，足踩花枝。外区饰鸿雁展翅，其间饰花枝、蝴蝶。直径31.5厘米

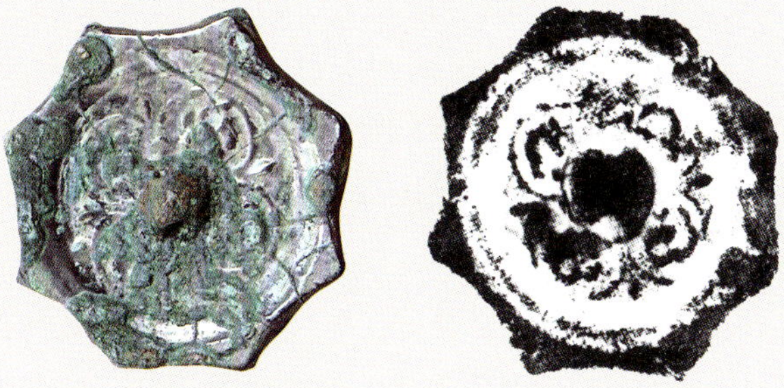

1

2

3

图113　洛阳吉利区坡底村商住楼唐墓C9M2502铜镜

1. 四叶镜（C9M2502：6）　2. 四叶镜（C9M2502：6）正面

3. 四瑞兽葡萄镜正面（C9M2502：5）

（图版219）。同出陶器、铜器、铁器、银器等18件（组）（洛阳市第二文物工作队：《洛阳涧西区唐代墓葬发掘简报》，《文物》2011年第6期）。

38. 洛南新区龙盛小区唐墓M27四瑞兽葡萄镜

2009年10～12月，洛阳市文物工作队在洛南新区龙盛安置小区B区发掘古代墓葬108座。墓葬大部分已被严重盗扰，盛唐墓M27是其中保存完好的一座。四瑞兽葡萄镜 1 面（M27：30），略残，出土于墓室棺内靠头部处。镜为圆形，兽钮，分内、外两区。内区以兽钮为中心，周围有四个对称分布的小瑞兽，瑞兽间有鸟雀或卧或飞，嬉戏于葡萄蔓枝间。外区有鸟雀、蜻蜓分布于葡萄蔓枝间，边缘饰一周花卉。镜面光亮如新。直径11.8、厚1.3厘米（图114）。同出陶瓷器、三彩器、银器、铜器、铁器等（洛阳市文物工作队：《洛南新区龙盛小区B区唐墓M27》，《中国国家博物馆馆刊》2011年第8期）。

39. 洛南新区龙盛小区唐墓M12铜镜

2009年10～12月，在洛阳市洛南新区龙盛安置小区B区发掘中唐墓M12。该墓为带长方形竖穴墓道的土洞墓。墓室内东侧女墓主人骨架头部附近，随葬有宝相花镜 1 面、铜剪刀 1 件，西侧男墓主人骨架头部东端放置葡萄镜 1 面。2 面铜镜均为圆形，圆钮。宝相花镜（M12：11），镜背纹饰分为内、外两圈，外圈为五出菱花，每两瓣菱花间有一朵圆形小花，内圈纹饰和外圈菱花对应为宝相花纹。直径2.8、厚0.42厘米（图115：2）。葡萄镜（M12：10），镜背纹饰分为内、外两区，内区满饰葡萄蔓枝纹，外区有一周圆圈加点纹。直径5、厚0.4厘米（图115：1）。同出三彩器、陶罐、铜剪刀等（洛阳市文物工作队：《洛南新区龙盛小区唐墓M12发掘简报》，《中原文物》2012年第5期）。

图114　洛南新区龙盛小区唐墓M27四瑞兽葡萄镜（M27：30）

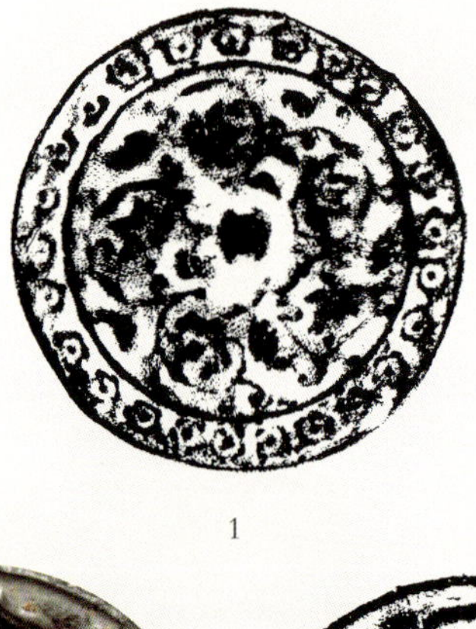

1

2

图115　洛南新区龙盛小区唐墓M12铜镜
1. 葡萄镜（M12：10）　2. 宝相花镜（M12：11）

40. 洛阳惠鑫置业有限责任公司唐墓四兽镜

2010年7～8月，为配合洛阳惠鑫置业有限责任公司建设，在洛南新区香山路南侧、广利街西侧发掘唐墓50座。清理出四兽镜 1 面（图116），圆形，圆钮，花瓣纹钮座。绕钮饰以四兽、花卉纹、联珠纹缘。同出陶瓷器、铜钱等（潘海民：《洛阳惠鑫置业有限责任公司唐代墓葬与陶窑》，《洛阳市文物工作队考古年报［2010］》，2011年，第24、25页）。

图116　洛阳香山路南侧唐墓四兽镜

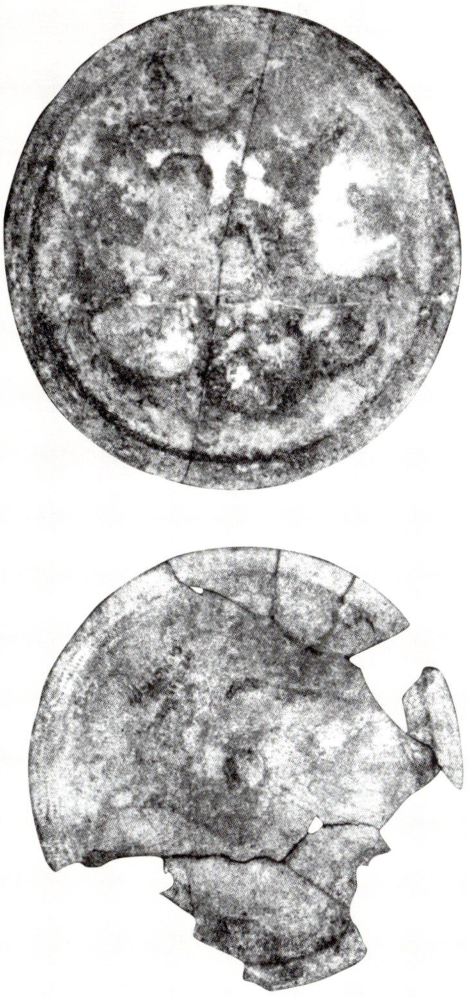

图117　洛阳邙山十五局五处后梁高继蟾墓素面镜

（三）五代

1. 洛阳邙山十五工程局五处后梁开平三年高继蟾墓素面镜

1986年7月，在位于洛阳北郊邙山南麓铁道部十五工程局五处工地，发掘出后梁开平三年（909年）高继蟾墓。墓室西北角放置2面素面镜。圆形，无纹。直径分别为22、17.6厘米（图117）。镜面均遗留有同心圆纹的草编物痕迹，推测为装铜镜的草编物遗痕。同出陶瓷器、铜器、铁器及墓志一合（洛阳市文物工作队：《洛阳后梁高继蟾墓发掘简报》，《文物》1995年第8期）。

2. 洛阳铁路分局指挥部住宅南楼后周墓C8M972莲花镜

1992年9月，在洛阳铁路分局指挥部住宅南楼工地发掘一座后周墓C8M972。墓室中部放置有铜镜、铜钱及瓷碗等。莲花镜（C8M972：6），圆形，小钮。环钮饰一周联珠纹，其外饰莲花纹一周。宽平素缘。直径8.8厘米（图118）。同出陶瓷器、铁券、石盒及开元通宝、周元通宝铜钱等（洛阳市文物工作队：《洛阳发现一座后周墓》，《文物》1995年第8期）。

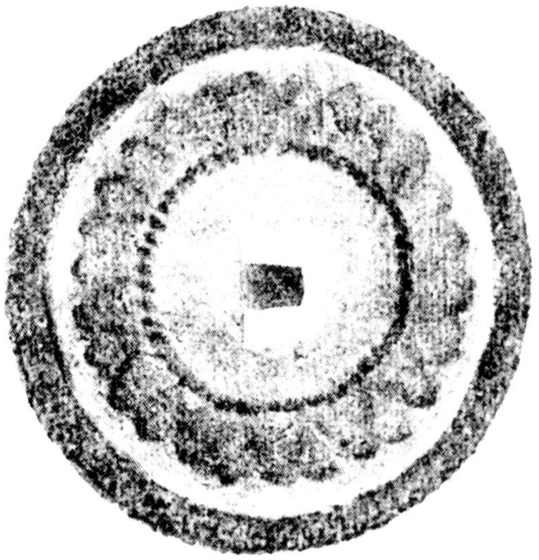

图118　洛阳铁路分局后周墓C8M972莲花镜（C8M972：6）

3. 洛阳龙盛小区五代墓M4539四花镜

2009年9～12月，在位于洛阳市洛南新区伊洛路和通济路交叉路口东北角的龙盛安置小区B区，清理出五代墓M4539。出土铜镜 1 面（M4539：4），圆形，桥形钮，镜背饰两两相对的四朵大花，镜体较薄。直径11.8厘米（图版279）。同出陶罐、瓷碗、石砚、铜印章、铜钱等8件（洛阳市文物考古研究院：《洛阳龙盛小区两座小型五代墓葬的清理》，《洛阳考古》2013年第2期）。

4. 洛阳龙盛小学五代壁画墓C7M5722双凤镜

2012年2～7月，在位于洛阳市洛龙新区关林大道与金城寨街西南的龙盛小学院内，发掘出五代壁画墓C7M5722。出土铜镜 1 面（M5722：2），圆形，半球形钮，双凤首尾相接。宽平素缘。直径9.4厘米（图版278）。同出铜熏炉、铜泡钉、铜锁、铜簪、铜钱、铁犁铧等（洛阳市文物考古研究院：《洛阳龙盛小学五代壁画墓发掘简报》，《洛阳考古》2013年第1期［创刊号］）。

五、宋金元明铜镜

1. 洛阳16工区宋墓素面镜

1955年7～10月，在洛阳市涧西16工区发掘90座古墓。其中，北宋晚期墓15、16出土素面镜 2 面（河南省文物工作第二队：《洛阳涧西16工区发掘简报》，《考古通讯》1957年第3期）。

2. 汉魏洛阳故城灵台基址宋墓铜镜

1974年11月，发掘汉魏洛阳故城南郊灵台中心高台西侧第二层平台上的两间内室建筑，有一宋墓打破墙基及夯土。该墓为南宽北窄的长方形墓穴，人骨架头部左侧放置 1 面带柄铜镜（74HNLM1：03）。六出菱花形，最下端菱花接扁长方柄。中心部分有一些不规则的小圆点，应是镜背镶嵌物质脱落所致。镜通长15、菱花镜面宽8.4、厚0.4厘米（图119）。同出黑釉瓷盂、豆青釉瓷盘、铜兽及铜棋子等（中国社会科学院考古研究所：《汉魏洛阳故城南郊礼制建筑遗址》，文物出版社，2010年，第45页，图28：1，图版三二：1）。

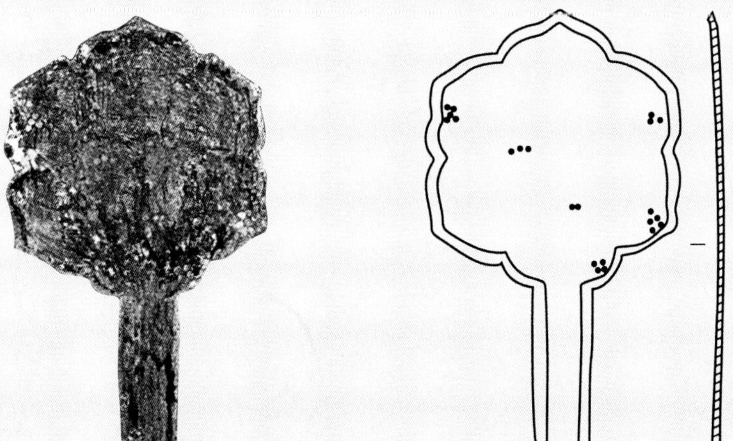

图119　汉魏洛阳故城灵台基址北宋墓M1有柄镜（M1：03）

3. 洛阳省建三公司宋墓M5692铭文镜

1997年7月，在洛阳市西工区配合河南省第三建筑工程公司第67号住宅楼基建工程，清理宋墓M5692。墓室南部棺外放置1面铜镜（M5692：2）。八出葵花形，小桥形钮。钮侧有铭文。直径14.7、厚0.3厘米。同出瓷罐、象棋子、金耳环、铜簪及铜钱等（洛阳市文物工作队：《洛阳市西工区5692号北宋墓》，《中原文物》2002年第3期）。

4. 洛阳龙泉沟邙山北宋壁画墓IM235铜镜

1990年4～8月，在洛阳龙泉沟以西、龙泉新村铁路医院正北的邙山岭地上，发掘北宋晚期壁画墓IM235。从室内淤土上层的清理物来看，墓顶用一圆形砖砌堵，其上悬挂铜镜。悬挂方法为镜钮穿两股铁鼻，铁鼻穿透墓顶心圆砖后用铁钉卯插固定，镜与砖间用白灰抹平黏合。

铜镜4面。其中，圆形铜镜2面。有一面（IM235：19）出于骨架右臂肱骨内侧。桥形钮，镜背外区由斜立线分为12格，格内分别铸生肖像，内区相应铸十二地支文字。直径5.3厘米（图120：1）。镜面、镜背均残存布纹痕迹。另一面（IM235：1）为悬挂之镜。球形钮，背宽平缘，缘、钮之间铸凸起的云龙纹，龙首有角，龙体蟠曲，四足，足三爪。直径24.6厘米（图120：2）。钮孔内存有已残断的挂镜铁鼻，镜背及缘面残留白灰痕迹。

有柄镜1面（IM235：24），花形，出于人骨架左小腿骨上。镜背铸双龙纹，周围饰水波纹。宽素缘。柄上窄下宽，背铸莲花纹。铜面高11、宽10、体厚0.5厘米，柄长9、宽3厘米（图121：1）。镜背有黑色布纹痕迹，布纹外还有植物纤维。

1

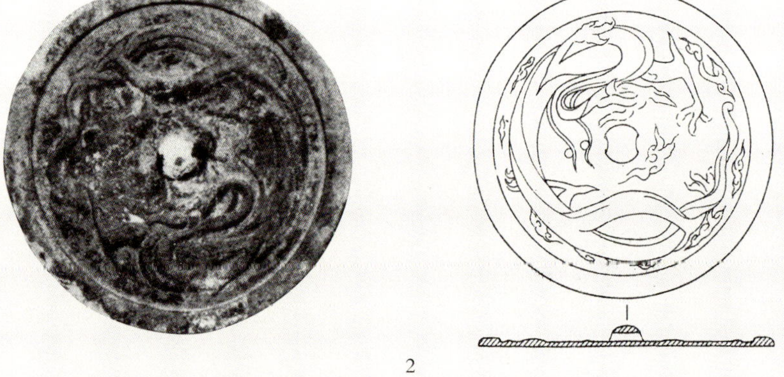

2

图120　洛阳龙泉沟邙山北宋墓IM235铜镜

1. 十二生肖镜（IM235：19）　2. 云龙镜（IM235：1）

图121　龙泉沟邙山北宋墓IM235铜镜

1. 双龙有柄镜（IM235：24）　2. 湖州镜（IM235：25）

方形镜 1 面（IM235：25），叠压在有柄镜之上。长方形，镜背三角缘，背部正中有长方形框，内铸镜铭“湖州真正石囗炼铜照子”2行10字，竖行，已剥蚀。镜面银白光亮。长11.9、宽8.2、厚0.2、缘厚0.3厘米（图121：2）。同出金饰件、银器、瓷器、珍珠等（洛阳市第二文物工作队：《洛阳邙山宋代壁画墓》，《文物》1992年第12期）。

5. 洛阳老城北大街住宅小区北宋洛阳监护城壕遗址铜镜

1999年5～6月，在洛阳老城西北隅办事处北大街住宅小区院内，发现一段北宋西京洛阳监护城壕遗迹。在发掘探方T153第一层近现代层时，出土铜镜6面，均为桥形钮。

瑞兽葡萄镜（T153①：35），圆形。其外一周为瑞兽，兽之间夹饰葡萄纹和蔓草纹。兽外侧为内、外两周凸棱，其间夹饰浮雕瑞兽，最外一周凸棱的内斜面上饰一周蔓草纹。直径14、缘厚1.3厘米。

人物镜（T153①：15），圆形。镜钮侧旁有三人和树。直径7.4、缘宽0.6、厚0.35厘米。

云纹镜（T153①：17），圆形。钮外为一周椭圆形纹饰，再外一周为云纹。直径6.6、缘宽0.2、厚0.5厘米。

葵口镜，3面，钮外有多种纹样。标本T153①：18，钮外有两周凸棱。内周凸棱外侧有隶书“福寿家门”铭文，铭文间隔处饰“米”字纹；外周凸棱外侧有“清素传家，永用宝鉴”小篆铭文。最大径14.3、缘宽0.3、厚0.4厘米（中国社会科学院考古研究所洛阳唐城队：《北宋西京洛阳监护城壕的发掘》，《考古》2004年第1期）。

6. 洛阳王城花园北宋折枝牡丹镜

2003年2～6月， 在洛阳市西工区西小屯村北王城花园住宅小区工地发掘了一批战国墓。在发掘过程中，于距地表约 2 米处出土牡丹纹铜镜与牡丹双狮座三彩枕各 1 件。三彩枕面向上，枕下压着 1 面折枝牡丹纹铜镜，镜体表面有一层织物痕迹，由此推测铜镜应被织物所包裹。镜作圆形，圆钮，已残。葵花形重瓣钮座。座外环饰折枝牡丹花四朵，S形枝叶屈伸柔美，每个枝头有一朵硕大、盛开的单瓣型牡丹，双层花瓣，一仰一俯。花枝外饰一周联珠纹及两圈纤细的弦纹带。宽平素缘，宽1.1～1.2厘米。直径12、缘厚0.2厘米，重119克（图版281）。铜镜纹饰为浅浮雕，线条纤细，花朵微凸。由于翻模、铸造等工艺技术水平的影响，有两朵牡丹花瓣刻画精细，质感较强，另外两朵花瓣略显模糊，不甚清晰（霍宏伟：《洛阳王城花园出土宋代器物》，《文物》2003年第12期）。

7. 洛阳定鼎门遗址西侧金元墓四叶纹镜

1998年，在发掘隋唐洛阳外郭城正南门定鼎门遗址西侧城墙上层时，清理一座金元时期墓葬。出土铜镜1面（98LTLT11①DM1：6）。正面较平，锈蚀。背面正中有鼻形钮，钮外饰四瓣草叶纹，再外饰一周联珠纹。镜缘为连弧状花边。直径10.4、厚0.4厘米（中国社会科学院考古研究所、洛阳市文物工作队：《定鼎门遗址发掘报告》，《考古学报》2004年第1期）。

8. 洛阳隧道工程局明代徐道及孺人合葬墓素面镜

1984年2月，在铁道部洛阳隧道工程局发掘明代太医院吏目徐道及孺人魏氏合葬墓。墓室棺内外出土铜镜5面，形制相同，均为素面镜。圆形，圆钮，钮外中部饰凸弦纹一周，宽平素缘，仿唐代重轮素面镜形制。C8M108：7，直径15.7、缘厚1.5厘米（图122）；C8M108：10，直径9.4、缘厚1.2厘米；C8M108：11，直径9.3、缘厚0.6厘米；C8M108：12，直径7.3、缘厚0.7厘米；C8M108：13，直径5.4、缘厚0.7厘米。同出瓷器、铜钱、石墓志等。据墓志可知，该墓为明代万历四十二年墓（1614年）（洛阳市文物工作队：《洛阳两座明代官吏墓的发掘》，《中国国家博物馆馆刊》2012年第4期）。

图122　洛阳隧道工程局明代徐道及孺人合葬墓素面镜（C8M108：7）

附录　《洛阳出土石刻时地记》有关铜镜资料

曹魏鲍寄神座："民国十二年（一九二三年）阴历四月，洛阳城东北杨坟村北出土。寄与捐为兄弟，鲍寄座出东，鲍捐座出西，相距五步。鲍寄座稍逊于捐。并出土有铜镜、陶器，上带银片。"（郭培育、郭培智主编《洛阳出土石刻时地记》，大象出版社，2005年，第5页）

西晋元康三年（293年）阳平乐生柩记："民国十二年（一九二三年）六月十二日，洛阳城东十五里陈家村东南出土。志约二寸见方，文曰：'元康三年八月十七日，阳平乐生年七十物故'，共十八字。外附柩记砖一，题大字云：'阳平乐生之柩'，共六字，均隶书。同时出土小铜镜一件。"（《洛阳出土石刻时地记》第7页）

汉骨卜筹八根："民国十六年（一九二七年）冬，洛阳故城东北隅，翟泉镇北小冢内出土，另有铜镜、陶器，初为翟泉镇东门内吕姓所得，后以卅元归玉堂宗弟玉润，北平图书馆月刊谓卫辉出土，误。"（《洛阳出土石刻时地记》第72页）

北宋嘉祐七年（1062年）焦世昌夫人张氏墓志："民国十八年（一九二九年），洛阳西北冢头村出土。并出铜镜一件，瓷器数件，售价千元。"（《洛阳出土石刻时地记》第420页）

北宋宣和四年（1122年）苻世表墓志："洛阳北十八里凤凰台村西北，与夫人赵氏墓志同时同地出土，并出小瓷器数件，铜镜一件，共售数百元。"（《洛阳出土石刻时地记》第437、438页）

明代弘治八年（1495年）陆礼墓志："民国十七年（一九二八年）七月廿七日，洛阳北五里魏元怿墓冢西出土。为朱龙咀村人挖掘。并出铜镜一件，瓷砚台二件，酒壶一件。"（《洛阳出土石刻时地记》第440页）

笔者按：因《洛阳出土石刻时地记》所载唐墓出土铜镜数量较多，种类丰富，故依初唐、盛唐、中唐、晚唐顺序列表记述，置于文末。

表一 《洛阳出土石刻时地记》初唐墓出土铜镜一览

志主姓名	墓志年代	出土时间	出土地点	出土器物	页码
杨伯陇	永徽三年	1923	北窑村东北	铜镜1面，陶器60件	94
盖夫人	永徽三年	1932	十里铺村	金壳镜2面	94
孙夫人	永徽三年		北窑村东，瀍水东岸	小铜镜1面，陶器20件	95
霍夫人	显庆二年	1925	前海资村西	铜镜1面和小陶俑数件	108
洛州河南县成师	显庆三年	1942	魏家凹村北	葡萄镜1面，陶器数十件	110
并州司兵张义	显庆四年	1930	后海资村	铜镜1面，陶器数件	112
任夫人	龙朔元年	1928	北陈庄村	铜镜2面，其中1件为银壳镜，陶器数十件	118
太原王孝义	龙朔元年	1936	后海资村	铜镜1面，陶器10件	120
侯子夫人郭氏	龙朔三年	1931	南石山村	方形铜镜1面，铸造甚精。所出陶器均已残破	123
陪戎尉王德妻鲜于	麟德元年	1927	望朝岭村	铜镜1面	126
洛州仇夫人	麟德二年	1934	马沟村	铜镜1面，武士俑、骆驼、镇墓兽各2件，彩绘陶马一对等共计40余件	130
董师	乾封元年	1928		金壳铜镜1面，银盒1件等	131
何摩诃	调露二年	1928	徐村北地	并出铜镜和陶器	155
亡宫八品	文明元年	1936		铜镜1面，陶器较次	160
合　计	14座墓，铜镜16面				

注：凡文中未言明铜镜数量者，均以1面计算，下同。

表二 《洛阳出土石刻时地记》盛唐墓出土铜镜一览

志主姓名	墓志年代	出土时间	出土地点	出土器物	页码
洛州偃师县令高安期	光宅元年		杨凹村南	金壳铜镜 1 面，所出陶器和三彩器数百件	161
樊氏六娘七娘九娘	垂拱三年	1929	庄王山村西南	铜镜 2 面	164
高安县封明府夫人崔柔仪	垂拱四年	1925	游王庄村	金壳镜 1 面，同出三彩器和陶器均为珍品	165
孙澄	天授元年	1928	大马村	铜镜 1 面，三彩器数件	168
常州司法参军柳崇约太夫人杜氏	天授二年	1933	伯凹村	金壳铜镜 1 面，同出三彩器和陶器	168
夫人任氏	天授二年	1924	前海资村	银壳铜镜 1 面，所出陶器劣下	170
公讳隐及夫人王氏	长寿二年	1930	大马村	铜镜 1 面和陶器等	173
王氏刘夫人	长寿二年	1925	南陈庄村东地	并出三彩器、陶器共60件，漆灰铜镜甚精	175
瀛洲文安县令王周夫人薛氏	万岁通天二年		白鹿庄村南	并出陶器、三彩器30件，其中有螺钿镜1面，工艺精湛	179
司礼寺主簿赵睿	万岁通天二年	1930	营里村	并出陶器、铜镜等	180
宣德郎张仁师夫人关氏	万岁通天二年		水泉村	并出铜镜 1 面，陶器数件	181
清河县开国子崔玄藉	圣历二年		卢家村与营里村之间	并出金壳铜镜1面，另有鎏金银盒、陶器等	184
鼎州泾阳县尉杜君夫人赵氏	圣历二年	1931	南石山村北地	并出三彩器、陶器、铜镜等	186
武骑尉张大酺段夫人	久视元年	1931	前李村	并出铜镜 2 面，一大一小，另出三彩器、陶器等	191
右金吾胄参军沈君夫人朱氏	神龙二年	1936	南陈庄村	同出银镜 1 面，另有银盒、陶器等	201
王行果	景龙三年	1933	后洞村	葡萄铜镜 1 面，陶器16件	205
夫人长孙氏	先天元年		北窑村瀍水西岸	铜镜 2 面，其中一件为漆灰铜镜	210
豳府士曹参军孟裕	开元三年	1933	营庄村西	银壳子铜镜 1 件	213
并州孟县令崔哲夫人源氏	开元三年	1925	伯凹村	并出三彩二全套，金壳铜镜1面	214
管城县令杨琎	开元八年	1921	杨凹村东	石翁仲一对，葡萄镜 1 面，大而精	222
晋州霍邑县令杨纯	开元九年		上店村	同出大铜镜1件，表面嵌金丝	223
楚州刺史邓府君夫人王氏	开元十三年	1925	张阳村	铜镜、陶器等50余件	234

续表

志主姓名	墓志年代	出土时间	出土地点	出土器物	页码
前卫尉卿张滂夫人郭氏	开元十四年	1927	山岭头村南凹	葡萄铜镜1面，并出三彩陶器	236
太原王晓故夫人崔氏	开元十四年	1920	十里铺村北	三彩陶器10件，铜镜 2 面	237
洛阳县录事吕君夫人李氏	开元十九年	1924	卢村	金壳镜1面	247
蒲州永安府左果毅都尉崔泽夫人张氏	开元廿二年		游王庄村西南	金壳铜镜 1 面，陶器数十件	256
尚辇直长崔嘉祉	开元廿二年	1936	伯乐凹村	三彩陶器20件，铜镜 1 面	257
蔚州刺史王元琰	开元廿七年	1936	上店村	铜镜 2 面，蓝彩及双龙尊、陶器等	265
合 计	28座墓，铜镜33面				

表三 《洛阳出土石刻时地记》中唐墓出土铜镜一览

志主姓名	墓志年代	出土时间	出土地点	出土器物	页码
饶州鄱阳县尉李公之女	天宝元年		十里头村	铜镜 2 面	273
上殇姚氏	天宝元年	1928	后李村瀍水西岸	铜镜 1 面，径8寸	273
处士皇甫政	天宝三年		老仓凹	铜镜 1 面，径大	275
邕府都督陆思本夫人元氏	天宝三年		后李村	铜镜、陶器等	276
丹阳郡陶元钦王夫人	天宝七年	1929	拦驾沟村	铜镜 1 面，三彩、陶器20件	284
新定郡遂安县尉李府君夫人崔氏	天宝八年		史家湾村北地	陶器数十件，大铜镜 1 面，极精	284
西河郡平遥县尉慕容夫人源氏	天宝九年	1928	百乐凹村	银壳铜镜 1 面	287
姚氏	天宝九年		老仓凹村	铜镜 1 面	288
清河郡房光庭	天宝十年	1927	小梁村	陶器数件，铜镜 1 面	288
清河房有非	天宝十年	1927	南陈庄村	陶器20件，大、小铜镜各 1 面	289
南充郡司马高琛夫人杜氏	天宝十年	1925	营庄村	金壳铜镜	290
衢州别驾王守质	大历六年	1921	白鹿庄村	陶器600件，铜镜 2 面	307
连州桂阳县主簿杜佚夫人李氏	大历九年	1936	左寨沟村	银壳铜镜 1 面，随出白胎陶器数件	309
试大理评事郑公夫人卢氏	贞元十一年	1920	半坡村	三彩约200件，金壳子镜 1 面	321
金州刺史郑公夫人卢氏	贞元十二年	1918	半坡村	陶器、铜镜	321
东平吕秀、夫人霍氏	贞元十四年	1927	十里铺村	并出三彩、陶器及铜镜等	324
山南东道节度使嗣曹王李皋	贞元十五年	1931	营庄村北	金壳镜、三彩十大件及小品百件	324
蓝田县尉孙婴幼女	贞元十八年	1929	北陈庄村南	金壳镜1面	328
和州香林府折冲都尉陶英夫人张氏	贞元十九年	1926	史家湾村	陶器60件，铜镜 2 面	329
合　计	19座墓，铜镜23面				

表四 《洛阳出土石刻时地记》晚唐墓出土铜镜一览

志主姓名	墓志年代	出土时间	出土地点	出土器物	页码
清河崔税十六女	元和元年	1930	小梁村	三彩器16件，小铜镜 1 面及陶器数件	331
左屯营进奏判官杨择文	元和元年	1930	北窑村北	铜镜 1 面，陶器20件	332
郑氏嫡长	元和十一年		半坡村	并出铜镜甚精	337
仓曹参军郑公夫人李氏	元和十四年	1933	半坡村	铜镜 1 面，陶器和陶俑等	340
东都留守崔弘礼	太和五年	1925	左寨沟村	金壳铜镜1面，三彩十大件，马上人20件，共百余件	349
前州海陵县令刘尚宾夫人卢氏	太和五年	1924	小梁村	铜镜3面，陶器20件	350
试太常寺太祝卢直妻崔夫人	太和六年	1929	小梁村	铜镜、三彩马上人等	351
冀州阜城县令郑府君夫人崔氏	太和六年		伯乐凹村	金壳子镜 1 面，陶器百件	351
宣威将军苏恩夫人卢氏	会昌元年	1933	冢头村	铜镜 1 面，银盒 1 件	361
荥阳郑琼	会昌元年	1936	南石山村	铜镜 1 面	361
左藏库出纳李公妻卢氏	会昌四年	1929	大杨树村北地	铜镜、陶器	365
东都留守崔弘礼小女迁	大中元年	1935	左寨沟村	小铜镜 1 面，镜表面有漆灰，镶有鱼骨	367
京兆韦氏夫人张氏	大中二年	1928	刘家坡村南	小铜镜 1 面，同出陶器不精	368
京兆韦氏室女都娘子都师	大中十年		杨凹村南地	铜镜 1 面，工艺精美	377
泗州司仓参军刘府君夫人张氏	大中十一年	1922	李营村	铜镜 1 面	377
河南府河南县令杨松年	大中十二年	1936	南石山村	铜镜 1 面	378
陇西李钧长女招儿	咸通二年	1929	许家咀村	铜镜 1 面	380
泗州下邳县尉郑君夫人崔琪	咸通二年	1934	半坡村	金壳铜镜 1 面，陶器及陶俑	380
宋州砀山县令郑纪卢氏夫人	咸通二年	1928	半坡村	铜镜 2 面，其中 1 面甚精，陶器300件	381
范阳卢夫人	咸通三年	1935	解坡村	小铜镜 1 面，陶器20件	382
前慈州太守谢观夫人李紘	咸通六年	1926	刘家坡村西	铜镜、陶器、陶俑等，制作均精	385
前申州刺史崔揆侧室上党樊氏	咸通十年		南石山村	并出铜镜 2 面，陶器不精	388
京兆少尹御史中丞苗绅	咸通十五年	1928	小梁村	铜镜1面，马上人一对	393

续表

志主姓名	墓志年代	出土时间	出土地点	出土器物	页码
振武观察支使崔茂藻	乾符二年	1936	张杨村	小铜镜 1 面	393
卢陟室女乐娘	乾符五年	1929	小梁村	铜镜 1 面	396
兵曹参军刘思友夫人王氏	乾符六年	1930	凤凰台村	铜镜、三彩陶器等	396
合 计	26座墓，铜镜30面				

表五 《洛阳出土石刻时地记》唐墓出土铜镜统计

分期	墓葬数量（座）	铜镜数量（面）
初唐	14	16
盛唐	28	33
中唐	19	23
晚唐	26	30
合计	87	102

参考文献

一、历史文献

（汉）班固撰：《汉书》，中华书局，1987年。
（汉）刘珍等撰、吴树平校注：《东观汉记校注》，中华书局，2008年。
（后晋）刘昫等撰：《旧唐书》，中华书局，1975年。
（晋）陈寿撰：《三国志》，中华书局，1975年。
（南朝宋）范晔撰：《后汉书》，中华书局，1987年。
（清）顾祖禹撰，贺次君、施和金点校：《读史方舆纪要》，中华书局，2008年。
（清）徐松辑、高敏点校：《河南志》，中华书局，1994年。
（宋）乐史撰、王文楚等点校：《太平寰宇记》，中华书局，2007年。
（宋）李昉等撰：《太平御览》，中华书局影印本，1963年。
（唐）杜佑撰、王文锦等点校：《通典》，中华书局，1988年。
（唐）房玄龄等撰：《晋书》，中华书局，1974年。
（唐）李吉甫撰、贺次君点校：《元和郡县图志》，中华书局，2008年。
（唐）欧阳洵撰、汪绍楹校：《艺文类聚》，上海古籍出版社，1985年。

二、考古发掘资料

河南省文化局文物工作队第二队：《洛阳晋墓的发掘》，《考古学报》1957年第1期。

河南省文化局文物工作队第二队：《洛阳16工区76号唐墓清理简报》，《文物参考资料》1956年第5期。

河南省文化局文物工作队：《一九五五年洛阳涧西区小型汉墓发掘报告》，《考古学报》1959年第2期。

洛阳博物馆：《洛阳关林唐墓》，《考古》1980年第4期。

洛阳博物馆：《洛阳战国粮仓试掘纪略》，《文物》1981年第11期。

洛阳区考古发掘队：《洛阳烧沟汉墓》，科学出版社，1959年。

洛阳师范学院河洛文化国际研究中心编：《洛阳考古集成·补编》，北京图书馆出版社，2007年。

洛阳师范学院河洛文化国际研究中心编：《洛阳考古集成· 秦汉魏晋南北朝卷》，北京图书馆出版社，2007年。

洛阳师范学院河洛文化国际研究中心编：《洛阳考古集成·隋唐五代宋卷》，北京图书馆出版社， 2005年。

洛阳师范学院河洛文化国际研究中心编：《洛阳考古集成·夏周商卷》，北京图书馆出版社，2005年。

洛阳市第二文物工作队：《洛阳邙山战国西汉墓发掘报告》，《中原文物》1999年第1期。

洛阳市第二文物工作队：《洛阳五女冢267号新莽墓发掘简报》，《文物》1996年第7期。

洛阳市文物工作队编：《洛阳考古发现（2007）》，中州古籍出版社，2009年。

洛阳市文物工作队：《洛阳关林镇唐墓发掘报告》，《考古学报》2008年第4期。

洛阳市文物钻探管理办公室、洛阳师范学院河洛文化国际研究中心编：《洛阳考古集成·补编》（二），北京图书馆出版社，2010年。

赵国壁：《洛阳发现的波斯萨珊王朝银币》，《文物》1960年第8、9期。

中国科学院考古研究所洛阳发掘队：《洛阳西郊汉墓发掘报告》，《考古学报》1963年第2期。

中国科学院考古研究所：《洛阳中州路（西工段）》，科学出版社，1959年。

中国社会科学院考古研究所：《汉魏洛阳故城南郊礼制建筑遗址》，文物出版社，2010年。

中国社会科学院考古研究所河南二队：《河南偃师县杏园村的四座北魏墓》，《考古》1991年第9期。

中国社会科学院考古研究所洛阳唐城队：《1984至1986年洛阳市区汉晋墓发掘简报》，《考古学集刊》第七集，科学出版社，1991年。

中国社会科学院考古研究所：《偃师杏园唐墓》，科学出版社，2001年。

朱亮：《洛阳30号墓出土的三角缘画像镜》，《华夏考古》1994年第3期。

三、文物图录

孔祥星、刘一曼主编：《中国铜镜图典》，文物出版社，1992年。

洛阳博物馆编：《洛阳出土铜镜》，文物出版社，1988年。

洛阳市文物管理委员会编：《洛阳出土古镜》（两汉部分），文物出版社，1959年。

中国青铜器全集编辑委员会编：《中国青铜器全集》第16卷《铜镜》，文物出版社，1998年。

中国社会科学院考古研究所：《中国社会科学院考古研究所考古博物馆洛阳分馆》，文化艺术出版社，1998年。

周剑曙、郭宏涛主编：《偃师文物精粹》，北京图书馆出版社，2007年。

四、著 作

程林泉、韩国河：《长安汉镜》，陕西人民出版社，2002年。

郭培育、郭培智主编：《洛阳出土石刻时地记》，大象出版社，2005年。

[加]怀履光：《洛阳故城古墓考》，上海别发印书馆，1934年（William Charles White, Tombs of Old Lo-Yang, Kelly & Walsh, Limited Shanghai, 1934）。

孔祥星、刘一曼：《中国古代铜镜》，文物出版社，1984年。

洛阳市地方史志编纂委员会编：《洛阳市志》第14卷《文物志》，中州古籍出版社，1995年。

南阳市文物考古研究所：《南阳出土铜镜》，文物出版社，2010年。

[日]梅原末治：《增订洛阳金村古墓聚英》，京都小林出版部，昭和十九年（1944年）。

王仲殊：《中日两国考古学·古代史论文集》，科学出版社，2005年。

张勋燎、白彬：《中国道教考古》6，线装书局，2006年。

五、论 文

程永建：《洛阳出土铁镜初步研究》，《华夏考古》2011年第4期。

程永建、张翠玲：《洛阳唐代有铭铜镜综述》，《洛阳考古》2013年第1期（创刊号）。

高西省：《洛阳出土的透雕夹层铜镜及相关问题》，《中国历史文物》2003年第4期。

高西省、杨国庆：《洛阳出土战国特种工艺铜镜及相关问题研究》，《中原文物》2007年第5期。

霍宏伟：《洛阳金村出土铜镜述论——为金村大墓发现七十周年而作》，洛阳市文物局、洛阳博物馆编：《洛阳博物馆建馆四十周年纪念文集（1958～1998）》，科学出版社，1999年。

孔祥星：《略论中国古代人物镜》，《文物》1998年第3期。

李随森：《洛阳“仁寿镜”年代试析》，洛阳市文物局编《耕耘论丛（一）》，科学出版社，1999年。

刘一曼：《试论战国铜镜的分区》，《考古》1985年第11期。

徐殿魁：《唐镜分期的考古学探讨》，《考古学报》1994年第3期。

徐苹芳：《三国两晋南北朝的铜镜》，《考古》1984年第6期。

徐苹芳：《中国魏晋时期的铜镜》，收入《中国历史考古学论丛》，台北允晨文化实业股份有限公司，1995年。

张懋镕：《试论洛阳发现的三角缘神兽镜》，《中国文物报》2006年12月22日。

后记

这是一段漫长、曲折的编书旅程。发端于1996年，完成于2013年，历经17年。终于，梦想要变成现实了，曾经为编撰本书辛勤劳动的人们似乎有一种如释重负的感觉。酷暑夏日，每天背着一摞子沉甸甸的校样，往来穿梭于办公室和家之间。在夜深人静校稿疲惫之余，情不自禁萌发出一种农夫忙碌劳作之后将要收获的喜悦和满足，还有回首往昔岁月的不胜感慨。

1996年夏季，洛阳市第二文物工作队学者与日本学者合作，收集铜镜资料，计划编写、出版《洛阳铜镜研究》一书，当时此事由蔡运章、史家珍负责，由于种种原因未能如愿。后因蔡先生研究甚忙，无暇顾及，将此事全权交于史家珍。他与龙门石窟研究院张翠玲、河南省国资委研究员代国祥（已故）一起，对全部资料梳理一遍，构成此书基本框架。

2010年11月，曾参与此书编撰的中国国家博物馆霍宏伟重新加入到编写组之中，开始着手对这批资料进行整理，从新中国成立以来洛阳考古发掘报告、简报中检索有关铜镜资料，撰写《洛阳出土铜镜资料长编》，作为本书下编，以利于学者研究、探讨，并决定将书名改为《洛镜铜华——洛阳铜镜发现与研究》。2011年12月，史家珍委托刁淑琴补写“隋唐五代铜镜”部分内容。2012年11月，在孔祥星先生的建议下，将原初稿中收录的110余面民间藏镜资料全部删除，由霍宏伟、刁淑琴增补考古发掘资料，主要包括洛阳烧沟汉墓、洛阳西郊汉墓、洛阳西晋墓、偃师杏园唐墓等具有断代标尺意义的出土铜镜资料。2012年12月至2013年5月，洛阳市文物考古研究院程永建、赵晓军、马毅强、方莉、李慧君等作为骨干力量充实到编写队伍中来，陆续补充了馆藏110面铜镜及其他部分发掘品资料。

本书由霍宏伟、史家珍担任主编，负责全书的体例、框架设计，撰写目录、凡例、总论、附录、后记。前期初稿由史家珍、张翠玲合作完成。在后期铜镜资料的修改、补充阶段，由数人分段负责，大体分工如下。战国铜镜：霍宏伟；两汉铜镜：程永建、马毅强、方莉；魏晋北朝铜镜：赵晓军；隋唐五代铜镜：刁淑琴；宋金元明铜镜：李慧君。最后由程永建、霍宏伟统稿，史家珍审阅定稿。前期铜镜摄影高虎，制拓杨爱荣、岳梅；后期摄影蔡梦珂，制拓江化国、李光夫、王腾飞、屈红国。为了提高本书图版质量，副主编程永建不辞劳苦，想方设法，收集到数十幅珍贵的洛阳出土铜镜彩色照片，并让人重新制作了部分铜镜拓本。

作为本书作者，我们尽可能做到以下三点：出土铜镜资料的科学性，文字记述的准确性，洛阳铜镜内涵的完整性。需要说明的是，现在这本书的面貌与17年前的设想已有较大不同。20世纪90年代收集的铜镜资料，不仅有考古发掘品，也有民间藏品，多为黑白照片。目前本书收录的大部分是新中国成立以来洛阳地区考古发掘出土的铜镜资料，以彩色图版为主，较为全面、系统地反映了1952年以来洛阳铜镜考古发现的成果。为了确保洛阳铜镜资料的完整性，本书还选取了少量民国时期洛阳金村战国墓出土铜镜资料，因采用图版的出版物年代久远，图片质量略有欠缺。

在本书编写过程中，一些专家、学者给予了大力支持。承蒙洛阳市文物考古研究院蔡运章先生，龙门石窟研究院顾彦芳女士，中国国家博物馆孔祥星、铁付德、黄燕生、李维明、冯先三先生，文物出版社葛承雍先生，四川大学黄伟先生，中国社会科学院考古研究所常怀颖博士，北京大学陈灿平博士，成都博物院苏奎博士，香港中文大学代丽鹃博士，四川美术学院秦臻博士，《中国摄影》杂志社郑虹女士，沐烟堂设计工作室赵向前先生等提出诸多有益的意见和建议。特别是孔祥星先生能够站在铜镜研究学术前沿的高度，对书稿提出指导性修改意见，并拨冗赐序。书法家张建京先生为本书题签，字体仿自洛阳出土中国最早纪年镜西汉永始二年四神博局镜铭文风格。加拿大皇家安大略省博物馆沈辰博士，中国社会科学院考古研究所徐殿魁、季连琪先生，《文物》编辑部李缙云先生，上海博物馆徐汝聪女士，河南省文物考古研究院李占扬先生，洛阳博物馆高西省先生、张玉芳女士，洛阳市文物考古研究院商春芳、侯秀敏、褚卫红、李红女士，屈昆杰、周立、潘付生、程召辉、潘海民、张鸿亮等先生，先后为本书提供了部分洛阳出土铜镜照片及拓本。科学出版社编辑张亚娜女士为本书的顺利出版，花费了大量心血。对于以上诸位先生、女士给予的支持和帮助，表示衷心感谢。限于我们的学术水平，本书或有一些不足之处，诚祈方家批评、指正。

在即将完成这次悠长的编书之旅时，我们抚今追昔，感念诸多同道慷慨襄助。一览书中镜鉴真容，可谓是：洛镜铜华，纵横千载。云中世界，镜里乾坤。“天地含象，日月贞明，写规万物，洞鉴百灵”。

霍宏伟　史家珍

2013年8月21日